大学生职业生涯规划与就业指导项目教程

（第二版）

主 编 杨 颖 丁 青 蒋晓川

副主编 杨珂晶 邹顺乾 田 怡

李依蓉 梅 婕

科学出版社

北 京

内 容 简 介

本书以高职高专院校就业指导为基础，基于专业、求职、思政、实践实操的教学特点，结合 PIC 职业决策模型、认知信息加工理论的"信息加工金字塔模型"和认知心理学 ABC 理论等国外基础理论，引用国内知名测评软件，对大学生进行学涯规划、自我探索、职业定位、职业价值观树立、职业精神引导等本土化教育。

本书采用项目式教学，将职业生涯规划理论、定义、案例、拓展阅读等内容和活动、练习板块分开，职业生涯规划理论知识部分简明扼要、条理清晰，以说明定义和结构内容为主，其他案例、故事与分享、拓展阅读内容多以音频、视频等现代信息传播的方式展开。为了突出"教、学、做"合一的职业教育理念，本书坚持理论与实践相结合的原则，突出教材的实用性特征，使教材兼具"学""用"两大功能。

本书可作为高职高专院校职业生涯规划和就业指导课程教材，也可作为职业生涯规划行业从业人员的参考书。

图书在版编目（CIP）数据

大学生职业生涯规划与就业指导项目教程/杨颖，丁青，蒋晓川主编. —2 版. —北京：科学出版社，2023.7

ISBN 978-7-03-075500-1

Ⅰ.①大… Ⅱ.①杨… ②丁… ③蒋… Ⅲ.①大学生-职业选择-高等职业教育-教材 Ⅳ.①G717.38

中国国家版本馆 CIP 数据核字（2023）第 085364 号

责任编辑：周春梅 吕燕新 / 责任校对：马英菊
责任印制：吕春珉 / 封面设计：东方人华平面设计部

科 学 出 版 社 出版
北京东黄城根北街 16 号
邮政编码：100717
http://www.sciencep.com

三河市良远印务有限公司印刷
科学出版社发行 各地新华书店经销
*

2020 年 9 月第 一 版	开本：787×1092 1/16
2023 年 7 月第 二 版	印张：15 1/2
2024 年 8 月第十一次印刷	字数：367 000

定价：55.00 元
（如有印装质量问题，我社负责调换）
销售部电话 010-62136230 编辑部电话 010-62135763-2040

本书编委会

主　编　杨　颖　　丁　青　　蒋晓川

副主编　杨珂晶　　邹顺乾　　田　怡　　李依蓉　　梅　婕

主　审　周祖坤

参　编　马　磊　　欧阳佳佳　　魏　蓉　　杨　鑫
　　　　　王艳玲　　李剑婷　　杜　娇

第二版前言

在全面建设社会主义现代化国家新征程中，职业教育前途广阔、大有可为。要坚持党的领导，坚持正确办学方向，坚持立德树人，优化职业教育类型定位，深化产教融合、校企合作，深入推进育人方式、办学模式、管理体制、保障机制改革，稳步发展职业本科教育，建设一批高水平职业院校和专业，推动职普融通，增强职业教育适应性，加快构建现代职业教育体系，培养更多高素质技术技能人才、能工巧匠、大国工匠。本书主要针对高等职业院校注重实践教学的特点，尝试按项目教学的方式来开展职业生涯规划与就业指导学习。过程化教学以学生为主体，侧重教学过程中教师与学生的互动交流，强调学生在课堂中的沉浸式和渗透式学习。教师课堂采用以活动练习、团体辅导、测评分析、方法应用为主的引导互动式教学，学生以自主、课下的方式完成知识点、拓展阅读、课后作业等内容的学习。每一讲内容根据既定目标分解为两个或两个以上的项目来进行教学，每个项目可用一节课或两节课来实施。

生涯规划是什么？《论语·为政篇》曰："吾十有五而志于学，三十而立，四十而不惑，五十而知天命，六十而耳顺，七十而从心所欲，不逾矩。"这就很好地阐述了人生的每个阶段都有其发展任务需要完成，这一论述和美国职业指导理论导师舒伯的生涯发展理论不谋而合。职业生涯规划是指一个人在个人发展与组织发展相结合的基础上，通过对职业生涯的主客观因素分析、总结和测定，确定个人的职业奋斗目标，并为实现这一目标而预先进行生涯发展系统安排的活动或过程。本书基于大学生职业生涯规划的目的和意义，认真思考关于"培养什么人，怎样培养人，为谁培养人"这一决定我国教育的根本问题，结合我国当下经济、科技、工业生产、社会建设的发展需求，落实立德树人根本任务，把立德树人思政教育融入教学的每一个环节，实现基于国外生涯理论的本土化教学。

本书包括"知识点""案例导入""活动与任务""拓展阅读""故事与分享""学习自测"等模块。本次修订延续第一版实操性强、理论观点超前等特点，结合当下大学生职业生涯规划教育和就业指导的需求，增加了"思政园地"模块，更突出职业生涯规划教育的本土化，强调在职业生涯规划和就业意识教育中的思想政治和职业道德素养的引导；在教材知识点、故事案例和信息量呈现方式上，增加了大量的视频和音频资源（扫描书中二维码可获取），拓展了教材的信息量，增强了教材的趣味性和可阅读性，同时实现了线上、线下可视化教学效果，更符合现代大学生获取知识、信息的方式。

本书由杨颖、丁青、蒋晓川担任主编，杨珂晶、邹顺乾、田怡、李依蓉、梅婕担任副主编，周祖坤担任主审，马磊、欧阳佳佳、魏蓉、杨鑫、王艳玲、李剑婷、杜娇参与编写。在本书编写过程中，编者参考了大量省内外兄弟院校、学者的著作和研究成果，因篇幅有限无法一一列举，在此一并致谢！

由于编者水平有限，书中不足之处在所难免，敬请读者批评指正。

第一版前言

本书主要针对高等职业院校注重实践教学的特点，尝试支持按项目教学的方式来开展职业生涯规划与就业指导学习。鉴于团体辅导在帮助学生个体成长方面取得了显著成效，考虑到便于开展团体辅导教学，同时兼顾其他教学方式，本书将每一讲内容根据既定目标分解为两个或两个以上的项目来进行教学，每个项目可用一节课或两节课来实施。1991 年，加里·彼得森（Gary Peterson）、詹姆斯·桑普森（James Sampson）、罗伯特·里尔登（Robert Reardon）合著了《生涯发展和服务：一种认知的方法》（*Career Development and Services: A Cognitive Approach*）一书，阐述了生涯发展就是看一个人如何作出生涯决策以及在生涯问题解决和生涯决策过程中如何使用认知信息加工理论的观点，同时把生涯发展与咨询的过程视为学习信息加工能力的过程，并按照信息加工的特性构成了一个信息加工金字塔。位于塔底的领域是知识的领域，包括自我认知和职业知识。中间领域是决策领域，包括沟通、分析、综合、评估、执行五个阶段。最上层的领域是执行领域，也称元认知，元认知是一个人所具有的关于自己思维活动和学习活动的知识及其实施的控制，是任何调节认知过程的认知活动，即任何以认知过程与结果为对象的知识，包括自我言语、自我觉察、控制与监督。本书借鉴该理论构建了每个学习项目的学习材料和学习流程，即在提供丰富的信息材料的基础上，由师生共同实施，包括觉察问题、分析、综合、方案选择、计划、执行、评估等环节的教学过程。每个项目包括以下内容。

（1）教学目标。以学生为中心，列出已经识别的要求和期望，每次课首先通过沟通明确学生尚未识别的需求，师生共同制定项目目标。

（2）资源。知识点、案例导入、活动与任务及拓展阅读等课程资源，用来支持教师根据项目目标来设计项目实施方案。

（3）计划的实施与控制。根据教师和学生互动具体情况来实施和调整。一般包括目标讨论与确认、分析讲解，以个体、小组团队或整班的组织方式，通过教师或学生讲解、阅读、观看、讨论、分享及活动等来实施。

（4）总结与评估。以学生为主体，从认知目标、技能目标、态度或情感目标等方面进行课程总结，对实施效果进行评估，对实施过程提出改进方案，并作为下个项目的设计依据。

本书由王彦敏、杨颖、周舟任主编，周光波、袁立森、张海军、董云、邱邻霖、李佳、张立国、张云霞、严颖任副主编，严伟宁、潘彦维、曹振宇、孔卿、赵涵、周辉林、杨珂晶参与编写。在本书编写过程中，作者参考了大量省内外兄弟院校、学者的著作和研究成果，因篇幅有限无法一一列举，在此一并致谢！此外，由于作者水平有限，书中难免有不妥之处，敬请读者批评指正。

目　录

第一讲

开启职业生涯的大门

⚡ 教学目标

了解生涯、职业生涯、职业生涯规划的概念和职业生涯发展的主要理论；掌握职业生涯规划的目标和要素；了解大学生活与职业生涯发展的关系。

⚡ 思政园地

广大青年正处于人生的"拔节孕穗期"，信念尚显薄弱，思维相对灵活，价值观没有稳定，需要正确引领。职业生涯规划教育正是对广大青年的主流意识形态的引领，引导他们系好人生的第一粒扣子，引导他们成长为理想信念坚定、政治素质过硬的国之栋梁。

电气自动化技术

环境工程技术

数字媒体艺术设计
之摄像剪辑师

通信技术

大学生职业生涯规划

📖 **项目目标制定**

本项目的预定目标：了解人类需求的五个层次以及工作、职业、事业的区别；了解什么是生涯以及生涯和职业生涯的区别；掌握职业生涯规划的理论、方法、步骤和要点。
我在过去经历中对生涯、职业生涯、职业生涯规划的理解和相关经验：
我对本项目目标的看法和期待：
我学习本项目的目标：

📚 **知识点**

知识点

➤ 唐纳德·E.舒伯（Donald E. Super）认为：生涯是生活中各种事件的演进方向和过程，统合了一个人一生中的各种职业和生活角色，由此表现出个人独特的自我发展形式；它也是人生自青春期起至退休之后，一系列有酬或无酬职位的综合。

➤ 人一生的职业发展可划分为五个阶段：成长阶段、探索阶段、建立阶段、维持阶段和衰退阶段。在不同的年龄段，每个人都会扮演不同的角色，如子女、学生、休闲者、公民、工作者、夫妻、家长、父母和退休者。在人的一生中，各种角色之间是相互作用的，一个角色的成功，特别是早期的角色发展得比较好，将会为其他角色提供良好的基础。人在不同阶段对同一角色的投入程度也是不一样的。如果在一个角色上投入过多的精力，却没有平衡协调各角色之间的关系，则会导致其他角色的失败。生涯发展阶段与角色彼此间的相互影响，成就了每个人独特的一生。

➢ 需求层次论。亚伯拉罕·哈罗德·马斯洛（Abraham Harold Maslow）在其 1943 年发表的《人类动机的理论》（"A Theory of Human Motivation Psychological Review"）一文中提出了需求层次理论。他把人的需求由低到高分为生理需求、安全需求、社交需求、尊重需求和自我实现需求五大类。

➢ 工作、职业、事业的区别：工作能获得报酬，可以用来换取生活必需品，满足个人的生理和安全需要；职业是指人们在社会生活中所从事的以获得物质报酬作为自己主要生活来源并能满足自己精神需求的、在社会分工中具有专门技能的工作，是对特征相同或相似的一类工作的统称。职业不同于工作，它是一个人社会地位的一般性表现，也是一个人的权利、义务、职责。当职业目标上升为个人毕生为之不懈奋斗的目标时，就称之为事业，其中包含了职业精神和职业道德的内容。

➢ 职业至少包含两个方面的含义：首先，职业体现了专业的分工，没有高度的分工，也就不会有现代意义上的职业观念，职业化意味着专门从事某项事务；其次，职业体现了一种精神追求，职业发展的过程也是个人价值不断实现的过程，职业要求个人对它忠诚。

➢ 职业生涯与狭义的生涯含义相近，指一个人在一生中所从事工作、承担职务的职业经历或相继历程。它是一个包含了所有与职业相关联的行为、活动及其相关的态度、价值观和愿望的有机整体，是一个人一生中连续从事的职业。

➢ 职业生涯规划即职业发展的计划。它是在对自我的充分认知和对行业、职业、组织等职业环境充分了解的情况下，对自己未来要从事的职业及其发展进行决策、计划、实施及评估调整，以达到工作和生活的平衡发展，实现理想人生的方法和过程。

➢ 职业生涯规划的功能是为人们的职业生涯设定一个有价值的、可以实现的明确目标，并找到实现目标的路径。

➢ 职业生涯规划的作用：①能更好地发掘个人的潜能；②能更好地积累和整合利用资源；③能更广泛、客观地认识社会，从而较快适应社会；④能提升就业竞争力；⑤能提升求职技能。

➢ 职业生涯规划的原则：择己所爱、择己所长、择世所需、择己所利。

➢ 职业生涯规划的过程也就是找到职业生涯发展目标、制订计划、实现目标的过程，一般来说至少包含以下几个步骤。①觉知与承诺。觉察到规划的需求，进而自觉地行动，也指觉察到计划实施过程存在的问题。②认识自己。对自己的兴趣、性格、能力和价值观有了充分的认识后，再据此有选择地获取工作世界的相关信息。③认识职场。了解各种行业、职业和组织的相关信息。④决策。在对自己和职业环境有了充分了解后，明确职业发展目标并制订计划。⑤执行。制订计划之后，在实践中来实施计划，之后再回到步骤①，对结果进行评估，最后从自己和职场两个方面来分析存在的问题，对计划做相应调整并再次实施，如此不断循环。

➢ 职业生涯规划的目的绝不仅仅是帮助个人按照自己的资历条件找到一份合适的工作，更重要的是设计一种以工作为主轴的生活方式。职业生涯规划能帮助个体真正地了解自己，根据主客观条件拟定合理且可行的职业生涯发展方向，并积极展开探索行动，从而得到事业的顺利发展，获取最大限度的事业成功。

➢ 生涯≠职业生涯，职业生涯规划≠找工作，职业生涯规划＝设定目标＋制订计划＋采取行动。

➢ 人们通常把一生中的大部分精力用在工作上，如果从事的职业与自己的兴趣相投，与能力相符，就会乐此不疲，不断努力，在职业实践中实现自己的价值。职业生涯规划正是帮助大学生认识、理解、践行职业生涯的有效方法，为大学毕业生将来的发展与成才打下良好的基础。

📖 案例导入

小明的职业生涯规划

小明以三本线的分数考入省内一所知名的专科学校，录取的专业是建筑工程技术。大一时的他，刚从紧张而沉闷的高三生活中解脱，在洋溢着喜悦与好奇的同时，内心深处还是不可避免地有一丝恐慌与茫然。没有了班主任的教导和家长的督促，他突然感觉失去了方向，身边很多同学也不再有高中时的学习热情。小明为自己的未来感到惶恐和困惑，他隐约觉得应该为自己的将来找一个方向。

就在这时，在大一下学期的"职业生涯规划"课上，小明学到了制订生涯规划的方法。他通过兴趣、性格和价值观等测评和老师的讲解更清晰地认识了自己，还通过专业老师了解到所学专业将来主要的就业岗位及其对从业者的要求。他发现自己喜欢研究和动手解决问题，不喜欢和人打交道，更不爱管别人，而将来在建筑行业从事施工技术与组织管理工作恰恰需要这方面的能力。虽然通过努力可以提高这方面的能力，但毕竟不是自己擅长和喜欢的，为此，他预约了职业生涯咨询。在咨询师的帮助下，他找到了建筑设计师这一目标职业，并为进入这一职业领域制订了计划和路径——顺利完成专科阶段的学习，并做好专升本考试的准备，升入本科土木工程专业学习，毕业后继续考研或进入建筑行业企业，从设计师助理逐步成长为建筑设计师。

为了实现专升本这个目标，小明在大二下学期就联系了上一届考上的同学，从她那里得到了很多经验，同时也获得一些资料。之后小明便开始认真看书、做笔记、背单词、背知识点，把相关的教材反复看了十多遍。因为记忆是渐进性的，所以需要不断复习。小明在基础知识学扎实后便开始刷题，总结自己出错的原因和经常出现的考点，有不清楚的再翻书，最后再背知识点和试卷中的考点，到后期他做试卷习题基本都能得八九十分。专业课考的是结构力学，小明把教材内容复习了很多遍，并把自己觉得重要的总结在一个本子上。对他来说最难的是英语，因为高中英语学得不扎实，考试成绩总在及格边缘徘徊，经过两个多月的学习，他发现没有多大进步，花的时间也比较少，于是他开始调整学习方法，坚持每天背单词，每天一张试卷，加强英语阅读，甚至背作文的模板……

最终他以比录取分数线高了 20 多分的成绩考上本科，他真的很开心，自己付出的一切都有了回报，离自己的梦想又近了一步。

方向+努力=成功

小辉考入某高职院校应用化工技术专业，由于他之前数学基础比较薄弱，大一上学期高等数学期末考试没有及格，但其他科目还好，尤其是在文艺、体育方面表现较好。由于有挂科，小辉大一学年结束后不能参评"优秀学生干部"、"三好学生"及各等级的学校奖学金，因此他心情沮丧，干什么都提不起精神。小辉消沉了一段时间后，认为自己不能再这么混下去，必须找到自己的努力方向。小辉认为，专科学历在未来的竞争中不占优势，如果在校期间没获得什么奖项，毕业后很难到大企业工作；如果创业，自己又没经验，也不容易成功。是积极准备就业还是准备创业，小辉很困惑。于是小辉向学校的辅导老师咨询解惑。辅导老师帮助小辉进行了进一步的自我认知。小辉通过撰写自己的成就故事，找出自己所具备的能力，重拾了信心；通过运用生涯决策平衡单分析法，做出毕业后先就业的决定。在明确了自己的努力方向后，小辉用积极的心态、不懈的努力来面对学习上的困难，有不懂的地方及时向老师和同学请教，除了大一的高等数学有过补考，其他的再也没有补考过，且成绩处于班级的中等偏上水平。此外，小辉平时还积极参加各类活动，在自己较为擅长的文艺和体育方面获得了一些荣誉。中上的学习成绩和文体特长让小辉在大学三年级时成功应聘到世界 500 强企业——某钢铁股份有限公司。

活动与任务

生命的意义

挑一个闲适的午后或傍晚，随意地漫步校园，走过寝室、教学楼、广场、餐厅、图书馆等，想几个人生问题（当然，并不需要急着写下答案）：

人为什么而活？

人应当怎样生活？

我怎样活出我想要的生命？

生涯自画像

根据参加练习活动的人数，按照一定的方式，把所有的学生平均分成几个组，每个组的学生围圈而坐，每组一筒彩笔，每人一张 A4 白纸。按下面的步骤进行活动。

1. 请闭上眼睛，开始想象 10 年后的场景，在轻松的背景音乐中通过老师的语言引导看一看那时你的工作、家庭、生活会是怎样的。

2. 冥想结束，请睁开眼睛，任意选择一支你喜欢的彩笔（同一组内每个人尽量选择不同颜色的彩笔），在 5 分钟内把刚才出现在头脑中的场景画在纸上，画纸的背面写上你的名字。

3. 时间到，所有人停笔。每人把自己手中的画传到自己左手边同学的手中，请在你拿到的画上按照你的想法作画（老师重新开始计时，时间不超过 2 分钟）。时间到，所有人停笔，按照上面的顺序和方法再将你手中的画传到你左手边的同学手中。以此类推（作画时间可以设置得越来越短，直到写着你名字的画快回到你手上时，老师把作画时间再设置为 2 分钟）。

4. 在写着你名字的画回到你自己手上后，你有 2 分钟的时间思考，你可以选择继续在上面作画或者好好欣赏此画，并对照你对未来生活、工作的设想和期待为此画打分，非常符合的打 100 分。

【思考】

（1）你对自己手中呈现你未来生活和工作的这幅画满意吗？为什么？

（2）你在画上画了哪些元素来呈现你的未来？他人又画了哪些元素？

（3）你原本想呈现的未来图画是什么样子的？现在你看到了什么？

（4）这个活动给你什么启发？

（5）如果这个活动再做一次，你画的会和以前有什么不同？

团建——大手印

1. 分组：5～6 人为一组，每组选出一个时间官负责计时。

2. 主题：每人发言 1～2 分钟，由时间官计时，发言内容为自我介绍、老师指定主题。

3. 组队：小组成员头脑风暴，根据发言内容找出小组成员的共同特点或特色，组建团队。

4. 团队海报：团队每个成员贡献一个左手印，在一张 A4 白纸上组成任意一个可以代表团队的图形作为团队标志。

5. 团队规则和内涵：通过团队成员头脑风暴，在海报上呈现团队的标志、名称、宗旨、目标、约定等内容。

6. 团队宣传：每个团队有 5 分钟的展示时间，由一名成员综述，其他成员补充，要求每个成员都要发言。

与自己签订契约

职业生涯规划合约书

我＿＿＿＿＿＿决定从今以后对自己负责，认识我自己，了解职业世界，找到自己的职业生涯目标，为之制订计划，并坚持执行和及时评估调整。

为表示慎重、负责，我愿签名以示决心。

立约人：＿＿＿＿＿＿　　　　　　日期：＿＿＿＿＿＿

拓展阅读

需求层次与工作、职业、事业

马斯洛在其 1943 年发表的《人类动机的理论》一文中提出了需求层次理论。他把人的需求分成生理需求、安全需求、社交需求、尊重需求和自我实现需求五类，依次由较低层次到较高层次。每个人在职业生涯发展的不同阶段，对工作的主要价值需求是不同的。在职业生涯发展的初期，工作的价值主要在于满足生存需要，即生理需求和安全需求。在一个人职业发展的中期，个人往往积累了很多工作业绩，职业能力和职位也得到提升。此时，这份工作更多地满足了他的社交需求和尊重需求，可以称为职业；而当一份工作对个人的回报非常符合他对人生价值和意义的毕生追求，同时他也能够胜任并长期从事时，则可称其为事业。需求层次与工作境界的关系如图 1-1 所示。

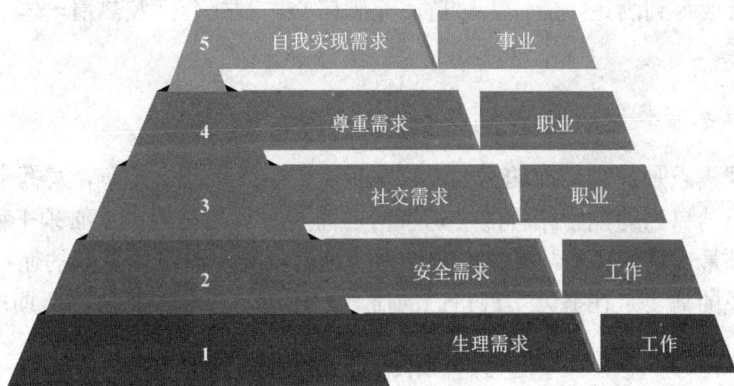

图 1-1　需求层次与工作境界的关系

各层次需求的基本含义如下。

1. 生理需求

生理需求是人类维持自身生存的最基本需要，包括饥、渴、衣、住、性、健康等方面的需要。如果这些需要得不到满足，人类的生存就成了问题。从这个意义上说，生理需要是推动人们行动的最强大的动力。马斯洛认为，只有这些最基本的需要满足到维持生存所必需的程度后，其他的需要才能成为新的激励因素，而到了此时，这些已相对满足的需要也就不再成为激励因素了。

2. 安全需求

安全需求是人类要求保障自身安全、摆脱失业和丧失财产威胁、避免职业病的侵袭等方面的需要。马斯洛认为，整个有机体是一个追求安全的机制，人的感受器官、效应器官、智能和其他能量主要是寻求安全的工具，甚至可以把科学和人生观都看成是满足安全需要的一部分。当然，这种需要一旦相对满足后，也就不再成为激励因素了。

3. 社交需求

社交需求包括两个方面的内容。一是友爱的需要，即人人都需要伙伴之间、同事之间的关系融洽或保持友谊和忠诚；人人都希望得到爱情，希望爱别人，也渴望接受别人的爱。二是归属的需要，即人都有一种归属于一个群体的感情，希望成为群体中的一员，并相互关心和照顾。感情上的需要比生理上的需要来得细致，它和一个人的生理特性、经历、教育、宗教信仰都有关系。

4. 尊重需求

人人都希望自己有稳定的社会地位，要求个人的能力和成就得到社会的认可。尊重需求又可分为内部尊重需求和外部尊重需求。内部尊重需求是指一个人希望在各种不同情境中有实力、能胜任、充满信心、能独立自主。总之，内部尊重就是人的自尊。外部尊重需求是指一个人希望有地位、有威信，受到别人的尊重、信赖和高度评价。马斯洛认为，尊重需要得到满足，能使人对自己充满信心，对社会满腔热情，体验到自己活着的用处和价值。

5. 自我实现需求

自我实现需求是最高层次的需要，它是指实现个人理想、抱负，发挥个人能力到最大限度，完成与自己的能力相称的一切事情的需要。也就是说，人必须干称职的工作，这样才会感到最大的快乐。马斯洛提出，为满足自我实现需求所采取的途径是因人而异的。自我实现的需要是在努力实现自己的潜力，使自己逐渐成为自己所期望的人物。

大学阶段该做何事

为了综合阐述生涯发展阶段与角色彼此间的相互影响，舒伯创造性地描绘出一个多重角色生涯发展的综合图形——生涯彩虹图，如图1-2所示。

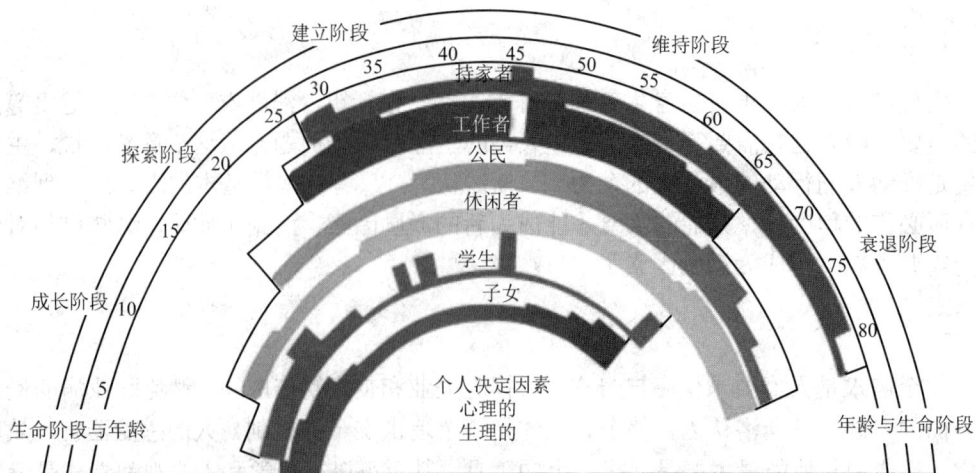

图 1-2　生涯彩虹图

生涯彩虹图的横向层面代表个人一生的生活广度。彩虹的外层显示人生主要的发展阶段和大致估算的年龄：成长阶段（14 岁及以下，相当于儿童期）、探索阶段（15～24 岁，相当于青春期）、建立阶段（25～44 岁，相当于成人前期）、维持阶段（45～65 岁，相当于中年期）及衰退阶段（65 岁以上，相当于老年期）。在这五个主要的人生发展阶段内，还有小的阶段划分。这里需要特别强调的是，各阶段的年龄划分有相当大的弹性，应依据个体的具体情况来确定。

生涯彩虹图的纵向层面代表纵贯上下的生活空间，由一组职位和角色所组成。在每一个阶段对每一个角色的投入可以用颜色来表示，颜色面积越多，表示该角色投入的程度越高；空白越多，表示该角色投入的程度越低。

在舒伯的理论中，探索阶段还可细分为三个时期：一是试验期（15～17 岁），是综合认识和考虑自己的兴趣、能力、职业社会价值、就业机会，开始进行择业尝试的时期；二是过渡期（18～21 岁），是查看劳动力市场，或者进行专门的职业培训时期；三是尝试期（22～24 岁），是选定工作领域、开始从事某种职业的时期。

在我国，在校大学生属于探索阶段的过渡期或尝试期，但由于我国职业生涯教育开展得较晚，大多数大学生实际上还处于试验期，或者更加延后，甚至有些大学生在大学快毕业时才开始结合自己的知识与能力来谋划自己的职业。

头脑风暴法

头脑风暴法又称智力激励法、脑力激荡法、畅谈会法、群议法，是指为了解决某一问题，在短时间内迅速地产生大量主意的方法。头脑风暴法主要以团体方式进行，强调集体思考，着重互相激发思考，鼓励参加者于指定时间内构想出大量创意，并从中引发新颖的设想。同时强调要将待解决的问题、产生出的大量主意或解决方案列成清单，然后进行评判或讨论，最后获得结论。

头脑风暴法要遵循以下原则。一是自由畅想原则，是指在自由畅谈的过程中，参与者要敞开思想，不受任何常理、规矩的约束，从多种角度考虑问题，在开放的条件下，独立思考，发散思维，畅所欲言，甚至鼓励出现荒唐可笑、不着边际的天方夜谭。二是延迟批评原则，是指在自由畅谈的过程中，绝对禁止每位参与者批评、打断、干扰、评价其他人的想法，甚至不能重复。过早地评价，会降低头脑风暴的效果，也可能会扼杀一个绝佳的想法。在自由畅谈后有足够的时间进行评价和完善。三是以量求质原则，是指参与者自由畅谈出的想法或主意越多越好，通过数量求质量。一方面，主意数量的增加往往会增加有价值的信息出现的概率；另一方面，评判、讨论的对象越丰富，越易于得出高质量的结论。四是综合改善原则，是指参与者要明确延迟评判的目的不是批判，而是通过讨论来改进，得出结论。鼓励所有参与者在讨论时，针对其他人的想法进行评价，借题发挥，积极讨论，融合改善，进而得出有价值的结论。五是限时、限人原则，是指参与者人数在 8～12 名，此时头脑风暴效果最佳，进行头脑风暴的时间一般为 30～60 分钟。人数多不容易集中和控制，个人发言机会也少；人数少激励效果不充分。时间长容易疲劳、松弛、厌倦；时间短不容易产生大量主意，讨论也不充分。

📖 故事与分享

金字塔拆开了不过是一堆散乱的石头

我小时候的一件事情让我记忆犹新。父亲是个木匠，常帮别人建房子，每次建完房子，他都会把别人废弃的碎砖碎瓦捡回来，看见路边有砖头石块，他也会带回家。时间久了，我家院子里多出了一堆砖头碎瓦。一开始我搞不清这一堆东西有什么用，只觉得这堆东西挤占了我们玩耍的空间。直到有一天，父亲在院子一角的空地上左右测量、开沟挖槽、和泥砌墙，用那堆碎砖碎瓦左拼右凑，建起了一间干净漂亮的小房子，和院子形成了一个和谐的整体。于是我家就有了全村人都羡慕的院子和猪舍。

当时我只是觉得父亲很了不起，从一块砖头到一堆砖头，一个人就盖了一间房子。等我长大了，才领悟到这其中的奥秘。如果你心中没有一个造房子的梦想，即使拥有天下所有的砖头，拥有再高的建房技巧也不会造成心目中的殿堂，而如果只有造房梦想而没有砖头，梦想也没法实现。

后来的日子里，这件事情成了我做事的指导思想。在我做事的时候，一般会问自己两个问题：一是做这件事情的目标是什么，二是需要多少努力才能够把这件事情做成。我生命中的三件事证明了这一思路的好处。第一件事是我的高考，目标明确——要上大学，第一年和第二年我都没考上，我的砖头没有捡够，第三年我继续拼命捡砖头，终于进了北京大学。第二件事是我背单词，目标明确——成为中国极好的英语词汇老师之一，于是我开始一个单词一个单词地背，在背过的单词不断被遗忘的痛苦中，我父亲捡砖头的形象总能浮现在我眼前，最后我终于背下了两三万个单词，成了一名不错的英语词汇老师。第三件事是我做新东方教育科技集团有限公司，要做成中国顶尖的英语培训机构之一，然后我就开始给学生上课，平均每天上六到十小时的课，十几年如一日。每上一次课我就感觉多捡了一块砖头，梦想着把新东方这栋房子建起来。到今天为止我还在努力着。

金字塔如果拆开了，只不过是一堆散乱的石头；日子如果过得没有目标，就只是几段散乱的岁月，但如果把一种努力凝聚到每一日，去实现一个梦想，散乱的日子就积成了生命的永恒。

（资料来源：俞敏洪，2007. 生命如一泓清水[M]. 北京：群言出版社.）

📠 学习自测

理解的知识点	
掌握的技能点	
感受与收获	
项目成效评分	0分--10分

大学生学业生涯规划

本项目的预定目标：明确大学阶段的角色任务和定位，做好大学学业生涯规划；了解学业生涯、学业生涯规划的概念；了解学业生涯发展的现实途径；掌握学业生涯规划的目标和方法；建立自己的学业生涯规划。

我对大学学业生涯规划的理解：

我对本项目目标的看法和期待：

我学习本项目的目标：

📚 **知识点**

知识点

➢ 大学的责任，就是培养社会需要的真正德才兼备的人。

➢ 每一所大学都有大学精神。大学不仅是一座有着"××大学"称谓的建筑群落，更是一种制度文明的产物。它的抽象的特性、内涵，所具备的内在精神，较之作为实体的存在物，更是生命力的所在、魅力的源泉。

➢ 大学期间想把自己培养成什么样的人，如何将自己培养成这样的人，这就是大学生在大学里的任务。

➤ 大学学习包括四个环节：读书、听课、研究、运用。

➤ 研究是大学生学习的动力性环节，是大学生区别于中学生应有的要求，是中学生成长为大学生的主要标志。

➤ 运用是大学生学习的实践性环节。学习本身并非终极目的，学习的目的在于运用。在学习的过程中要理论联系实际，为了解决实际问题而去找立场、找观点、找方法。

案例导入

曹晓洁的故事

她参加了 2 次高考，都没有取得好成绩，连一个不入流的本科都没能考上，高考最好成绩才 385 分，她上了民办专科学校。在她毕业的那一年，恰逢金融危机，世界各地都出现了失业率居高不下的现象，但是她却被 3 家跨国巨头公司相中，也因此成为网络上的"红人"。这位传奇的专科生，就是被称为"史上最牛女大专生"的曹晓洁。

曹晓洁出身贫寒，来自四川泸州市邻玉镇的一个小山村。与其他山里的孩子一样，她的父母也是农民，家庭也并不富裕，家里靠种地维持生计。可是，曹晓洁高考失利的时候，她的父母却与其他农村的父母有些不一样。一般在农村，许多家庭本身就不重视女孩的教育，即使是一些读书成绩不错的女孩，也可能在父母劝说之下断了读书的念头。不过，曹晓洁没有放弃读书，她的父母也没有放弃。

曹晓洁深知自己没有天赋，所以在大学期间，她付出了比常人多得多的努力，别人闲聊的时候她在学习，别人逛街的时候她在图书馆，别人打游戏的时候她在记单词。在课余时间，她还自学了计算机软件。曹晓洁始终把学习作为首要任务，并抓住一切机会锻炼自己。她竞选学习部副部长，组织英语角，并经常活跃在各种晚会、典礼等活动的台前幕后。同时，她还积极参加实训实践、学习日语。在拿到专科文凭之后，她还自考了本科。这个持续努力进取的学生，虽然毕业时恰逢金融危机，在很多本科毕业生都很难找到工作的情况下，却轻松获得了三次在跨国巨头公司就业的机会。

（资料来源：根据网络资料整理。）

一名大学生的困惑

以下是一位教师收到的一条信息：

"老师好，我是一名大一的学生。我有一个疑问，就是为什么越长大越感到人生的无望？我现在做什么事情都没有动力，游戏、追剧，都不是我喜欢的，想读书却看不下去。我不喜欢刷抖音、玩游戏，但这种快感一直缠绕着我，我的同学也有这种情况，难道寒窗苦读是为了这个吗？我不知道，但心中没有动力，越来越颓废，越来越不能满足。对于爱情，我有生理、心理上的冲动，但对自己很不满意。我读过许多名著，但依旧拯救不了我。曾让我魂牵梦绕的地方，现在也淡然无味，小时候的欲望现在都已一一满足，却没有当初的热忱了，这算不算当代大学生的痛点？如果大学时期不好好努力，怎么去创造未来？自己不知如何改变，想请教老师。"

活动与任务

明确了学习的目标，了解了学习的方法，我们就可以对大学几年的学习发展进行规划，规划内容包括自我检测、制定目标、回顾评估、诊断修正四方面。

1. 自我检测

随意、盲目地决定自己要走的路，那是过于轻率、幼稚的行为。唯有全面看清自己、了解自己，才能找到属于自己的方向。与此同时，发现一个新的自我也是人生中重要的课题。

下面的测试能帮助你了解自己在学习方面的情况，请你实事求是地进行选择。在题目后的括号内填上符合自己情况的字母。每题只能选择一个答案，A 代表很符合自己的情况，B 代表比较符合自己的情况，C 代表很少符合自己的情况，D 代表不符合自己的情况。

（1）高中时你总是名列前茅，进入大学仍想保持这一优势。　　　　　　（　　　）

（2）如果制定了一个切实可行的学习目标，你总会坚持到底、不言放弃。（　　　）

（3）除了通过最基本的英语四级考试外，你还会考一些其他等级证书。（　　　）

（4）为实现一个大目标而给自己制定循序渐进的小目标。　　　　　　（　　　）

（5）上课从不迟到、不早退，更不旷课。　　　　　　　　　　　　（　　　）

（6）能独立地、认真地完成老师布置的各项作业。　　　　　　　　（　　　）

（7）上课时，几乎不会开小差、打瞌睡。　　　　　　　　　　　　（　　　）

（8）即使别人不监督，你也能主动学习。　　　　　　　　　　　　（　　　）

（9）即使你有点儿不舒服，也能坚持上课。　　　　　　　　　　　（　　　）

（10）当你正在学习时，如果别人叫你出去玩，你会说"不"。　　　（　　　）

（11）即使你对某门功课不感兴趣或学习很吃力，你也会认真学习。（　　　）

（12）即使某门功课很重要但又很枯燥，你也能坚持学完学好。　　（　　　）

（13）当你在完成某项学习任务时遇到了困难，你能坚持到底。　　（　　　）

（14）室友在寝室玩游戏，你不是加入，而是坚持学习。　　　　　（　　　）

（15）你会因及时完成某项学习任务而废寝忘食甚至通宵达旦。　　（　　　）

（16）你能长时间坚持早读、晚自习。　　　　　　　　　　　　　（　　　）

（17）当你上课或自习时，能很快提起精神，进入状态。　　　　　（　　　）

（18）你为了学好功课，宁可放弃许多感兴趣的课外活动。　　　　（　　　）

（19）你会经常看各种书籍，不限于本专业的课程。　　　　　　　（　　　）

（20）你能做到课前预习，课后复习巩固。　　　　　　　　　　　（　　　）

（21）上课时，你能高度集中精力，保证听课效果。　　　　　　　（　　　）

（22）有不懂的问题，你会主动向老师或者同学请教。　　　　　　（　　　）

（23）你会关注其他学科内容并进行学习与探究。　　　　　　　　（　　　）

（24）你常常会对学习上的问题寻根究底。　　　　　　　　　　（　　）

（25）上课时，你会认真记笔记。　　　　　　　　　　　　　　（　　）

（26）你充分利用图书馆、实验室等学习资源。　　　　　　　　（　　）

（27）你有一套对自己来说行之有效的学习方法。　　　　　　　（　　）

（28）你会抽时间把没学好的课或落下的内容补上。　　　　　　（　　）

（29）如果落后别人很远，你会有动力赶上甚至超过别人。　　　（　　）

（30）除了老师指定的作业和必读书外，你还额外做作业和看书。（　　）

评分标准和结果解释：选 A 得 3 分，选 B 得 2 分，选 C 得 1 分，选 D 得 0 分，把各题的分数相加即得总分。总分在 72 分及以上为优秀，63～71 分为较好，54～62 分为一般，54 分以下为较差。如果你的得分较高，请你保持，争取百尺竿头，更进一步；如果得分较低，则需要再接再厉，规划好你的学习，争取有所提高。

2. 制定目标

（1）大一是打牢地基的阶段。进入大学后，重新为自己确定学习目标，是大学生面临的首要任务。大学生应调整好心态，积极适应大学的新环境，了解大学的学习特点，尽快找到适合自己的学习方法，增强学习的自觉性，了解本专业的培养计划和就业方向，培养学习兴趣；充分利用好教室、图书馆等学习场所，脚踏实地学好基础课，特别是计算机、英语、数学等。

（2）大二是承先启后的阶段。大学生需要更深入、理性地考虑自己的职业生涯，明确自己专科毕业时是要考本科还是直接就业。这一年可能要面对日益繁重的专业学习、面对各种考证的压力，还可能面对难以取舍的较多的选修课。因此要进行科学的学习规划，这将有助于解决自己所面临的种种困难。有了是就业还是考本科的选择就会摆脱没有目标的迷茫。

（3）大三开始进入研究性的学习阶段，做毕业设计或毕业论文。专业课程的深度和系统性都已经加强，学习的重点也由以前的知识性学习变成了思维性学习。同时，学习的范围也由以前的单一书本知识变成了与就业、深造相关的更广泛的知识。因此这一阶段需要找准适合自己专业范围的主攻方向，主动锻炼自己，去公司实习、兼职等，培养研究、创新和创业意识。学会多渠道收集所需资料，充分利用好图书馆和学术期刊网等，全方位了解职业信息、面试技巧和职场需求情况。

根据大学各学段的特点，梳理大学的学习目标，这是制订学习计划的基础。以下为具体步骤。

步骤一：参考表 2-1，选出在这一年里对你最重要的几个学习目标并排序。

表 2-1　大学学习目标规划

时期	目标	关键结果（实施办法）
大一	1.	
	2.	
	3.	

时期	目标	关键结果（实施办法）
大二	1.	
	2.	
	3.	
大三	1.	
	2.	
	3.	

步骤二：参考表 2-2，进行动力、阻力分析。

表 2-2　学习动力、阻力分析

目标	动力	阻力	减小阻力的方法
目标 1			
目标 2			
目标 3			
目标 4			

步骤三：在进行动力、阻力分析后，根据自己的实际情况再一次规划、调整目标。

3. 回顾评估

每学期或学年末回顾评估这一学期（学年）的学习规划是否合理，将结果填入表 2-3 中。该学习规划可得_____分。

表 2-3　回顾评估

项目	结果
好的方面	
不好的方面	
辅导员的评价及建议	
授课老师的评价及建议	
朋友的建议	
自己的总结	

4. 诊断修正

通过回顾评估，你认为你的规划：

[ ]合理，效果很好。原因：_____

[ ]不合理，效果不好。原因：_____

[ ]是否有课程不及格，若有，共_____门。原因：_____

修正如下：_____

闭环的定义

课堂练习

完成你的大学三年的学业生涯规划

推荐使用以下句式写出自己的学涯规划：

第一学年，完成＿＿＿＿＿＿＿＿＿＿＿＿＿＿＿＿＿＿目标。

关键行动：＿＿＿＿＿＿＿＿＿＿＿＿＿＿＿＿＿＿＿＿＿＿。

关键结果有三个：

一是＿＿＿＿＿＿＿＿＿＿＿＿＿＿＿＿＿＿＿＿＿＿＿＿；

二是＿＿＿＿＿＿＿＿＿＿＿＿＿＿＿＿＿＿＿＿＿＿＿＿；

三是＿＿＿＿＿＿＿＿＿＿＿＿＿＿＿＿＿＿＿＿＿＿＿＿。

第二学年，完成＿＿＿＿＿＿＿＿＿＿＿＿＿＿＿＿＿＿目标。

关键行动：＿＿＿＿＿＿＿＿＿＿＿＿＿＿＿＿＿＿＿＿＿＿。

关键结果有三个：

一是＿＿＿＿＿＿＿＿＿＿＿＿＿＿＿＿＿＿＿＿＿＿＿＿；

二是＿＿＿＿＿＿＿＿＿＿＿＿＿＿＿＿＿＿＿＿＿＿＿＿；

三是＿＿＿＿＿＿＿＿＿＿＿＿＿＿＿＿＿＿＿＿＿＿＿＿。

第三学年，完成＿＿＿＿＿＿＿＿＿＿＿＿＿＿＿＿＿＿目标。

关键行动：＿＿＿＿＿＿＿＿＿＿＿＿＿＿＿＿＿＿＿＿＿＿。

关键结果有三个：

一是＿＿＿＿＿＿＿＿＿＿＿＿＿＿＿＿＿＿＿＿＿＿＿＿；

二是＿＿＿＿＿＿＿＿＿＿＿＿＿＿＿＿＿＿＿＿＿＿＿＿；

三是＿＿＿＿＿＿＿＿＿＿＿＿＿＿＿＿＿＿＿＿＿＿＿＿。

注意：关键结果一定要简单明了、可衡量，如通过考试取得××证书等。

拓展阅读

大学的责任与精神

（一）大学的责任

大学的责任，一句话说，就是培养社会需要的真正德才兼备的人。

《中华人民共和国高等教育法》第一章第四条规定："高等教育必须贯彻国家的教育方针，为社会主义现代化建设服务、为人民服务，与生产劳动和社会实践相结合，使受教育者成为德、智、体、美等方面全面发展的社会主义建设者和接班人。"高等教育的中心任务是育人，"育人为本"是我国教育的传统。19 世纪末，德国教育家威廉·冯·洪堡（Wilhelm von Humboldt）在《论柏林高等学术机构的内部和外部组织》中指出："大学立身的根本原则是，在最深入、最广泛的意义上培植科学，并使之服务于全民族的精神和道德教育。"

蔡元培先生曾说："大学者，研究高深学问者也。"大学首先要培养有知识的人。人类社会的发展，归根到底，源于知识创新。知识创新是一切创新之源，是社会发展的动力。因此，作为人才培养基地的大学，首先要培养具备专业知识的人才。

爱因斯坦说："用专业知识教育人是不够的。通过专业教育，他可以成为一种有用的机器，但是不能成为一个和谐发展的人。"大学的责任不仅在于培养有知识的人，更在于培养有高尚品质和道德情操的人。

著名科学家、浙江大学原校长竺可桢先生说："大学教育之目的，在于养成一国之领导人才，一方提倡人格教育，一方研讨专门知识，而尤重于锻炼人之思想，使之正大精确，独立不阿，遇事不为习俗所囿，不崇拜偶像，不盲从潮流，唯其能运用一己之思想，此所以曾受真正大学之常识也。"大学就是要进行修养教育，培养人提升自我修养的能力，培养出具备良好修养的有"德"之人。

我国最早的教育家孔子在《大学》中开篇明义："大学之道，在明明德，在亲民，在止于至善。"大的学问就在于弘扬光明正大的品德，在于使人学会关心并服务于广大的人民，在于使人达到最完善的境界，而这就是大学的责任。

（二）大学的精神

每一所大学都有大学精神。大学不仅是一座有着"××大学"称谓的建筑群落，更是一种制度文明的产物。它的抽象的特性、内涵，所具备的内在精神，较之作为实体的存在物，更是生命力的所在、魅力的源泉。具体来说，大学精神主要体现在以下几个方面。

1. 自觉的学术精神

大学素有"学府"之称，所谓"学府"，即"学问之府"。19世纪德国的洪堡在创建柏林大学时就提倡"由科学而达至修养"的大学理念。洪堡认为，教授不是因为学生而在大学，学生也非为了教授而在大学，两者都是为了学术而在大学。学术使得大学有了相应的品位，成为接近真理的天梯。学术中人言学问中事，而修学自有其精神和范围。曾任清华大学校长的梅贻琦先生曾说："所谓大学者，非有大楼之谓也，有大师之谓也。"大师，实指大学精神的化身。孜孜以求地探索学问从而达至修养，正是所谓"博学而笃志，切问而近思，仁在其中矣"。"吾生也有涯，而知也无涯"，正是凭着以"有涯"追"无涯"的自信和坚韧，才有大师们严谨的治学态度，才有一批批杰出的才俊脱颖而出，才有一项项颇具分量的科研成果刷新史册，也才有一所大学之所以蜚声世界的学术声誉。学术声誉无疑是大学价值的一种直接体现，所以自觉的学术精神是大学成为人类"智慧花朵"的首要因素，是人类文明进步的积极的永久推动力。

2. 永恒的道德精神

真正合格的大学精神凝聚着社会道德与理性，具有高雅的文化品位。大学不仅以自身纯洁的道德品性潜移默化地影响着社会，更以积极的姿态投入改造社会、重塑德性的潮流中，成为社会德性与良知的捍卫者、提升者。尤其在时代变迁、社会动荡时期，大学精神的道德力量就更为彰显。竺可桢曾在抗日战争时期大学西迁途中对学生说："乱世道德堕落，历史上均是，但大学犹如海上灯塔，吾人不能于此时降落道德标准。"暗夜的海上，灯塔是漂流者的希望。大学，在社会世风日下时，便犹如灯塔，以自身高洁的道德精神执着地燃着理性与道德的灯盏，慢慢照亮人性的暗夜，启蒙这一代灵魂的觉醒。大学的道德精神源于大学人的总体觉悟，源于他们整体的道德水准和思想深度，是形成一所大学健康向上校风的关键因素，是大学塑造、传播社会文明的资本。

3. 敏锐的时代精神

亚伯拉罕·弗莱克斯纳（Abraham Flexner）在《现代大学论——美英德大学研究》一书中曾说：大学不是某个时代一般社会组织之外的东西，而是在社会组织之内的东西；它不是与世隔绝的东西、历史的东西、尽可能不屈服于某种新的压力的东西；恰恰相反，它是时代的表现，并对当时和将来都产生影响。大学是社会发展的产物，随着时代的发展而发展，并始终影响着时代。从办学理念到机构设置、从学科体系到管理制度，大学的一切活动都与当时的社会需求、政治、经济、文化制度同声相应。大学精神给予大学的是从学理和思想上关注、思考、讨论、批判社会现实问题的权利和能力。从中世纪大学的兴起到现代大学的发展这一历史轨迹可以看出，大学无疑是时代的产物，而真正伟大的大学总是责无旁贷地做时代先锋，代表最先进的时代精神，驱动着社会向前发展。作为大学智者的大师们，应该能够预见并感应时代潮流的前奏，成为推动社会潮流的先觉者、先行者，使时代新声最终成为时代的最强音。有了敏锐的时代精神，大学才能吹响时代的号角，也才能赢得自身持续发展以及地位的进一步提高。

现代科学社会已经无可置疑地证实：经济体制和社会体制并不是一切，它们的运作必须有另一种健全的文化精神与之配合，这种精神主要来自大学的高等教育。在现代社会中，大学是精神堡垒，有发挥提高人的境界、丰富人的思想的重大功能。大学精神是经长时期积淀而形成的稳定的、共同的追求、理想和信念，是大学文化的精髓和核心，是对大学的生存起决定作用的思想导向。每一所大学都有其突出的大学精神，这使得大学显得丰富多彩。在重要关头，大学精神也能影响着国家的发展。例如，在新旧文化激烈冲突的年代，没有北大追求科学与民主的精神，就不可能有北大在国人乃至世人心目中的极高地位；在抗日战争硝烟弥漫的岁月，没有西南联大的合作精神、民主精神、自由精神，就不可能有西南联大的存在，更不会有出自西南联大的一批杰出的科学家。

大学在人生当中的意义

了解了什么是大学，那么现在请问自己一个问题："为什么上大学？"这个看起来简单的问题，却常常让人感到困惑。在重庆7所大学开展的调查表明：30%以上的大学生认为上大学的首要理由是"找一份适合自己的好工作"，这个选择居各项选择之首；32.5%的父母认为孩子选择上大学的首要理由同样是"找一份适合自己的好工作"，也居各选项之首。调查还表明，现实功利和自我利益目标成为上大学的首要理由。

那么，大学在人生当中的意义仅仅是工作的跳板吗？答案是否定的。

我国大学生多处于青年期这一年龄段，在这个阶段，个体的生理发展接近完成，已具备了成年人的体格及种种生理功能，但其心理尚未成熟。大学生面临的一个重要任务就是使自己的心理日益成熟，培养自己的专业技能，以便成为一个有益于社会的成年人。青年期是走向成熟的关键期，而大学正是这关键期中最关键的阶段。英国哲学家、数学家怀特海在《教育的目的》一书中说，"大学的任务在于把一个孩子的知识转变为一个成人的力量"，"在中学阶段，学生伏案学习；在大学里，他应该站起来，四面瞭望"。

1. 大学是人走向成熟的关键阶段

人的成熟，应具备以下三个基本条件。第一是身体的长成，以个体生理成熟为标志，尤其是以性成熟为重要指标。大学生一般已具备这种条件。第二是心理发展完善，即形成了完善的自我概念和稳定的个性。第三是社会化程度的提高，以人的社会成熟为标志，即个体对自己在社会中所处的角色及所担负的社会责任有正确的认识。

在这三个条件中，生理成熟是心理成熟的物质基础和依据，社会成熟是心理成熟的必要条件。大学期间正是社会实践的开始，是一个人真正成熟的关键阶段。

2. 大学是协调自我概念的增强与认知能力发展的关键阶段

自我概念是指人对自身的认识及对周围事物关系的各种体验。它是认识、情感、意志的综合体，是人心理发展过程中一个极为重要的方面。自我概念从童年期就开始产生并逐步发展，青少年时期是自我意识发展最快的时期，此时人心理的各个方面都发生着深刻而广泛的变化。自我概念使一个人能反省自身，有明确的自我存在感，从而以一个独立的个体来看待周围世界；它使人的心理内容得到极大的扩展和丰富。

自我概念的发展不仅与年龄有关，而且与人的知识水平有关；一个人的文化素质越高，其自我意识就可能越强。从这两点来看，大学时期是真正认识自我的时期。大学生所处的年龄阶段和所具备的文化水准，决定了其不再像中学生那样眼光向外，对外界的事物感兴趣，急于去了解世界，把握外部环境，急于显示自己的独立，想做环境的主人；而是眼光向内，注重对自己进行体察和分析，把自我分化为主体的我和客体的我，以及理想的我和现实的我。大学生注意内省，注重探求自己微妙的内心世界，力图理解自己的情感、心理变化，自觉地从各方面了解自己，塑造自己的形象，设计自我的模式。

大学校园这种特殊的环境，又是十分强调独立、注重自我确立的地方。大学生对社会上的事大都有自己的见解，看问题的视野也可能与其他群体有所不同，有一种以天下为己任的抱负和心愿。一方面，大学生关心社会发展，这种关心是抛开切身利益、以大视角来进行的，注重的是整个社会的提高与进步。另一方面，大学生由于生活阅历有限，与社会要求有一定的距离，社会实践能力不强，因而在谈论、评价、思考社会问题时，往往带有理想的色彩，不能十分切合实际，对事物的认识也表现出一定的片面性和幼稚性，还不能深刻、准确、全面地认识问题。这种不足与极强的自我概念不相协调，而大学阶段就是熟悉社会、增强认知能力、协调自我概念增强与认知能力发展的关键阶段。

3. 大学是情感丰富与智力发展的关键阶段

大学阶段的青年，是一群正在成长的青年，是一个极其敏感的群体，其内心体验极其细腻微妙。这一时期，大学生对于与自身有关的事物往往体察得细致入微。随着文化层次的提高和生活空间的扩大，他们的思维空间急剧延伸，必然导致其情感越来越丰富和深刻。

同时，这一时期，大学生的智力发展达到高峰。青年时期是思维敏捷、接受能力最强的时期。通过大学阶段的专业训练、系统学习，大学生的抽象逻辑思维能力得到充分的发展，智力水平大大提高，分析问题和解决问题的能力增强，其智力层次含有较多的社会性和理论色彩，为其迈入社会奠定了坚实的基础。

李开复在一次给学生的回信中说："大学是人生的关键阶段。这是因为，进入大学是你终于放下高考的重担，第一次开始追逐自己的理想、兴趣。这是你离开家庭生活，第一次独立参与团体和社会生活。这是你不再单纯地学习或背诵书本上的理论知识，第一次有机会在学习理论的同时亲身实践。这是你第一次不再由父母安排生活和学习中的一切，而是有足够的自由处置生活和学习中遇到的各类问题，支配所有属于自己的时间。"

大学是人生的关键阶段。这是因为，这是人一生中最后一次有机会系统性地接受教育、最后一次能够全身心地建立自己的知识基础的阶段。大学可能是最后一次可以将大段时间用于学习的人生阶段，也可能是最后一次可以拥有较高的可塑性、集中精力充实自我的成长历程的阶段，还可能是最后一次在相对宽容的，可以置身其中学习为人处世之道的理想环境。

大学是人生的关键阶段。在这个阶段，所有大学生都应当认真把握每一个"第一次"，让它们成为未来人生道路的基石；在这个阶段，所有大学生也要珍惜每一个"最后一次"，不要让自己在不远的将来追悔莫及。在大学几年里，大学生应该努力为自己编织生活梦想，明确奋斗方向，奠定事业基础。

大学生在大学期间的任务

大学期间想把自己培养成什么样的人，如何将自己培养成这样的人，这就是大学生在大学里的任务。

走进大学，意味着要学习文化知识，锻炼生存技能，掌握发展自我、服务社会的本领；意味着要进行自我要求、自我约束、自我管理、自我设计、自我发展、自我完善，通过奋斗提高自己的水平、开辟自己的天地；意味着要独立走上自觉、自主、自为的生活之路，为自己的生命旅途举行庄严的成人礼，从此严肃认真地为自己的一言一行承担法律责任，为自己每一次错误的判断、错误的选择、错误的决定付出代价；意味着要接受社会准则，树立人文理想，培育渴求真理、渴望美好感情、同情悲悯人类苦难的精神与激情；意味着要担负起在家为子、在国为民的责任，担负起父母、师长、社会的重托与期望，成就自己与社会的事业与理想；意味着要树立热爱祖国、服务社会的永恒信念，回报祖国、造福人民。

大学的责任，在于培养真正的人。大学生就要这样去想、这样去做，就要努力成为真正的人。

通常来说，大学是培养专家的。在大学里，大学生学到专业知识技能，使自己成为合格的专业人才，一方面可以适应国家建设的需要，另一方面对个人和家庭来说也是谋生的手段，适应人才市场的需要。鲁迅说过："一要生存，二要温饱，三要发展。"大学生求学有明确的功利目的，那就是求得知识，成为专家，以后可以谋生。

但是，人不能仅有功利目的，而要有更大、更高的目标。上大学的目标，不能局限于做一个专业技术人才、一个学者、一个专家，而要不断开拓自己的精神自由空间，陶冶自己的性情，锻炼自己的性格，发展自己的爱好，提高自己的精神境界，挖掘和发展自己的想象力、审美力、思维能力和创造能力，使自己成为一个健全发展的人，也即有"德"之人。

哲学家、精神病学家雅斯贝尔斯在《什么是教育》中说："通过（大学）教育使具有天资的人，自己选择决定成为什么样的人以及自己把握安身立命之根，谁要是把自己单纯地局限于学习和认知上，即便他的学习能力非常强，那他的灵魂也是匮乏而不健全的。"

在大学阶段，大学生要完善自我认知，促进自我成长；提高人际交往能力，建立和谐的人际关系；提高学习能力，培养学习的方法和思辨能力；培养社会责任感，参加社团和社会服务；养成良好的习惯和性格；发展智慧，学会思考。这些能力的培养归根结底就是让大学生成为有益于社会的德才兼备的人。

为了实现这一任务，大学生需要学会自我探索、自我管理及自我规划。自我探索，就是探索自己的人格、兴趣、能力以及价值观，不断完善自己的人格，知道自己适合什么，喜欢什么，擅长什么，以及怎样选择。自我管理，就是管理好自己的生活，管理好时间，只有科学地管理自己的生活与学习，才能实现成才的目标。自我规划，就是规划自己的大学生活、学习发展、身心健康、素质拓展、职业生涯等，为一步步实现自己的目标而努力。

如何进行大学学习

学习，对于每个学生来说，是再熟悉不过的事情了。学生从进入幼儿园开始就在不断地学习，可以说，学习早就已经成了他们生命中的主要内容之一。然而，大学的学习方式与中小学相比已经发生了明显的变化，对课程的学习已不再占据绝大部分时间和精力，大学生有了多元化的选择，如实习、社团活动、兴趣发展等。因此，大学生首先要了解大学学习的四个环节：读书、听课、研究、运用。

1. 读书

读书是大学生学习的基础性环节。大学期间读什么书，是如何设计自我知识结构的问题。周作人对知识结构的设计能给人很大启发，他认为要围绕认识人来设计自己的知识结构。周作人提出要从五个方面来读书：第一，要了解作为个体的人，因此应学习生理学（首先是性知识）、心理学、医学知识；第二，要认识人类，就应该学习生物学、社会学、民俗学和历史；第三，要认识人和自然的关系，就要学习天文、地理、物理、化学等知识；第四，关于科学基本，要学习数学与哲学；第五，关于艺术，要学习神话学、童话学、文学、艺术及艺术史。

2. 听课

听课是大学生学习的主导性环节，课程学习是大学生学习的主要形式；听课也是学生与老师交流的主要途径，是在校学生与社会青年相比的主要优势。

但在大学听课需要注意的是，大学上课，虽然也有教材，但老师讲授的内容有时与教材并不一致，而且老师讲课一般不顾及学生做笔记是否能跟得上。面对这种情况：一是不要忽视教材，不管老师怎么讲，教材都不能丢，并且最好能做到课前预习；二是上课时要认真记笔记。

下面介绍三种听讲和记笔记的方法。

（1）听而不记。聚精会神地听老师讲课的要点，不做笔记，依靠记忆力保存所听的最重要的内容。这种方法可以避免做笔记时的分心，有利于把握老师所讲的主要内容与结构。

（2）有闻必录。听讲时逐字记录，过后再进行整理、复习思考。

（3）选择记录。记要点，记精华，记结论，过后把简短记录扩充为完整的记录，这是主动复习的具体运用。

学科不同，重点不同，学习方法不同，笔记方式也不同。记笔记不是单纯地记录，而是为了学习，应当体现出自己的知识水平、理解水平，因此，可以采用自学式的笔记。自学式的笔记是理解式的笔记，主要是记下自己认为不了解的、疑惑不解的内容，这样，通过笔记，可以增长知识，取得进步。自学式的笔记是主动式的笔记，只有主动地记笔记，才能抓住重点。

3. 研究

研究是大学生学习的动力性环节，是大学生区别于中学生应有的要求，是中学生成长为大学生的主要标志。

中学生通常不必考虑学什么，书本上的知识就是要学的内容，当然也不必花很多的时间思考怎么学、学到什么程度，考试的分数就是学习程度和水平的代表。大学生则要学会在研究中学习。在研究型的学习中，人们需要自己选择学什么，围绕自己提出的问题展开思考、研究。

在研究型的学习中，完成一项学习任务需要经历三个阶段。

一是问题情境阶段。在这个阶段，大学生以原有的知识储备和经验积累为基础，在老师的帮助下，在与同学的交流讨论中，进入研究型学习的探究状态，通过搜寻与学习相关的信息资料，归纳出准备研究的具体题目，形成基本的目标和认识。

二是具体实施阶段。在这个阶段，大学生要运用一定的方法，发挥自己和集体的智慧，创造性地去解决提出的问题。

三是表达交流阶段。在这个阶段，大学生要将自己在研究型学习中取得的成果用一定的形式总结出来，采取汇报、辩论、研讨、展览、编刊等各种方式与同学和老师交流。

4. 运用

运用是大学生学习的实践性环节。学习本身并非终极目的，学习的目的在于运用。在学习的过程中要理论联系实际，为了解决实际问题而去找立场、找观点、找方法。

有一句关于实践的话是这样说的："我听到的会忘掉，我看到的能记住，我做过的才真正明白。"无论学习何种专业、何种课程，如果能在学习中努力实践，做到融会贯通，就可以更深入地理解知识体系，牢牢地记住学过的知识。因此，大学生应该多参加实践活动。实践时，最好和同学合作，这样既可以通过实践理解专业知识，又可以学会如何与人合作，培养团队精神。

大学生不仅要有探求真理的欲望，而且要有探求真理的能力，要对原有的认识进行再认识，要研究新情况、总结新经验、形成新认识。

大学重点培养三种能力

1. 大力培养自学能力

大学学习对教师的依赖性减少了，更多的是主动、自觉地学习。大学教育专业性很强，知识的深度和广度比中学要大为扩展，教师的课堂教学往往是提纲挈领式的，其余部分就要由学生自己去攻读、理解、掌握，大部分时间也是留给学生自学的。自主是大学的学习方式，并贯穿于大学学习的全过程。大学生要自主安排学习时间、学习内容，自主选择学习方法。另外，有的大学生可能根据自己的兴趣、爱好、发展方向、职业考虑及教师水平等因素来学习本专业外的知识，这类学习就要求有极强的自觉性、主动性、积极性。

自学能力的培养，是适应大学学习自主性特点的一个重要方面，也是衡量大学生能力的重要方面。

（1）大学生不应该只会跟在老师的身后亦步亦趋，而应当主动走在老师的前面。例如，大学老师在一个课时里所讲内容通常涵盖课本中几十页的信息，学生仅仅通过课堂听讲是无法把所有知识学活、学透的。最好的学习方法是在老师讲课之前就把课本中的相关问题琢磨清楚，然后在课堂上对照老师的讲解弥补自己在理解和认识上的不足。

（2）中学生在学习知识时更多的是追求记住知识，而大学生应当要求自己理解知识并善于提出问题，对每一个知识点，都应当多问几个"为什么"。一旦真正理解了理论或方法的来龙去脉，就能举一反三地学习知识、解决问题，甚至达到无师自通的境界。

（3）很多问题都有不同的思路或观察角度。在学习知识或解决问题时，不要总是死守一种思维模式，不要让自己成为课本或经验的奴隶。只有在学习中敢于创新，善于从全新的角度出发思考问题，学生潜在的思考能力、创造能力和学习能力才能被真正激发出来。

（4）大学生应当充分利用学校里的人才资源，从各种渠道吸收知识、寻找学习方法。如果遇到合适的老师，可以主动向他们请教，或者请他们推荐一些课外参考读物。除了资深的教授以外，大学中的青年教师、博士生、硕士生乃至自己的同班同学都是很好的知识来源和学习伙伴。每个人对问题的理解和认识都不尽相同，只有互帮互学，才能共同进步。

（5）大学生应该充分利用图书馆和互联网，培养独立学习和研究的本领，为适应今后的工作或进一步的深造做准备。首先，除了学习规定的课程以外，大学生一定要学会查找书籍和文献，以便接触更广泛的知识和研究成果。例如，在一门课上发现了自己感兴趣的课题，就应当积极去图书馆查阅相关文献，了解这个课题的来龙去脉和目前的研究动态。其次，在书本之外，互联网也是一个巨大的资源库，大学生可以借助搜索引擎在网上查找各类信息。

2. 培养扎实的基础技能和专业技能

大学是一个学习和进步的平台，这个平台的地基就是大学的基础课程。大学生一定要学好基础知识（如数学、英语、计算机和互联网的使用），以及本专业要求的基础课程（如商学院的财务、经济等课程）。在科技发展日新月异的今天，应用领域里很多看似高深的技术在几年后就会被新的技术或工具取代，而对基础知识的学习则可以受用终身。另外，大学生如果没有打下好的基础，也很难真正理解高深的应用技术。

（1）数学是理工科学生必备的基础。绝大多数理工科专业的知识体系建立在数学的基石之上。例如，要想学好计算机工程专业，至少要把离散数学、线性代数、概率统计和数学分析学好；要想进一步攻读计算机科学专业的硕士或博士学位，可能还需要更高的数学素养。同时，数学也是人类几千年积累的智慧结晶，学习数学知识可以培养和训练人的思维能力。通过对几何的学习，可以学会用演绎、推理的方法来思考和求证；通过对概率统计的学习，可以知道该如何避免钻进思维的死胡同、该如何让自己面前的机会最大化。所以，大学生一定要用心把数学学好，不能敷衍了事。学习数学也不能仅仅局限于选修多门数学课程，而是要知道自己为什么学习数学，要从学习数学的过程中掌握认知和思考的方法。

（2）二十一世纪里最重要的沟通工具就是英语。有些大学生在大学里只为了考过四级、六级而学习英语，有的大学生仅仅把英语当作一种求职必备的技能来学习。其实，学习英语的根本目的是掌握一种重要的学习和沟通工具，因此，英语学习是至关重要的。

（3）信息时代已经到来，大学生在信息科学与信息技术方面的素养也已成为他们进入社会的必备条件之一。虽然不是每个大学生都需要懂得计算机原理和编程知识，但所有大学生都应能熟练地使用计算机、互联网、办公软件和搜索引擎，都应能熟练地在网上浏览信息和查找专业知识。在二十一世纪里，使用计算机和网络就像使用纸和笔一样，是人人必备的基本功。不学好计算机，就无法快捷、全面地获得自己需要的知识或信息。

（4）大学学习具有最明显的专业性特点。学生从被录取上大学那一刻起，其专业方向就已经确定了，大学学习的内容都是围绕这一大方向来安排的。专业知识通常是指大学生各自所学专业课程的知识，是大学生知识结构的主题和特色所在，是他们今后走向工作岗位的一技之长和赖以生存的资本。因此，大学生在校期间必须系统地学习和牢固地掌握本专业的知识，对所学专业的现状和最新成果要有较深和广泛的了解，具有对专业知识提取、转换、迁移的能力，这是大学生事业成功的必要条件。通常，宝塔形知识结构被认为是较为合理的，如图2-1所示。

今后的社会是一个竞争极其激烈的社会，是一个发展极其迅速的社会。大学生要从自己一生发展的长远考虑，抓好大学期间的学习，使自己具备熟练的专业技能，这样才能适应这个瞬息万变的社会。

3. 拓展学习范围，培养综合能力

社会对专业要求是变化和发展的，为适应社会的高度分化又高度综合的特点，大学生要尽可能扩大自己的学习范围，在大学期间除了要学好本专业知识外，还应学习课外知识，即根据自己的能力、兴趣和爱好，选修或自学其他课程，或提高其他方面的能力。以是否具有专业性为标准，课外知识分为专业性课外知识和非专业性课外知识。

图 2-1 宝塔形知识结构

专业性课外知识包括与大学所设专业密切相关的各类知识和信息，如专业领域的学术知识、前沿问题和学术动态。专业性课外知识需要大学生主动和自觉地学习，因为学校一般不会对此类知识作出硬性的学习要求，但由于学习这些专业性课外知识的目的是扩大专业知识面、了解专业发展态势、增长背景专业知识，因此大学生要自觉地学习。非专业性课外知识是指有关实用技能、为人处世、社会信息、社会经验等非系统性信息。这类知识的总量庞大，零散、杂乱、不成体系，大学生对此类知识的学习常常是在不知不觉中进行的，但这些知识对大学生一生的成长都有着潜在的、长期的和持续的影响。也许是一个思想、一个理念或者一个处世的态度，将影响到大学生的就业以及未来的事业发展和人生路程。大学生也应该重视这类非专业课外知识的学习和掌握。

当然，人才的根本标志不在于积累了多少知识，而是看其是否具有利用知识进行创造的能力。知识的积累是培养和发挥能力的基础，而良好的能力又可以促进知识的掌握。大学生应具备的能力包括科学研究能力、发明创造能力、捕捉信息的能力、组织管理的能力、社会活动的能力、仪器设备的操作能力、语言文字的表达能力等，这要求大学生要在掌握本专业知识的基础上，还要加强本专业技能的培养，如认真做好课程实习、学年论文和社会调查等，积极参加学校组织的社会调查和社会实践活动。

学习自测

理解的知识点	
掌握的技能点	
感受与收获	
项目成效评分	0 分--10 分

第二讲

认识我自己

教学目标

了解自己的认知价值观、人生方向和目标、认知性格特征，认清自己的优势、劣势，觉察自己的情绪变化和原因，并通过自评和标准化测评来了解自己的职业兴趣、发掘自己的能力、澄清自己的价值观，知道如何整合上述四个方面进行职业决策；能深入了解与自己较为匹配的典型职业。

思政园地

健全终身职业技能培训制度，加快建设包括大国工匠和高技能人才在内的国家战略人才力量，这是职业教育更好融入科教兴国战略、人才强国战略和创新驱动发展战略的努力方向，职教人应当更加确定自己的职业定位，培养工匠精神，树立工匠目标。

职业兴趣导向

📖 项目目标制定

本项目的预定目标：能利用自评和标准化测评来了解自己的职业兴趣类型；了解兴趣培养的路径和方法；能通过职业兴趣探索深入分析与自己较为匹配的典型职业，并能找到对应自己职业兴趣的职业。
我对自己的兴趣、职业兴趣的了解：
我对本项目目标的看法和期待：
我学习本项目的目标：

知识点

知识点

> 兴趣是人们力求认识某种事物和从事某项活动的意识倾向。它表现为人们对某件事物、某项活动的选择性态度和积极的情绪反应。兴趣是人们内心动力和快乐的最终来源。兴趣常常表现为一种自觉自愿、乐此不疲的精神状态。
> 兴趣是需要的基础。需要是有机体感到某种缺乏而力求获得满足的心理倾向，它是有机体自身和外部生活条件的要求在头脑中的反映。需要通常以对某种客体的欲望、意愿、兴趣等形式表现出来。

➢ 兴趣是爱好的前提。爱好是兴趣的发展和行动。爱好不仅是对事物优先注意和向往的心情，而且表现为某种实际行动。兴趣+行动=爱好。

➢ 兴趣的特点：①兴趣的倾向性，指兴趣的分类指向；②兴趣的广度，指兴趣的范围；③兴趣的稳定性，指兴趣所持续的时间；④兴趣的效能，指兴趣对实际活动的影响。

➢ 影响兴趣的因素：①遗传与早期经验、个人特质、家庭环境等；②个人的认识和情感、知识、经验、感受等；③外部环境的影响、社会文化、机会、评价等。

➢ 培养兴趣的方法：①增加知识；②丰富体验；③明确意义；④尊重个性。

➢ 兴趣分三个层级。①感官兴趣。喜欢做一些事，但程度仅仅停留在感官的满足上，没有在相关知识、技能等方面有积累。②自觉兴趣。在感官兴趣的基础上，主动去获取相关信息和尝试提高相关技能。自觉兴趣较持久、稳定并可形成能力，甚至可以进入相关职业领域从业。③志趣。当自觉兴趣与自己的志向和价值追求相统一时，就发展为兴趣金字塔最顶端的志趣。志趣更加稳定和持久，甚至成为个人的毕生事业。

➢ 职业兴趣是兴趣在职业方面的表现，是指人们对某种职业活动具有的比较稳定而持久的心理倾向，使人对某种职业给予优先注意，并向往之。

➢ 影响职业兴趣的因素包括个人特质与成长环境、个人知识与情感、外部环境作用等。职业兴趣会直接影响到个人的工作满意度、职业稳定性和个人成就感。

➢ 1959 年，美国著名的职业指导专家约翰·霍兰德（John Holland）提出了霍兰德职业兴趣理论。霍兰德认为，人格可分为现实型、研究型、艺术型、社会型、企业型和传统型六种类型。人格类型和职业兴趣类型应是匹配的，否则，人们难以在职业活动中获得自己需要的机会和回报。

➢ 霍兰德职业兴趣理论有六大原则：①选择一种职业是一种人格的表现；②职业兴趣是人格的呈现，职业兴趣测验就是人格测验；③职业的刻板化印象是可靠的，具有重要的心理与社会意义；④从事相同职业的人具有相似的人格与相似的个人发展史；⑤同一职业团体内的人对各种情境与问题的反应方式是相似的，由此塑造出特有的人际环境；⑥个人的职业满意度、稳定性与成就感取决于个人的人格与工作环境之间的适配性。

➢ 霍兰德职业兴趣理论的四大假设：①大多数人的人格特质可以归纳为六种类型；②工作环境也有六种类型，其名称及性质与人格类型的分类一致；③人们都尽量寻找那些能运用自己的技术、体现自己的价值和能在其中扮演令自己愉快的角色的职业；④一个人的行为表现是职业环境类型和人格类型相互作用的结果。

案例导入

墨 汁 当 糖

1919 年 6 月，陈望道从日本回国后到浙江省立第一师范学校任教员。他与进步教师一道提倡白话文，传授注音字母，浙江顽固势力曾扬言要用枪打死他。不久，学校发生风潮，陈望道受守旧派打击而回到家乡。

1920年初，陈望道接受上海《星期评论》的委托，翻译《共产党宣言》。于是陈望道回到故乡浙江义乌分水塘村，开始了这项翻译工程。陈望道的译书工作是在他家的一间柴屋里进行的。当时的工作条件十分艰苦，柴屋因年久失修破陋不堪。农村的早春天气还相当寒冷，尤其是到了夜晚，刺骨的寒风会不时透过四周的墙缝向他袭来，冻得他手足发麻。柴屋里只安置了几件简单的用具，一块铺板和两条长凳，既当书桌又当床。为了专心致志地译书，就连一日三餐和茶水等也常常是母亲亲自给他送过来的。一盏昏暗的煤油灯陪伴着他送走了无数个漫长的寒夜，迎来了黎明前绚丽的曙光。

母亲见他夜以继日地埋头工作，身躯日渐消瘦，十分心疼他，特地设法弄来些糯米包了几个粽子，让他补一补身子。当地盛产红糖，母亲将粽子端至柴屋时还附带了一碟红糖。中途母亲在屋外高声问他是否还要添些红糖时，他连连回答说："够甜了。"后来母亲进屋收拾碗碟，只见他吃了满嘴的墨汁，禁不住哈哈大笑。原来他只顾全神贯注地译作，竟全然不知蘸了墨汁在吃粽子。

历时近两个月，1920年春，陈望道完成了《共产党宣言》的翻译工作。

你是否也有过这样的心流体验呢？当你做着一直很想做的事情，会希望时间永远停在那一刻，自己可以一直持续做下去。有些人在绘画、雕刻、设计、文学创作、读书或研究的时候，全神贯注地投入其中，经常忘记时间以及对周围环境的感知，这些人参与活动都是出于共同的乐趣，这些乐趣来自活动的过程，而且外在的报酬是极小或不存在的，这种由全神贯注所产生的心理体验就是心流体验。心流产生时同时会有高度的兴奋及充实感。当人们对某种事物充满了好奇，并对其进行认知、投入学习的时候，就很容易产生心流体验，这就是个人兴趣所在。

爱因斯坦曾称："兴趣是最好的老师。"《论语》也说："知之者不如好之者，好之者不如乐之者。"兴趣对个人而言，是相对稳定的、持久的，同时要具有挑战性、技术性、目的性。人们在从事感兴趣的事情时，心里会感到满意和享受，会全心全意地投入其中，忧虑感消失，同时有清楚的目标，能得到及时的反馈。

（资料来源：根据网络资料整理。）

两 个 猎 头

猎头的工作是负责为各种公司空缺的职位寻找申请人，其方式是吸引那些在职人员，并说服他们去应聘那些职位。如果申请人能成功跳槽，并在该岗位上工作不少于三个月，猎头就会得到一笔丰厚的佣金。这是一项竞争激烈、看重结果的工作，它需要高超的交际手段以及尽可能快和多地填补职位空缺的能力。

有一名叫阿瑟的猎头，他特别喜欢自己的工作，欣赏这份工作的高速度。阿瑟是一个精力充沛、口才出众的人，喜欢在电话中与人交谈，他还运用推理技巧说服别人调换工作，并且在成功完成使命后，他会感到特别满足。在50个与他通话的人中，他能让10个人产生兴趣，而这10个人中，他可以成功说服2～3人调换工作。尽管他每天总能听到许多声"不"，但他从不轻易放弃任何一个机会。让他真正感到兴奋的就是完成交易并开始进行新的挑战，他每天都努力工作并因此收入颇丰。

但朱丽娅的故事却截然不同。与阿瑟不同的是，朱丽娅想帮助每个人找到真正适合的工作，她总是为她的顾客寻找更好的机会，以便他们体会到真正的成功和满足。朱丽娅本应该迅速决定每个人是否对某项工作感兴趣，然后再转向下一个顾客，但她却会在电话中花很长时间与每位顾客细心交谈，她也曾为此多次受到上司的警告，与其说她是在填补职位空缺，倒不如说她是在提供就业建议。她对高额的收入并没有多大兴趣，所以她也不会把本不适合某项工作的人硬拉到这个岗位上去。几个星期后，朱丽娅辞职了。

人们在需要、欲望、兴趣、爱好、特长、价值和性格类型上都存在差异，除非性格非常相似，否则，一份对于某个人来说如鱼得水的工作，在另一个人身上却可能表现出不同甚至完全相反的效果。不同的工作甚至是同一工作的不同方面，都对应于不同类型的人。然而直到现在，这一基本事实才被职业顾问和职业选择者充分重视。

（资料来源：根据网络资料整理。）

活动与任务

霍兰德职业兴趣测评

霍兰德职业兴趣测评表见表 3-1。

表 3-1　霍兰德职业兴趣测评表

兴趣类型	特点	典型职业及要求
现实型（realistic，R），又称技能型	具有这类倾向的个体，属于技术与运动取向。往往身体技能及机械协调能力较强，对机械与物体的关心比较强烈。稳健、务实，喜欢从事规则明确的活动及技术性工作，甚至热衷于亲自动手创造新事物。用手、工具、机器制造或修理东西。愿意从事事实物性的工作、体力活动，喜欢户外活动或操作机器，而不喜欢在办公室工作，不善言谈，对人际交往及人员管理、监督等活动不太感兴趣。适合需要熟练技能，动植物、机械、生产技术、手工艺技能、机械装置与运转等方面的职业。 　　关键词：物、操作、灵活	园艺师、技术人员、汽车修理工、工程师、运动员、外科医生、足球教练员、厨师等。 　　使用手工或机械技能对物体、工具、机器、动物等进行操作，与"事物"打交道的能力比与"人"打交道的能力更为重要
研究型（investigative，I），又称调查型	具有这类倾向的个体，喜欢理论思维或偏爱数理统计工作，对于解决抽象性问题具有极大的热情。喜欢探索和理解事物，学习研究那些需要分析、思考的抽象问题，喜欢讨论有关科学性的问题，喜欢独立工作，对未知问题的挑战充满兴趣。他们通常倾向于通过思考、分析解决难题，而不一定落实到具体操作上。喜欢具有创造性、挑战性的工作，不太喜欢固定程式的任务。对于人员的领导及人际交往也情非所愿，独立倾向明显。注重知识、学习、成就、独立。 　　关键词：理念、思考、智慧	实验室工作人员、研究人员、分析员、学者、生物学家、化学家、心理学家、工程设计师、大学教授等。 　　具有分析研究问题，运用复杂和抽象的思考创造性地解决问题的能力，谨慎、缜密，能运用智慧独立地工作，有一定的写作能力

续表

兴趣类型	特点	典型职业及要求
艺术型（artistic，A）	具有这类倾向的个体，对具有创造力、想象力及自我表现空间的工作显示出明显偏好。喜欢通过绘画、设计、写作、舞蹈、表演、音乐等方式来表达自我，乐于创造新颖、与众不同的成果，喜欢情感的体验与表达。他们和研究型倾向个体的相同之处在于创造倾向明显，对结构化程度较高的任务及环境都不太喜欢，对机械性及程式化的工作毫无兴趣，也比较喜欢独立行事，不太合群。他们感觉敏锐，喜欢表现自我，感性、直觉力较强，情绪变化较大。重视有创意的想法、自由和美。 关键词：情感、感受与表现、敏感	美术雕刻等工艺方面，以及舞蹈、戏剧等领域的作家、音乐家、摄影师、画家、导演、演员、歌手、室内设计师、平面设计师、摄影师。 有创造力、丰富的想象力和较强的直觉感受能力，并具备通过各类媒介进行感受和表达的能力
社会型（social，S）	具有这类倾向的个体，喜欢以人为对象的工作。喜欢与人合作，关心他人的幸福，愿意帮助别人成长或解决困难，乐于为他人提供服务、服务社会与他人。看重公正、理解、平等、理想。通常他们的言语能力优于数理能力，善于言谈，乐于与人相处，为人提供帮助，具有人道主义倾向，责任心也较强。习惯通过与人商讨或调整人际关系来解决面临的问题。不太喜欢以机械和物品为对象的工作。适合从事咨询、培训、辅导、说劝类工作。 关键词：人、助人、热情	教育、社会福利、医疗与保健等方面，各种直接为人服务和商品营销方面的教师、社会工作者、咨询师、心理咨询师、护士、导游、客服代表。 人际交往能力强，具备教导、医治、帮助他人等方面的技能，对他人表现出精神上的关爱，愿意担负社会责任
企业型（enterprising，E），又称经营型	具有这类倾向的个体，喜欢制订新的工作计划、事业规划以及设立新的组织，并积极地发挥组织的作用进行活动；喜欢影响、管理、领导他人，通过领导、劝说他人或推销自己的观念、产品而达到个人或组织的目标，希望成就一番事业，追求经济和社会地位上的成功；自信心、支配欲、冒险性较强。他们不喜欢具体、精细或需要长时间集中心智的工作。适合从事领导工作或企业经营管理的职业。 关键词：影响、竞争、成就	律师、经理、销售、市场部经理、电视制片人、保险代理、创业者。 具有说服他人或支配他人的能力，敢于承担风险、责任，目标导向明确
传统型（conventional，C），又称事务型、常规型	具有这类倾向的个体，喜欢固定的、高度有序、要求明晰的工作或活动，对于规则模糊、自由度大的工作不太适应。希望确切地知道工作的要求和标准，对文字、数据和事物进行细致有序的系统处理以达到特定的标准。不喜欢主动决策，习惯遵从规范，一般较为忠诚、可靠，偏保守。与人工作中的交往会保持一定的距离。工作仔细、有毅力。对社会地位、社会评价比较在意，通常愿意在大型机构做一般性工作。 关键词：秩序、执行、细致	银行家、银行职员、税务员、精算师、会计、出纳、统计人员、图书管理员、办公室职员、文字编辑、秘书、办事员等。 懂文书技巧，具备组织能力和听取并遵从指示的能力，能够按时完成工作并达到严格的标准，有组织、有计划；做事准确、有条理

1. 通过霍兰德职业兴趣测评，你的兴趣类型是_____。

2. 结合个人成长经历与老师对霍兰德职业兴趣类型报告的解读，你认为自己的霍兰德兴趣类型是_____。

兴 趣 岛

恭喜你！你获得了一次免费度假游的机会，你无须考虑费用和时间问题，仅从兴趣出发，按照自己喜欢的程度选出三座最想前往的岛（图 3-1）。

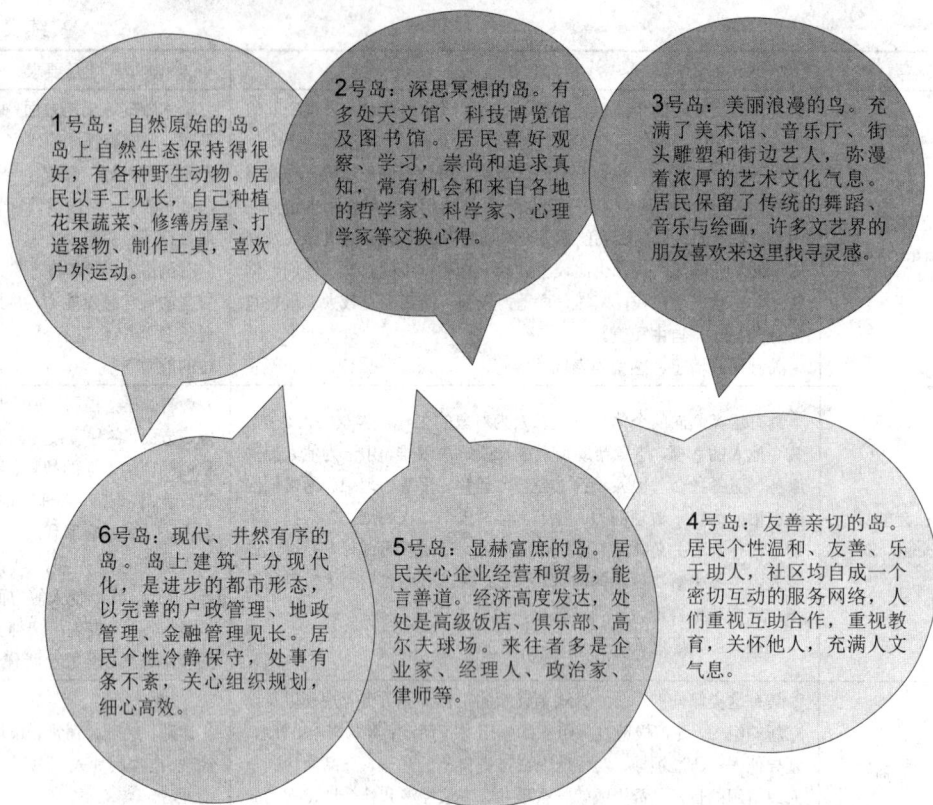

1号岛：自然原始的岛。岛上自然生态保持得很好，有各种野生动物。居民以手工见长，自己种植花果蔬菜、修缮房屋、打造器物、制作工具，喜欢户外运动。

2号岛：深思冥想的岛。有多处天文馆、科技博览馆及图书馆。居民喜好观察、学习，崇尚和追求真知，常有机会和来自各地的哲学家、科学家、心理学家等交换心得。

3号岛：美丽浪漫的岛。充满了美术馆、音乐厅、街头雕塑和街边艺人，弥漫着浓厚的艺术文化气息。居民保留了传统的舞蹈、音乐与绘画，许多文艺界的朋友喜欢来这里找寻灵感。

6号岛：现代、井然有序的岛。岛上建筑十分现代化，是进步的都市形态，以完善的户政管理、地政管理、金融管理见长。居民个性冷静保守，处事有条不紊，关心组织规划，细心高效。

5号岛：显赫富庶的岛。居民关心企业经营和贸易，能言善道。经济高度发达，处处是高级饭店、俱乐部、高尔夫球场。来往者多是企业家、经理人、政治家、律师等。

4号岛：友善亲切的岛。居民个性温和、友善、乐于助人，社区均自成一个密切互动的服务网络，人们重视互助合作，重视教育，关怀他人，充满人文气息。

图 3-1　兴趣岛

兴趣岛类型列表见表 3-2。

表 3-2　兴趣岛类型列表

岛屿序号	类型及代码
1号岛	现实型——R
2号岛	研究型——I
3号岛	艺术型——A
4号岛	社会型——S
5号岛	企业型——E
6号岛	传统型——C

1. 你可以凭借直觉，按照自己喜欢的程度，选出最想去旅游的三座岛，依次为_____、_____、_____。

2. 同样六座岛，如果不是去旅游，而是要你长时间在那样的环境里生活和工作，你的选择又将如何？按照自己喜欢的程度，选出你最想去的三座岛，依次为_____、_____、_____。

比较前后两种选择的区别和缘由。先选择的旅游目的地，说明你向往那样的岛，这与你日常生活的兴趣爱好有关。后选择的目的地，说明你乐于在其中生活和工作，第二种选择更接近于你的职业兴趣。

我喜欢……

根据你的过往经历，回答下面的问题，并在小组内分享。

1. 从小到大你担任过哪些职务？哪些是你喜欢的？哪些是你不喜欢的？为什么？

_____

_____

2. 你最敬佩或崇拜的人是谁？他对你产生了什么影响？

_____

_____

3. 你最喜欢看哪种杂志和图书？这些杂志和图书中哪些部分吸引你？

_____

_____

4. 你最喜欢什么科目？为什么？

_____

_____

5. 你通常喜欢看哪个频道的电视节目？为什么？

_____

_____

6. 你的答案中有什么共同点？是否可以归纳总结出什么主题或关键词？这些词和六种霍兰德职业兴趣类型中的哪些相对应？

_____

_____

_____

课堂练习

完成你的兴趣金字塔

1. 写出从你记事以来所有感兴趣的事件。

2. 在这些事件中找出曾经让你有过心流体验的事件。

3. 把这些引发你心流体验的事件从下到上梳理出兴趣的三个层级：感官兴趣、自觉兴趣和志趣，填入你的兴趣金字塔（图 3-2），并思考哪些兴趣最终可能成为你的志趣。

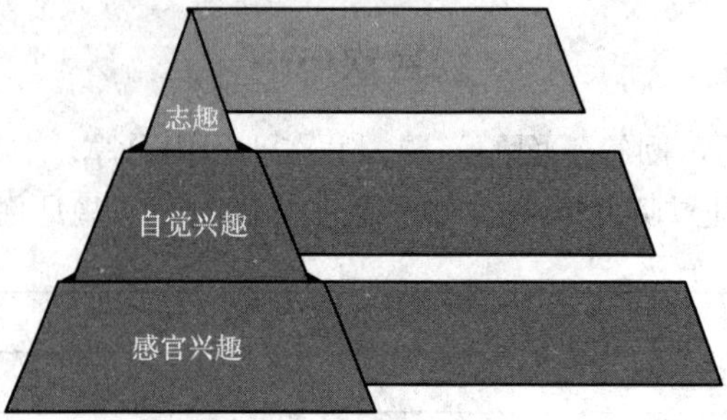

图 3-2　兴趣金字塔

找到你感兴趣的职业

查看书后附录一"霍兰德职业索引"中与你的职业兴趣代码相对应或相近的职业（如果你的职业兴趣代码是 RIA，那么，相近的职业就是其他由这三个字母组合成的编号，如 IRA、IAR 等），在表 3-3 中列出霍兰德职业兴趣代码和你感兴趣的职业，总共不少于 15 种。

表 3-3　霍兰德职业兴趣代码与职业

霍兰德职业兴趣代码	职业

此外，你感兴趣的其他职业还有＿＿＿＿＿＿＿＿＿＿＿＿＿＿＿＿＿＿＿。

拓展阅读

兴趣与性格

霍兰德认为人的兴趣、人格与职业密切相关，兴趣是人们活动的巨大动力。职业兴趣与人格之间存在很高的相关性。从心理学的角度来定义，人格是指一个人独特的、相对稳定的行为模式。人格是一个人的整体精神面貌，即具有一定倾向性心理特征的总和，包括四个层次：①完成某些活动的潜在可能性的特征，即能力；②心理活动的动力特征，即气质；③完成活动任务的态度和行为方式方面的特征，即性格；④活动倾向方面的特征，如动机、兴趣、理想、信念等。

性格是一种个体内部的行为倾向，它具有整体性、结构性、持久稳定性等特点，是每个人特有的，可以对个人外显的行为、态度提供统一的、内在的解释。通俗地说，性格是人对现实的稳定态度和习惯化行为方式的总和，表现为个体独特的心理特征。性格是在社会生活中逐渐形成的，同时也受个体的生物学因素影响。由于性格在人格结构中处于核心地位，一般来说性格理论也称人格理论，不同的心理学流派形成了不同的性格理论。

霍兰德认为，人格分为现实型、研究型、艺术型、社会型、企业型和传统型六种类型，这也就是人们在兴趣探索过程中用到的霍兰德职业兴趣六边形。

类型论也是性格的一种分类，它运用一种或少数几种主要特质来说明人的性格，主要以瑞士心理学家卡尔·古斯塔夫·荣格（Carl Gustav Jung）提出的内倾型和外倾型的性格最为著名。荣格根据力比多流动的方向来对人的性格态度进行分类。如果个体的力比多的活动倾向于外部环境，该个体就是外倾型的人；如果个体的力比多的活动倾向于自己，该个体就是内倾型的人。外倾型的人重视外在世界，爱社交、活跃、自信、勇于进取，对周围的一切事物都很感兴趣，容易适应环境的变化；内倾型的人重视主观世界，好沉思、内省，常常沉浸于自我欣赏和陶醉之中，孤僻、缺乏自信、易害羞、冷漠、寡言，较难以适应环境的变化。

荣格提出了人格构成的三个维度，即能量投注途径[外向（extroversion，E）—内向（introversion，I）]、注意力的指向[感觉（sensing，S）—直觉（intuition，N）]、决策判断方式[思考（thinking，T）—情感（feeling，F）]。以荣格的人格分类理论为基础，美国的心理学家凯瑟琳·库克·布里格斯（Katherine Cook Briggs）和她的女儿伊莎贝尔·布里格斯·迈尔斯（Isabel Briggs Myers）通过长期观察和研究，提出了影响大脑作出决定的第四个因素：生活（行为）方式[判断（judging，J）—感知（perceiving，P）]。她们设计出了用来鉴别不同人格类型的测试表，被命名为迈尔斯-布里格斯类型指标（Myers-Briggs type indicator，MBTI）。

1. 能量投注途径：外向—内向

能量投注途径即发泄及获得心灵能量的方向。你是更喜欢将自己的注意力投向外在的人或事，还是更喜欢投向自己的内心世界？你是更容易在对外在的人或事的交流和行动中获得活力，还是更容易在对自己的感受体验、记忆的反思及事物的思考分析中获得活力？偏外向的人常说"让我们谈谈吧"，而偏内向的人常说"我需要想一想"。表 3-4列出的是这两种偏好的具体表现。

表 3-4　外向与内向的具体表现

外向	内向
热情洋溢	冷静，谨慎
生机勃勃，善于表达	稳重，不愿意主动表达
听、说、想同时进行	先听，后想，再说
语速快，嗓门高	语速慢，语调平稳
注意力容易分散	注意力很集中
喜欢人多的场合	喜欢独自消磨时间
关注问题的广度	关注问题的深度
能量来自与外界的互相作用	能量来自内心的思考与推理

2. 注意力的指向：感觉—直觉

注意力的指向是人们认识世界的非理性方法，即外界知觉，也就是人们如何处理接收到的信息。你是希望获得更多实实在在的信息后再判断，还是只想获得必要的信息以便得出事物之间的关联和背后的意义？偏感觉型的人常说"请告诉我事实"，而偏直觉型的人则常说"我现在就可以预见到……"。表 3-5 列出的是这两种偏好的具体表现。

表 3-5　感觉与直觉的具体表现

感觉	直觉
关注事实的存在	关注事物背后的意义
谈话目标清楚，方式直接	谈话目标宏观，方式复杂
思维连贯	思维跳跃
喜欢从事实际性的工作	喜欢从事创造性的工作
留心细节、现在	关注总体、未来
对身体敏感	精力集中于自己的思想
以客观现实为依据	习惯比喻、推理与暗示
经过仔细周详的推理一步步得出结论	靠直觉很快得出结论

3. 决策判断方式：思考—情感

思考及情感是下决定时内心挣扎所侧重的方向。在做决定时，你最先是从决定的正反两方面的客观后果来考虑，还是试图换位思考来考虑决定对相关人的影响？偏思维型的人常说"这合理吗？"，试图找到通用的标准或原则；偏情感型的人常说"会有人受伤吗？"，希望创造和谐的氛围。表 3-6 列出的是这两种偏好的具体表现。

表 3-6　思考与情感的具体表现

思考	情感
行为冷静，公事公办	行为温和，注重社交细节
关注事情的客观公平	关注个人感受与价值观
很少赞扬别人	习惯赞美别人

续表

思考	情感
言语平实、生硬	言语友善、委婉
坚定、自信	犹豫、情绪化
遵照客观逻辑推理	倾向于主观想法与道德评判
人际关系不敏感	尽量避免争论和矛盾

4. 生活（行为）方式：判断—感知

生活（行为）方式即处世态度及生活模式。判断偏向倾向于井然有序及有组织的生活，而且喜欢安顿一切事物。感知偏向则倾向于自然发生及弹性的生活，对任何意见都抱开放态度。遇到一件事情时，你是喜欢尽快把事情敲定，按照计划和日程安排办事，还是喜欢等等看，以留有各种可能性？偏判断型的人常说"先做点什么"，喜欢将事情管理得井井有条；偏感知型的人常说"我们看看再说"，喜欢去体验和理解生活而不是去控制它。表 3-7 列出的是这两种偏好的具体表现。

表 3-7　判断与感知的具体表现

判断	感知
正式，严肃	随意，自然
保守，谨慎	开放，灵活
习惯做决定，有决断	做事拖拉，不愿做决定
条理清晰，计划明确	缺乏条理，保持弹性
急于完成工作	喜欢开始一项工作
遵守制度、规则与组织	常常感觉到被束缚
喜欢确立目标，然后去努力实现	经常改变目标，偏好于新的体验
外表整洁，环境干净	着装以舒服为标准，不在意环境

MBTI 的结果显示了人们因为性格的差异而产生的对各类活动的喜好、获取信息的方式、做决策的方式以及行动方式等方面的差异。这些差异并没有道德是非和智力高下的区别，但却对个人的生活、工作产生很大影响。认识到自己的性格特点在工作和生活中的优势和不足，可以使人更深入地了解自己，这对于每个人都是非常重要的。认识其他性格类型的特点可以使人更能理解和欣赏与自己不同类型的人，从而在工作和生活中更好地与人交往、合作。

故事与分享

一人毕业合影

2014 年 6 月 14 日，网友薛逸凡在社交网站上发布了一张毕业合影照，并附文："只是需要有一张来装个正经……北京大学 2010 级古生物专业合影。"这张只有一个人的毕业合影照一经发出，就在网络上被疯狂点击和转载，引发了网友的无限热议。

"这是全中国唯一的一个只有一名学生的专业。"时任北京大学元培学院副院长的卢晓东介绍道。

薛逸凡显然是一个对古生物相当感兴趣的学生。"我就是特别想学这个专业，我来元培学院不是为了别的，就是为了古生物。"薛逸凡说。早在读高二时，她就已经立下了这一志向。"当初我查到全国只有北大在本科开设这个专业，所以就决定报考北大。"

薛逸凡由于不能直接保送，需要参加自主招生。在自主招生结束后，她的分数比元培学院要求的分数低了几分，于是她主动联系上了当时的元培学院院长许崇任，并明确表示自己十分想进入古生物学专业的意愿，许崇任非常爽快地答应了。

薛逸凡在真正进入这一专业学习之前，就已经预料到学这个专业的人不会多。虽然经历了不少烦心事，但薛逸凡还是很乐观："既然是自己喜欢的，心甘情愿地选择就该心甘情愿地承担，吐完槽，冷静下来，还得好好学。"

薛逸凡说："网上流传的照片是周末陪父母在学校穿学位服毕业留念时所拍。因为我7月底即将赴美攻读硕士学位，十分舍不得离开学校，没有想到这张照片引起了如此大的关注。"薛逸凡被美国卡耐基梅隆大学计算生物学硕士专业录取，获得了助学金，同时获得宾夕法尼亚大学、加州大学等院校的录取通知。

（资料来源：根据网络资料改编。）

学习自测

理解的知识点	
掌握的技能点	
感受与收获	
项目成效评分	0 分---10 分

职业能力提升与管理

> 本项目的预定目标：认识能力的概念、构成要素及提升的途径；能够通过对成长经历和成就故事的分析，了解个人的能力构成；理解职业能力与职业选择的关系，并学会运用能力三层级做求职介绍，管理、提升自己的职业技能。

我对自己的能力、职业技能的了解：

我对本项目目标的看法和期待：

我学习本项目的目标：

知识点

知识点

> 能力是人们顺利实现某种活动或任务的身体和心理条件，它不仅包含一个人现在已经达到的水平，而且包含一个人所具有的潜力。能力直接影响活动的效率。能力与活动是紧密相连的。能力表现在人所从事的各种活动中，并在活动中得到发展。当然，能力与活动之间并不完全是一一对应的关系。一种能力可能会对多种活动起作用，一种活动也会需要多种能力。能力有两个决定因素：知识与技能。

➤ 技能是顺利完成某种活动的行为方式。技能与能力的区别：①能力不是这些行为方式的本身，而是调节这些行为方式的心理活动的概括化；②能力的发展和技能的掌握是不同步的；③能力的发展比技能的获得要慢，能力并不是永远随着技能的增多而呈正比例发展的；④能力为掌握技能提供内在条件和可能性；⑤技能是能力发展的基础和表现。

➤ 能力有很多种，根据不同的划分，可以分为以下几种：①一般能力和特殊能力；②模仿能力和创造能力；③认知能力、操作能力和社交能力；④知识和技能（对外的操作技能和对内的自我管理能力）。

➤ 知识属于人们的认知经验，是人们在社会实践活动中通过与其环境相互作用而获得的对客观现实认识的结果。知识是人类社会历史经验的总结和概括。知识一般以经验或理论的形式存在于人的头脑中，也通过物化储存于书本或其他媒介中。

➤ 知识根据其概括水平，可分为具体知识和抽象知识；根据其功能，可分为陈述性知识和程序性知识。知识主要通过学习和记忆获得。获得知识的一般途径包括学校教育、业余辅导、自学相关课程、资格认证考试培训、岗前培训等。

➤ 知识常常用名词或名词短语来表述，如 "××的理论""××操作的程序"。知识的评价与表述方式为"了解（掌握、熟悉、熟知、精通）＋学科或知识的名称"，如"熟悉财务会计知识"。大学生知识掌握情况的证明文件主要是成绩单。

➤ 技能是运用已有的知识经验，通过练习而形成的趋于完善化、自动化的智力活动方式和肢体动作方式的复杂系统。动作接近自动化，复杂的动作系统趋于完善化，标志着技能已经形成。技能形成之后，经过反复练习或应用，可以达到非常熟练的程度，这时的技能通常被称为技巧。

➤ 根据主体与客体的维度，技能可分为操作技能与自我管理技能。操作技能的对象是外在的事物或人，自我管理技能的对象是主体自己的态度、情绪、健康、时间等。

➤ 操作技能是指人对外在事物或人进行操作的技能，一般用熟练程度来评价，如熟练或不熟练。操作技能的评价与表述方式为"我能（我会、我擅长）＋动词＋名词"，如"我能编辑视频""我会演奏钢琴"。操作技能的种类繁多，主要和操作对象相关，下面是根据操作对象列出的一些常见的操作技能：①与人相关的有接受指示、服务、谈话、发信号、说服、管理、教导、商讨、监督、照顾等；②与物相关的有运用（办公、财务软件）、设计、整理、照管、驾驶、操作、控制、建立、装配等；③与事相关的有计划、评估、调整、策划等；④与理念相关的有学习、分析、综合、演绎、感悟、心智技能（运算、论证、默读、心算、写作、观察）等；⑤与情感相关的有感受、激发、表演、表现等。

➤ 自我管理技能是指人通过练习获得的对自我的观念、习惯、态度、情绪等进行管理的技能。

➤ 自我管理技能可以帮助一个人更好地适应环境。由于主体的态度和情绪等对操作技能实施的效果具有较大影响，因此自我管理技能对能力具有更为重要的影响。自我管理技能的获得和提升所带来的结果就是常常被人们称赞的主体具有更加积极的态度、更为稳定的情绪等良好的品质，以及由此带来的更高的工作效率、更优质的工作成果。

➤ 自我管理技能的评价与表述方式为"副词＋形容词"，如"我很细心""我非常负责任"。自我管理技能可以通过成就故事来证明，更可以直接通过个人的言行来展示。自我管理技能主要包括以下内容：①自我心态管理，包括积极、主动、乐观、有进取心、灵活等；②自我心智管理，包括有开创性、开放、智慧、足智多谋、有洞察力等；③自我形象管理，包括有魅力、潇洒、美丽、得体等；④自我激励管理，包括坚定、有毅力、有冒险精神、勇敢等；⑤自我时间管理，包括高效、有条理等；⑥自我情绪管理，包括冷静、会娱乐、有同情心、镇定、圆融、诚挚等；⑦自我行为管理，包括专业、勤勉、负责、务实等；⑧自我健康管理，包括身强力壮、精力充沛、有活力等。

➤ 自我管理技能的获得可以说从一个人一出生就开始了，人们所有的活动无一不在培养着自我管理技能，如父母行为对小孩的示范作用，像游戏、运动、做家务等。自我管理技能还可以通过练习而快速获得和提升。可以对某种自我管理技能的构成进行分析，针对每一个步骤制订相应的训练计划，并按计划进行练习。例如，对于自我情绪管理，可以通过客观描述引发的具体事件来思考其背后的心理需求、表达需求，从而真正从源头上解决情绪问题。这些内容将在第三讲深入讲解。

📖 案例导入

大国工匠刘云清

刘云清是中车戚墅堰机车车辆工艺研究所有限公司（简称中车戚墅堰所）的首席技能专家。他大方分享了自己的小秘诀：每解决一个设备故障，都会进行总结，然后思考更好的解决方法。这样，下一次解决问题的手段就会更快、更好、更优。

1996 年，从济南铁路机械学校毕业的刘云清进入中车戚墅堰所，成为一名机修钳工。他主动干苦活累活，遇到问题积极请教，空余时间坚持学习，一年多后就成了单位的维修骨干。

随着公司数控机床的逐渐应用，刘云清爱钻研的"痴劲"也越发显露出来。他不仅自学数控设备维修知识，还尝试对设备进行改造。短短三四年，经过刘云清改造的各类进口数控机床就达六七百台，他成了公认的"技改大王"。

会的东西越多，刘云清就越迫切地想把关键技术牢牢掌握在自己手中。数控珩磨机是涡轮增压器等零部件高精密加工的关键磨削设备，一度只能靠进口，价格昂贵、维修成本高。经过数千次反复试验后，2010 年，刘云清成功研发出国内第一台新型龙门式全浮动数控珩磨机，成本仅为进口设备的 1/4，精度却从 3 微米提高到了 1 微米，达到国际领先水平，填补了国内空白。

从一名中专学历的钳工成长为智能装备研发专家，刘云清认为，工作中就应该不怕困难、不怕挑战，不断地超越前人、超越自己。他希望以自身的经历鼓励更多产业工人走上创新、转型道路。刘云清表示，产业工人、技能人才的努力得到了党和国家的认可，这也激励自己要为国家发展、民族复兴作出更大的贡献。

（资料来源：根据网络资料整理。）

因为热爱而成就事业

小强在复读后仍然没有考上理想中的重点大学，他怀着忐忑的心情进入某专科学校学习。在大学生职业生涯规划课上，他学到了制定职业生涯规划的方法，并通过兴趣、性格、技能和价值观等测评以及老师的讲解更清晰地认识了自己，还通过专业老师了解到所学专业将来主要的就业岗位及其对从业者的要求。

在兴趣上，小强发现自己喜欢研究和动手解决问题，自己当初报考电力系统自动化技术专业，也是出于对电力行业的喜爱。为此，他咨询了就业指导老师，并为自己定下了进入电力公司工作的目标。在性格上，小强初生牛犊不怕虎，不懂就学，不会就练，没有条件就努力创造条件，对想做爱做的事敢试敢为。为了提高实践能力，小强积极参加了职业生涯规划大赛，提前了解就业可能遇到的困难。在班上他主动担任班长职务，自觉提升综合技能。在价值观上，小强认为年轻人应主动担当、积极作为，他始终严格要求自己，坚定远大理想。小强常怀"本领恐慌"意识，在工作中学习、在实践中提升，坚定信念，力求在时代最需要的时候能够跟得上、顶得上。

小强所学的是电力系统自动化技术专业，对口的就业单位为电力类企业，可从事线路维护、配电系统维护、自动装置调试、自动装置运行等工作。为了让自己离梦想更近，小强苦学专业知识，并选修了多门与电力相关的课程，其中，电子技术基础课程设计、模拟电子技术、电机修理实习、电机学专题实验、电力电子专题实验、电力专业生产实习等课程的成绩在九十分以上。

临近毕业，小强通过面试，如愿进入某供电所配电运行维护班担任配电工。在工作中，小强发现自己虽然具备一定的专业知识和实践能力，但科研能力十分欠缺。为此，他进入某大学进行函授大学本科的学习，并在我国电业相关期刊中发表了多篇论文，牵头开展了多项专利的研制。

小强从一名普通专科学生蜕变为当地供电局的拔尖技术专家、四级技能专家，其中纵有个人努力奋进的原因，但更为重要的是，他在学生时代就进行了详细的职业生涯规划，树立了明确的职业目标并为此不懈奋斗。

（资料来源：根据网络资料整理。）

从兴趣中发展出职业能力

"我比较注重对公交铁路的研究，因为我能通过公交车的密集程度来确定一个区域的商业发展以及区域成熟化的程度。也不是说自己不知天高地厚，但是如果别人说要40岁的时候当旅游经理，那我也许30岁就可以实现。"这是某大学商务英语专业应届毕业生刘辰在参加某电视节目前接受采访时自信满满的表达。

"我是一个公交迷，喜欢旅游，喜欢地理，所以我希望今天找一个旅游体验师这样的职位。"节目开场时，他清晰地表达了自己的求职目标。原来，他非常喜欢公交车，喜欢坐公交车到处走动。从小学六年级开始刘辰就非常关注公交车，天天想着这辆车是怎么走的、什么时候换了车型等，而且还都有记录，北京市所有的公交线路他都了如指掌。

主持人来了兴趣，现场考他："从国贸到旧鼓楼大街该怎么乘车？"他不假思索地说出了正确答案。主持人又问："那从国贸出发到营慧寺呢？"他同样不假思索地说出了正确答案。他的回答把台上 12 位公司老总的情绪都调动了起来，老总们开始争先恐后地向他提问。他有问必答，不但准确无误地按顺序报了一大堆地铁站的名字，而且给一对情侣设计了一条在北京一日游的路线。

刘辰对公交的这种专注以及因此而具备的能力赢得了老总们的喜爱，他们不约而同地向刘辰发出了热情的邀请，甚至绞尽脑汁地在现场为他设计了"旅游数码产品体验师"这样的职位，为他提供非常好的待遇。最终，刘辰选择了某公司的"旅游数码产品体验师"职位。主持人问这家公司的老总："你给的薪水是不是太高了？"这位老总却这样回答："专业的、执着的、优秀的人才是无价的。"是的，无论在哪个行业，最缺少的永远都是专注的人。专注的人永远不缺机会。正如节目中的一位老总说："很多用人单位不招应届大学生，不只是因为他们缺少工作经验，更主要的是他们缺少一种专注和投入的精神。刘辰最打动人的，就是他那种往里钻的专注。只要有这种精神，无论在哪个行业，都能干出一番成绩。"有许多大学毕业生抱怨找不到工作，其实，大学毕业生缺少工作经验是很正常的，公司更看重的，往往是他们对工作的投入度、专注度、强烈的兴趣以及热情。

（资料来源：根据网络资料整理。）

活动与任务

职业能力的管理

两人一组，完成下面的问答。

A："你知道你现在所学专业毕业后可以从事什么样的工作吗？"

B：……

A："还有呢？"

B：……

问的同学帮对方记录答案，直到回答的同学答不出来为止。从记录的职业中选出自己愿意从事的 3 种职业，看看这些职业有什么共同之处，并讨论这些职业所需的职业能力有哪些。对比你的职业能力和优势，找出自己的差距及提高方法，并将这些填写在表 4-1 中。填写完成后相互交换，再继续提问、回答和讨论。每轮的时间为 5 分钟。

表 4-1　职业能力和优势表

可以从事的职业	自己愿意从事的职业	职业能力需求	自己已具备的职业能力	差距及提高方法

在这个活动中，你对自己的职业能力有什么发现和体会？对未来的职业能力提升和职业选择有什么启发和帮助？

_____

_____

_____

_____

模 拟 面 试

工作的理想状态是能力与职业相匹配，也就是能够在工作中使用到自己熟练的、擅长的并且最愿意使用的技能。那么如何才能达到这种理想状态呢？需要清楚地了解自己能力水平的高低，关注自己的能力结构类型，发现自己的优势能力和非优势能力，并且能够很好地运用能力三层级把自己的职业能力展现出来。

1. 如果某公司人力资源总监可以提供给你所要的岗位，满足你提出的所有薪酬待遇要求，那么请你回答：公司为什么要录用你？你能做什么？你能为公司带来什么价值和利益？用简短的2分钟介绍你所掌握的专业知识、你的操作技能及你的自我管理技能。

2. 请结合你的专业找两个求职岗位并将其需要的知识和技能填在表4-2中。

表4-2　岗位价值评估表

影响因素	要素	因素描述	_____岗位所需知识和技能	_____岗位所需知识和技能
知识技能因素	学历要求	因素定义：指顺利履行工作职责所要求的最适宜的学历，按正规教育水平判断 1. 高中以下 2. 高中、职业高中或中专 3. 大学专科 4. 大学本科 5. 硕士及以上		
	知识要求	因素定义：指在顺利履行工作职能时，需要使用多种学科、专业领域的知识，判断基准在于广博而不在于精深 1. 不需要涉及其他专业知识 2. 需要相近专业知识的支持 3. 需要两门跨专业学科知识的支持 4. 需要两门以上跨专业学科知识的支持		
	熟练度	因素定义：指已拥有本项工作一般工作经验的员工，在上岗后尚需多长时间才能胜任本职工作（如新飞行员须拥有200小时飞行记录方可独立执行飞行任务，实习外科医生须1年后方可主刀） 1. 少于3个月 2. 3～6个月 3. 7～11个月 4. 1～2年 5. 超过2年		

续表

影响因素	要素	因素描述	_____岗位所需知识和技能	_____岗位所需知识和技能
知识技能因素	复杂性	因素定义：指工作内容或职责的复杂程度，根据所需的判断分析、计划等水平而定		
		1. 工作简单，可独自完成 2. 需要简单的提示即可完成工作，不需要计划和独立判断 3. 需要进行专门训练才可胜任工作，但大多时候仅需一种专业技术，偶尔需要进行独立判断或计划 4. 工作时需要运用多种专业技能，经常做独立判断和计划 5. 工作要求高度的判断力和计划性		
	工作经验	因素定义：指员工在上岗前为达到本项工作的基本要求所花费的实际工作时间（即相关工作经验，如应拥有 5 年以上财务管理及业务经验方具备财务部经理任职资格）		
		1. 少于 3 个月 2. 3～6 个月 3. 7～11 个月 4. 1～2 年 5. 3～5 年 6. 超过 5 年		
	灵活性	因素定义：指工作中需要处理事情的灵活程度，取决于工作职责要求（如仓库保管员必须严格执行操作制度，工作不需要灵活性）		
		1. 属于常规性工作，很少或不需灵活性 2. 大部分属于常规性工作，偶尔需要灵活处理一些一般性问题 3. 一般属于常规性工作，经常需要灵活处理工作中所出现的问题 4. 一大半属于非常规性工作，主要靠自己灵活地按具体情况进行妥善处理 5. 非常规工作，需要在复杂多变的环境中灵活处理重大的偶然性问题		
	语言应用	因素定义：指工作所要求熟练运用的文字和知识程度（书面或口头）		
		1. 一般信函、简报、便条、备忘录和通知 2. 报告、汇报文件、总结（非个人） 3. 公司文件或研究报告，或外语水平 4. 合同或法律条文，或使用外语		
	数学计算知识	因素定义：指工作所要求的实际数字运算或计算机知识水平，以常规使用的最高程度为基准		

影响因素	要素	因素描述	_____岗位所需知识和技能	_____岗位所需知识和技能
知识技能因素	数学计算知识	1. 只需使用简单计算 2. 会操作基本办公软件（办公自动化软件） 3. 熟练使用常用办公软件，能够处理计算机方面的常见问题 4. 能够调试计算机，能够编制小的应用程序或者网页文件 5. 使用计算机开发工具（如编写软件、程序，大量使用工程设计或平面设计软件）		
	技能要求	因素定义：指为顺利履行工作职责所应具备的技术知识素质和能力要求		
		1. 基本不需要技术知识 2. 只需要常识性技术知识，该知识很容易被掌握 3. 工作所需要的技术知识要求较高，需要相当长的时间才能够掌握 4. 该岗位所需要的技术知识要求非常高，该知识涉及公司的竞争能力		
	管理技能	因素定义：指为顺利履行工作职责所应具备的管理知识和能力要求		
		1. 工作简单，基本不需要管理知识 2. 需要基本的管理知识 3. 需要较强的管理知识和管理能力来协调各方面的关系 4. 需要非常强的管理能力和决断能力，该工作影响到公司的正常生产与经营		
	综合能力	因素定义：指为顺利履行工作职责所应具备的多种知识素质、经验和能力要求		
		1. 工作单一、简单 2. 工作规范化、程序化，仅需某方面的专业知识和技能 3. 工作多样化、灵活处理问题要求高，需要综合使用多种知识和技能 4. 非常规性工作，需要在复杂多变的环境中处理事务，需要高度综合能力		
岗位性质因素	工作压力	因素定义：指工作本身给任职人员带来的压力，根据决策迅速性、工作常规性、任务多样性、工作流动性及工作是否被时常打断进行判断		
		1. 工作常规化，很少被打断或者干扰 2. 工作速度没有特定要求，手头的工作有时被打断，有时需要迅速决定 3. 经常要求迅速作出决定，任务多样化，手头的工作常被打断，或工作流动性强 4. 经常要求迅速作出决定，任务多样化，工作时间很紧张，或工作流动性很强		

续表

影响因素	要素	因素描述	_____岗位所需知识和技能	_____岗位所需知识和技能
岗位性质因素	脑力辛苦程度	因素定义：指对工作时注意力集中程度的要求，根据集中精力的时间、频率等进行判断（如从事科研开发工作的人员一般在工作时须高度集中精力） 1. 工作时以体力为主，精神、视力与听觉等随便 2. 工作时无须高度集中精力，只从事一般强度的脑力劳动 3. 少数工作时间必须高度集中精力，从事高强度的脑力劳动 4. 一般工作时间必须高度集中精力，从事高强度的脑力劳动 5. 多数工作时间必须高度集中精力，从事高强度的脑力劳动		
	工作稳定性	因素定义：指工作时是否经常变换工作地点，主要根据出差时间的长短进行判断 1. 累计出差时间每年少于 1 个月 2. 累计出差时间每年 1～3 个月 3. 累计出差时间每年 4～5 个月 4. 累计出差时间每年 6～9 个月 5. 累计出差时间每年多于 9 个月		
	创新与开拓	因素定义：指顺利进行工作所必需的创新与开拓精神或能力的要求 1. 全部工作程序化、规范化，无须开拓创新（如入库工） 2. 工作基本规范化，偶尔需要开拓创新（如职能部门人员） 3. 工作时常需要开拓创新（如战略研究部门人员） 4. 工作性质本身即为开拓创新的（如研发部门人员）		
	工作紧张程度	因素定义：指工作的节奏、时限、工作量、注意力转移程度和对工作所需细节的重视所引起的工作紧迫感 1. 工作的节奏、时限自己掌握，没有紧迫感 2. 大部分时间的工作节奏、时限自己掌握，有时比较紧张，但持续时间不长 3. 工作的节奏、时限自己无法控制，明显感到工作紧张 4. 为完成每日工作需要加快工作节奏，持续保持高度集中的注意力，每天下班时经常明显感到疲劳		

续表

影响因素	要素	因素描述	＿＿＿＿岗位所需知识和技能	＿＿＿＿岗位所需知识和技能
岗位性质因素	工作均衡性	因素定义：指工作负荷在一天内体现出的均衡程度		
		1. 工作负荷通常比较均衡 2. 工作负荷有时有些不均衡，但这种状况有一定的规律性 3. 工作负荷经常会出现不均衡的状况，且没有明显规律 4. 工作负荷非常不均衡，而且工作负荷大的时间持续很长		

课堂练习

从成就故事中发现你的能力

写出你的三个成就故事，内容包括当时的形势（situation）、面临的任务/目标（task/target）、采取的行动/态度（action/attitude）、取得的结果（result），并分析其中反映的个人技能。

举例：这学期，教学技能是师范生的必要培训内容之一。教学技能培训课要求学生在学期当中必须自选题目并用 PPT 进行演示讲解。在此之前，我没有学过如何制作 PPT。我请室友用大约 20 分钟时间教我 PPT 软件的基本使用方法。随后我又在学校的计算机机房进行操作练习，并向机房的管理人员请教了几个不明白的问题。我选定了要讲的题目以后，上网搜索了相关的资料和图片，然后制作了 10 分钟课程的辅助教学 PPT。在课堂讲解演示中，我制作的 PPT 图片精美、文字与内容搭配得宜，因此获得了 95 分的高分，并得到了老师和同学们的称赞。

成就故事一：

_____

_____

_____

通过对成就故事一的分析，从以下三个方面分析你的能力：

知识：_____

操作技能：_____

自我管理技能：_____

成就故事二：

_____

_____

_____

通过对成就故事二的分析，从以下三个方面分析你的能力：

知识：_____

操作技能：_____

自我管理技能：_____

成就故事三：

_____

_____

_____

_____

通过对成就故事三的分析，从以下三个方面分析你的能力：

知识：_____

操作技能：_____

自我管理技能：_____

拓展阅读

兴趣和能力

有人说："读大学就是为了能找到一份好工作。"什么样的工作才是好工作呢？这个问题就因人而异了。一份好的工作用大众的定义而言就是一份理想的工作，在职业生涯领域中，人们心目中的理想职业=兴趣+能力+社会需求。其中，兴趣和能力是自我探索内生涯的部分，社会需求是职业探索外生涯的部分。

当我们专注在一件事情上，要产生心流的体验，除了需要兴趣以外，还需要有挑战、技能、目标明确等要素，而从感官兴趣到志趣的培养过程也必然需要技能的提升，这样才能获得及时的回馈，以激励兴趣的再培养。

兴趣和能力究竟有什么关系？在实践中，人们常常通过实践等多种方法探索自己的能力：一是能力的高低，即知识的理解程度和技能的熟练程度；二是使用能力（知识和技能）的兴趣程度。根据这两个维度分出四个象限（图4-1）及培养策略。

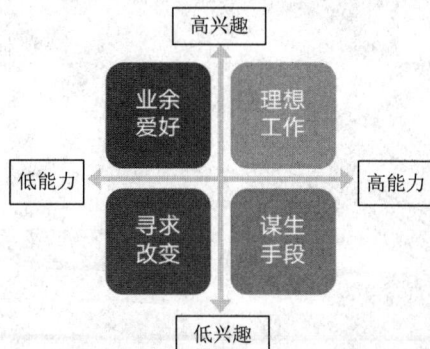

图4-1　兴趣和能力的象限维度

（1）理想工作：高兴趣+高能力+高社会需求。

（2）业余爱好：高兴趣+低能力。

（3）谋生手段：低兴趣+高能力+高社会需求。

（4）寻求改变：低兴趣+低能力。

学习自测

理解的知识点	
掌握的技能点	
感受与收获	
项目成效评分	0分————————————————————————————10分

职业价值取向

📖 项目目标制定

> 本项目的预定目标：了解价值观的概念和分类，以及价值观在个人职业生涯发展过程中的重要意义；了解什么是职业价值观，以及职业价值观对职业选择的影响；利用有效的测评方法澄清自我职业价值观，在进行职业选择和决策时，能够有意识地考虑价值观因素的影响，正视并合理看待自己的价值观。

我对自己的价值观、职业价值观的了解：

我对本项目目标的看法和期待：

我学习本项目的目标：

📚 知识点

知识点

- ➢ 价值观是指对周围的客观事物（包括人、事、物）及对自己的行为结果的意义、重要性的总体评价。价值观主要属于认知的范畴，但它会作用于人的情绪，表现为情感和意志。
- ➢ 职业价值观也就是人们想从工作中得到什么，即人们在工作中的需求及职业回报。
- ➢ 职业价值观与价值观是统一的，职业价值观是价值观在职业生涯规划、职位选择、职业调适等过程中的表现。

➤ 价值观就是内心中的那杆秤，它决定着人的所有思想和行动，和人是一体的，没有一刻剥离。因此，只有从事与自己内心价值观相统一的工作，才会感到工作有意义，感到满足。

➤ 价值观是人们相对稳定的内在的追求，因人而异，而且会因为重大历史事件、重大个人事件、环境变化、年龄和角色的变化以及接受教育的程度等而改变。和人的职业生涯一样，价值观的形成是一个过程。

➤ 根据相关研究，青年人更多地趋向自由、振奋的生活、快乐等开放性的价值观，而随着年龄的增加和角色的转变，成就感、社会承认、家庭安全、睿智等保守性的价值观的重要性会不断提升。

➤ 价值观还会随着人们需求的变化而改变。马斯洛提出人有生理、安全、社交、尊重、自我实现五个层次的需求，一般只有低层次的需求满足以后，才会产生更高层次的需求。这些需求体现在人们的生活中，会对价值观产生较大影响。

➤ 职业锚理论（career anchor theory）是美国著名职业指导专家埃德加·H.施恩（Edgar·H. Schein）对麻省理工学院斯隆商学院的 44 名硕士毕业生进行纵向研究得出的职业价值观。职业锚是指当一个人不得不作出选择时，他无论如何都不会放弃的职业中至关重要的东西或理念，是自我意向的一个习得部分。职业锚共有 8 种：技术/职能型、管理型、自主/独立型、安全/稳定型、创造/创业型、服务/奉献型、挑战型、生活型。

➤ 职业价值观量表（work values inventory，WVI）是由美国心理学家舒伯于 1970 年编制的，用来衡量工作中和工作以外的价值观，以及激励人们实现工作目标。职业价值观量表将职业价值分为三个维度：一是内在价值观，即与职业本身性质有关的因素；二是外在价值观，即与职业性质有关的外部因素；三是外在报酬。共计 13 个因素：利他主义、美感、智力刺激、成就感、独立性、社会地位、管理、经济报酬、社会交际、安全感、舒适、人际关系、变异性或追求新意。

案例导入

疫情下执着坚守的公卫人

"李医生，谢谢您，在这非常时期您冒着风险给我送药，真的是人民的白衣天使，我和家人真心感谢您。"

像这样的感谢信息，某社区卫生服务中心负责人李爱珍每天都会收到很多。自新冠疫情暴发以来，李爱珍带领社区的全体医护人员始终坚守在疫情防控一线。在辖区内开展密切接触者调查、流行病学调查、入户排查，为居民送药，为辖区内的老年人看病，为长期居家人员进行心理疏导，入户随访确诊病人出院，为居民采咽拭子进行核酸检测……这些都是李爱珍和他同事每天的工作内容。

在疫情期间，李爱珍作为社区的负责人毅然担负起护佑居民健康的重任，化身成大家身边的"防疫卫士",带领社区医护团队走街串巷、入户随访、送医送药,每天都要排查辖区内是否有从疫区回来的居民、是否有居民发热的情况、居民家里常住人口是否有流动、家里有基础病的老年人情况如何……排查结束后还要认真梳理、汇总信息。一天的工作下来,常常嗓子都哑了,腿脚也不听使唤了。

李爱珍每天早上 8 点上班,一天工作十几个小时,晚上八九点回家是常事,手机 24 小时在线,以便随时接受社区居民的咨询,及时为他们解决问题。说起这样长时间、高强度、高风险的工作,李爱珍淡然地说:"疫情面前,人人有责。虽然防疫工作苦点儿、累点儿,但我履行了公卫人(从事公共卫生服务的人士)的职责和使命,所以我无怨无悔。"

唯一让她放心不下的,是家中的老人和孩子。因为李爱珍是"双医家庭",她的爱人也一直在防疫一线工作,负责隔离点病人住处和病逝人员家中的消杀工作等。由于工作的特殊性,她的爱人一直在隔离点居住没有回家,因此夫妻二人已经很久没见过面,家里也只有老人和孩子相互照应。但夫妻二人并没有因为牵挂家人而影响工作,而是相互打气,守望相助。问起李爱珍的心愿是什么,她微笑着说:"等打赢了这场疫情阻击战,我们一家人去踏青、去赏花、去拥抱春天。但疫情不退,我们不撤,因为有国才有家,有了'大家'才有我们的小家。"

(资料来源:根据网络资料整理。)

公交车有终点,服务没有终点

李素丽的父亲是一名公共汽车司机。上高中时,李素丽的梦想是当播音员。1981年,李素丽到公交 60 路汽车当了售票员,之后调到了 21 路。在父亲的教育下,在周围同事的感染和帮助下,李素丽渐渐地爱上了售票员工作。她通过多年的实践和一点一滴的积累,练就了能根据乘客的不同需求,为他们提供最需要的服务的本领。老幼病残孕最怕摔、怕磕、怕碰,她就主动搀上扶下;上班族急着按时上班,她见到他们追车就尽量不关门等他们;外地乘客既怕上错车,又怕坐过站,她不仅百问不烦,耐心地帮他们指路,还记着到站提醒他们下车;遇到人生地不熟的乘客,她从来不跟他们说"东西南北",而是用"前后左右"指路,让乘客更容易明白;中小学生天性活泼,她总要提醒他们在车上维护公共秩序,在车下注意交通安全;遇到堵车,她就拿出报纸、杂志给乘客看,以缓解他们焦急的心情;看到有人晕车或不舒服想吐,她会及时地送上一个塑料袋;遇到不小心碰伤的乘客,她会从特意准备的小药箱里拿出常备的"创可贴";姑娘们夏天穿着长裙上下车,她不忘提醒她们往上拎一拎,以免被后面的人踩到而摔跟头。李素丽售票台的抽屉里总是放着一个小棉垫,这个是为抱小孩的乘客准备的。有时车上人多,一时找不到座位,李素丽就拿出小棉垫垫在售票台上,让孩子坐在上面。她的售票台旁的车窗玻璃在进出站时总是敞开的。即使下大雨,她也要把车窗打开,伸出伞遮在上车前脱掉雨衣、收拢雨伞的乘客头上。李素丽习惯在车厢里穿行售票,尽管总是挤得一身汗,可她却说:"辛苦我一个,方便众乘客。"

公共汽车是一个流动的小社会,车上什么样的乘客都有。特别是在早晚上下班高峰期间,车厢拥挤、嘈杂,有时还会发生矛盾和口角,李素丽往往几句话就能化解矛盾。对待一些不讲理的乘客,李素丽也是以礼待人、以情感人。

李素丽就在这平凡的岗位上，用自己日复一日的劳动给人们带来真诚的微笑、热情的话语、周到的服务和细致的关怀。"每一条公共汽车的线路都有终点，但为人民服务没有终点。我永远属于我的乘客，属于我的岗位。"在公共汽车车厢这个特殊舞台上，李素丽创造了令人瞩目的业绩，先后获得"全国三八红旗手""全国职业道德标兵""全国劳动模范"等荣誉称号，成为飘扬在公交行业的一面旗帜。

（资料来源：根据网络资料整理。）

活动与任务

价值观拍卖

1. 选择

从舒伯职业价值观（表 5-1）中挑选出对你来说最重要的 5 条职业价值观，分别写在 5 张小纸条上，或者写出表中没有但你很看重的职业价值观，并在反面写出你对挑选的重要职业价值观的描述和要达到什么样的程度你才能满意。

表 5-1　舒伯职业价值观

价值观	工作的目的和价值
利他主义	为大众的幸福和利益尽一分力
美感	不断地追求美的东西，得到美感的享受
智力刺激	不断进行智力的操作，动脑思考，学习及探索新事物，解决新问题
成就感	不断创新，不断取得成就，不断得到领导与同事的赞扬，不断实现自己想要做的事
独立性	能充分发挥自己的独立性和主动性，按自己的方式、步调或想法去做，不受他人的干扰
社会地位	所从事的工作在人们的心目中有较高的社会地位，从而使自己得到别人的重视与尊敬
管理	获得对他人或某事物的管理支配权，能指挥和调遣一定范围内的人或事物
经济报酬	获得优厚的报酬，使自己有足够的财力去获得自己想要的东西，使生活过得较为富足
社会交际	能和各种人交往，建立比较广泛的社会联系和关系，甚至能结识知名人物
安全感	不管自己能力怎样，在工作中都会有一个安稳的局面，不会因为奖金发放、涨工资、调动工作或领导训斥等经常提心吊胆、心烦意乱
舒适	能将工作作为一种消遣、休息或享受的形式，追求比较舒适、轻松、自由、优越的工作条件和环境
人际关系	一起工作的大多数同事和领导人品较好，与他们相处感到愉快、自然，认为这就是很有价值的事，是一种极大的满足
变异性或追求新意	工作的内容经常变换，使工作和生活显得丰富多彩，不单调枯燥

2. 交换

如果你不得不放弃其中的一条，你会放弃哪一条？将你准备放弃的这一条与其他人交换。

如果你不得不再次放弃剩下四条中的一条，你会放弃哪一条？请再次与其他人交换（保留刚才别人给你的，放在一边）。

继续下去，直到剩下最后一条。这是否是你无论如何也不愿放弃的？

3. 思考

（1）体会这个活动给你的感受和体验，并和同学分享。

（2）再次问自己：你考虑过任何一个选择吗？你觉得这么选择是对的吗？你愿意向你身边的同学或朋友分享吗？你愿意按这样的标准去选择职位吗？你下一步要怎么做呢？

通过测评获得的职业价值观得分较高的前三项依次是：

根据你的职业价值观，分析在你感兴趣的职业中哪些符合你的职业价值观，哪些不符合。

较适合的职业：
不适合的职业：

阶段价值观排序

将之前你选出的自己的职业价值观对照马斯洛需求层次，看看你毕业时最先需要被满足的是什么，随着时间的推移后面可以满足的需求是什么，希望从工作中获得的满足是什么。最后把你确定的职业价值观（至少两个）放入价值观层级中进行排序，看看哪些是毕业当下可以获得的价值，哪些是工作 3~5 年后可以获得的价值，哪些是你在自己的职业生涯中终其一生所追求的价值。

小贴士：人们常常因为害怕失去或者担心现在就放弃了，以后可能永远没有办法得到而难以选择和不能取舍，殊不知，人们选出来的价值观也是有层级之分的（图 5-1）。明白了职业价值的阶段性原则，我们在做职业选择时，就可以快刀斩乱麻了。

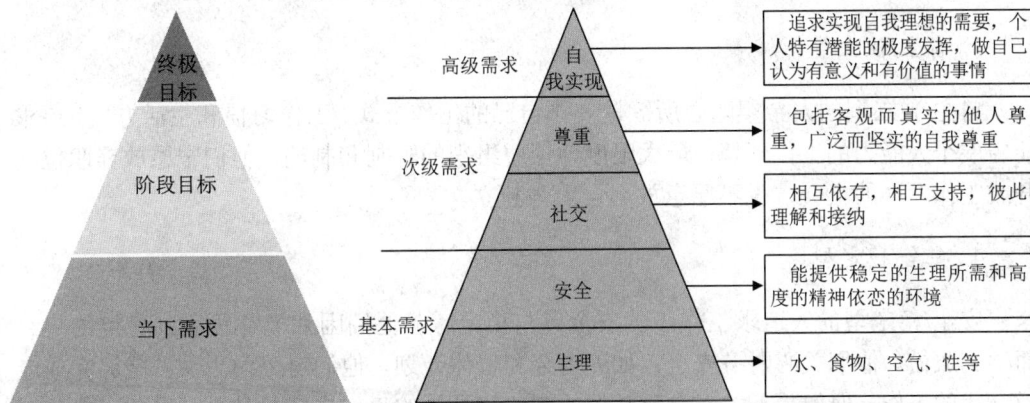

图 5-1 马斯洛价值金字塔

拓展阅读

职业锚理论

　　职业锚理论产生在美国麻省理工学院斯隆商学院，是由施恩教授领导的专门研究小组在对该学院毕业生的职业生涯研究中演绎而成的。

　　斯隆商学院的 44 名工商管理硕士毕业生自愿形成一个小组，接受施恩教授长达 12 年的职业生涯研究。施恩采用面谈、跟踪调查、公司调查、人才测评、问卷等多种方式，最终分析总结出了职业锚理论。

　　职业锚是指当一个人面临职业选择时，他无论如何都不会放弃的职业中至关重要的东西或理念。

　　研究表明，职业锚是一个人内心深处对自己的看法，它是个人的才干、动机及价值观经过自省后形成的。它可以指导、约束或稳定个人的职业生涯。职业锚理论包括以下 8 种类型。

　　1. 技术/职能型

　　技术/职能型的人追求在技术/职能领域的成长和技能的不断提高，希望在工作中实践并应用这种技术/职能。他们对自己的认可来自他们的专业水平，他们喜欢面对专业领域内的挑战。通常他们不喜欢从事一般的管理工作，因为这意味着他们不得不放弃在技术/职能领域内的成就。

　　2. 管理型

　　管理型的人追求并致力于职位晋升，倾心于全面管理，独立负责一个部分，可以跨部门整合其他人的努力成果。他们想承担整体的责任，并将公司的成功与否看作衡量自己工作的标准。具体的技术/职能工作仅仅被他们看作通向全面管理层的必经之路。

　　"技术/职能型"职业锚与"管理型"职业锚以个体的主导才干为中心。

　　3. 自主/独立型

　　自主/独立型的人希望随心所欲地安排自己的工作方式、工作习惯和生活方式，追求能施展个人能力的工作环境，最大限度地摆脱组织的限制和制约。他们宁愿放弃职位提升或工作发展的机会，也不愿意放弃自由与独立。

　　4. 安全/稳定型

　　安全/稳定型的人追求工作中的安全感与稳定感。他们因为能够预测到稳定的将来而感到放松。他们关心财务安全，如养老金和退休计划。他们对公司忠诚，能够完成老板交代的工作。他们并不关心自己具体的职位和具体的工作内容是什么，只要职位与工作内容比较稳定，就会感到比较放松。

5. 创造/创业型

创造/创业型的人希望用自己的能力去创建属于自己的公司或创建完全属于自己的产品或服务，而且愿意冒风险，并克服面临的障碍。他们非常想向世界证明通过自己的努力可以创建属于自己的公司或产品。他们可能也会在别人的公司工作，但并不会长久，而只是在学习并寻找机会，一旦时机成熟了，便会走出去创立自己的事业。

6. 服务/奉献型

服务/奉献型的人一直在追求他们的核心价值，如帮助他人、改善人们的安全、通过新的产品消除疾病等。他们一直追寻这种机会，这就意味着即使变换公司，他们也不会接受无法实现这种价值的变动或工作提升。

"自主/独立型"职业锚、"安全/稳定性"职业锚、"创造/创业型"与"服务/奉献型"职业锚以个体动机与需求为中心。

7. 挑战型

挑战型的人喜欢解决看上去无法解决的问题，战胜强硬的对手，克服无法克服的障碍等。对他们而言，参加工作的原因是允许他们在工作中战胜各种不可能。他们喜欢新奇、变化和困难的工作，如果工作非常容易，他们就会感到厌倦。

"挑战型"职业锚既不反映价值观，也不体现动机，它是一种个性特征与解决问题方式的综合体现。

8. 生活型

生活型的人希望将生活的各个主要方面整合为一个整体，喜欢平衡个人的、家庭的和职业的需要，因此，生活型的人需要一个能够提供足够弹性的工作环境来实现这一目标。生活型的人甚至可以牺牲职业的一些方面，如放弃职位的提升或调动来换取三者的平衡。相对于具体的工作环境、工作内容，生活型的人更关注自己如何生活、在哪里居住、如何处理家庭事务及怎样提升自我等。

"生活型"职业锚是综合了职业与家庭关系的一种职业价值观。

自我探索的整合

兴趣、性格、能力、价值观是自我探索的四个方面，它们之间存在密切的联系。

兴趣是人们力求认识某种事物和从事某项活动的意识倾向。兴趣是人们内心动力和快乐的最终来源。约翰·霍兰德于 1959 年提出了具有广泛社会影响的职业兴趣理论。他认为，人的兴趣类型与职业环境的类型匹配是形成职业满意度、成就感的基础。职业兴趣分为现实型（物、操作、灵活）、研究型（理念、思考、智慧）、艺术型（情感、感受与表现、敏感）、社会型（人、助人、热情）、企业型（影响、竞争、抱负）、传统型（秩序、执行、细致）。可以通过霍兰德职业兴趣量表来测评或通过自省来了解自己的职业兴趣。当兴趣倾向和职业相匹配时，会产生最高的满意度和最低的流动率。择业时，个体还要参照社会的职业需求及获得职业的现实可能性，会不断妥协，寻求相邻甚至相隔的职业环境，而个体需要逐渐适应工作环境。并不是所有的兴趣都应该在自己的职业中体现，关键在于在工作和生活之间协调与平衡，以及在工作与个人爱好之间适度统一。

能力是人们顺利实现某种活动或任务的身体和心理条件。能力有两个决定因素：知识和技能。知识属于人们的认知经验，主要通过学习和记忆获得。技能是运用已有的知识经验，通过练习而形成的趋于完善化、自动化的智力活动方式和肢体动作方式的复杂系统。技能又分为操作技能和自我管理技能。操作技能是指人对外在事物进行操作的技能，自我管理技能则是指人通过练习获得的，对自我的观念、习惯、态度、情绪等进行管理的技能。能力与行业和职业的关系都很大。各职位对从业者的能力和技能要求是不同的，只有个人的能力特点与职业的能力要求相符合，且要求具备的技能也是自己比较愿意使用而且能够胜任的技能，个人才能愉快地工作，才能得到成就满足。因此，大学生在求职前要澄清自己的能力，并根据目标职业培养自己的能力；在求职中要学会根据职位要求来描述和证明自己的能力；工作以后同样需要对自己的能力进行有效管理，使能力得到发挥与发展，而能力的提升会驱动自己的职业生涯得到更好的发展。

性格是一种个体内部的行为倾向，它具有整体性、结构性、持久稳定性等特点。性格构成主要有 4 个维度、8 个方向，即能量投注途径（外向 E—内向 I）、注意力的指向（感觉 S—直觉 N）、决策判断方式（思维 T—情感 F）、生活（行为）方式（判断 J—感知 P），8 个方向构成 16 种性格类型。性格决定了个体跟别人沟通的方式、讲话的方法、工作的风格。性格类型与工作要求的最佳匹配使人们成为更有效的工作者。有研究数据表明，S-N、T-F 两种维度的组合 ST、SF、NF、NT 与职业的选择更为相关。

职业价值观是指一个人对与职业相关的事物（包括人、事、物）及对自己的行为结果的意义、重要性的总体评价。职业价值观是相对稳定的内在的追求，因人而异，在特定环境下可以改变。职业价值观对个体的职业选择和发展起到引导和维持的作用，影响到职业满意度和职业稳定性。美国著名学者舒伯把职业价值观分为 13 类：利他主义、美感、智力刺激、成就感、独立性、社会地位、管理、经济报酬、社会交际、安全感、舒适、人际关系、变异性或追求新意。价值观通过澄清而不是灌输的方法来形成，通过选择、赞扬和实践的过程来实现。澄清价值观对于个人的职业选择和职业发展，甚至人生都具有重要的意义。

自我探索应该将兴趣、能力、个性、价值观整合起来分析。探索自我是一个动态的过程，大学生应该多在行动中体验，在行动中分析自我。

兴趣与性格之间的关系非常密切。性格决定了一个人思考和行动的风格，决定了其做某些事是高效的，而做另一些事则完全没有效率，这样就慢慢形成了自己的能力现状。兴趣与能力关系密切。兴趣除了先天的因素外，还有后天的养成，是不断强化的结果，而只有能力胜任，兴趣才能得到强化。价值观受文化环境、个体需求影响较大，但价值观和个人的兴趣、性格和能力也有着密切的关系。例如，对于性格偏内向的人来说，个人内心的和谐这一价值观必定会占有重要的地位。兴趣、性格、能力、价值观是一个系统、一个整体，我们虽然将它们分开来分析和探索，以便能够更为全面和深入地认识自己，但要知道它们实际上是不可分割的，它们整合在一起，体现在每个独特的人身上。

表 5-2 是兴趣、性格、能力、价值观与工作的关系。

表 5-2 兴趣、性格、能力、价值观与工作的关系

个性要素	与工作的关系				
	理想状态	对应的因素	匹配的益处	不匹配的结果	如何调适
兴趣	想、喜欢	行业、职位	快乐	厌倦	在生活中平衡
性格	适合	职位	高效率	不顺	完善
能力	胜任	行业、职位	自信	焦虑	学习
价值观	值得	组织	坚定	迷茫、失落	取舍、澄清价值

在自我探索过程中，应注意将兴趣、能力、个性、价值观整合起来分析，相互印证。随着外部环境的影响和个人职业生涯的发展，人的兴趣、性格，特别是能力会发生变化，因此，自我探索应该是一个动态的过程，大学生应不断地探索自己，体验自己的变化。此外，人无法判断超出自己阅历的自我表现，只有根据活动和实践中的自我表现来判断和分析，才能更客观、全面、真实地认识自己。所以大学生必须在实践中认识自己，多行动，在行动中分析自我、分析活动内容。在职业决策的过程中，同样要综合考虑兴趣、能力、个性、价值观几项探索的结果。

学习自测

理解的知识点	
掌握的技能点	
感受与收获	
项目成效评分	0 分--10 分

第三讲

做更好的自己

教学目标

能够学会管理自己，约束自己、激励自己，学会积极动脑、思考、反思，不断优化职业心理素质的自我管理策略；能够通过改变认知来改变行为方式，养成良好的行为习惯，不断提升自我管理的能力和效率。

思政园地

以坚定的理想信念指引人，以高尚的职业道德约束人，以先进的文化激励人，加强职业道德教育，弘扬中华传统美德。

情商提升与职业心理

本项目的预定目标：认识情绪、识别情绪及情绪表达；了解情商构成的五种能力；通过有效的方法提升情绪管理的能力；了解压力管理的实质内涵，合理调适不良情绪，有效增强自身抗压能力；学会运用心理防卫机制来应对心理问题和求职挫折。

我对自己的情商的了解：

我对本项目目标的看法和期待：

我学习本项目的目标：

知识点

> 自我管理就是个体对自己的目标、思想、心理和行为等表现进行
> 的管理，是自己把自己组织起来、自己管理自己、自己约束自己、自己激励自
> 己、自己管理自己的事务，最终实现自我奋斗目标的一个过程。自我管理是每
> 个人对自己生命运动和实践活动的一种自我调节。

> 每个人生活在世上，都难免会有心情不好的时候，有时会春风得意，有时会伤
> 春悲秋，有时会为一段文字流泪到天亮。不要抱着过往而纠结，快乐是可以自

知识点

己寻找的，情绪是可以管理的。如果能调整、管理好自己的情绪，就会有美好的人生。情绪能够决定命运，做好情绪管理关乎一个人的幸福与美满。

➢ 情绪管理不是不让人生气，而是要学会用适当的方式来表达情绪，正如亚里士多德所说：任何人都会生气，这没有什么所难的，但要适时适所、以适当的方式对适当的对象恰如其分地生气，却是难上加难的。所以情绪管理就是要适时适所，对适当的对象恰如其分地表达情绪。

➢ 情绪是指人们对客观事物是否符合或满足自己需要而产生的一种态度体验。需要是情绪产生的重要基础和源泉，通常情况下，如果需要得到满足，人们就会产生愉快、欢乐的积极情绪；反之，则会产生灰心、悲观等消极情绪。人类的基本情绪可分为喜、怒、哀、惧、爱、恶、欲等七种，这七种基本情绪可组合成各种复合情绪。

➢ 人的情绪按照发生强度和持续时间长短，可划分为心境、激情、应激等情绪状态。

➢ 情商（emotional quotient，EQ）最早是由美国耶鲁大学心理学教授彼得·沙洛维（Peter Salovey）和新罕布什尔大学心理学家约翰·梅耶（John Mayer）提出来的。情商主要是指人在情绪、情感、意志、耐挫力等方面的品质。简单来说，情商是一个人认识、控制和调节自己的情感以及处理自己与他人之间的情感关系的能力。

➢ 一个人的情商对职业成就有着非常重要的影响，情商的高低决定了个人情感、事业以及社交等方面的发展情况。情商能帮助人们尽可能地以最佳的方式处理生活中出现的问题，作出最明智的选择，与人融洽相处。

➢ 情商主要包括五种能力：①了解自身情绪的能力；②管理情绪的能力；③自我激励的能力；④识别他人情绪的能力；⑤处理人际关系的能力。这五种能力是一种由内至外的自我省察功夫，先洞悉自己的情绪，再进一步激励自己，发挥潜能，了解他人的感受和需要，良好的人际关系自然水到渠成。

➢ 找出情绪脉搏，做情绪的主人，主要从情绪觉察、情绪表达、情绪管理、自我激励、人际关系管理等几个方面着手。①情绪觉察。一个能随时觉察自己情绪的人，也是对自己了解很多的人。唯有掌控自我感觉才能成为生活的主宰，才能成为一个高情商的人。要学会觉察自己和他人的情绪，懂得站在他人的立场看问题，具有同理心。②情绪表达。当情绪来了，不要压制、控制它，而要管理好它，看似情绪的爆发，其实是过往情绪的表达。正如弗洛伊德所言：未被表达的情绪永远都不会消失，它们只是被活埋，有朝一日它们会以更加丑恶的方式表达出来。看到情绪升起时，要学会"叫停"，避免压抑、迁怒、冲动、伤害他人也伤害自己。要学会制作情绪标签，当情绪来临时，用手触摸它，以平复心情。也可以写写感恩日记，多以感恩来替代不适，换一个角度来理解就不会生气了。③情绪管理。情绪管理必须建立在自我认知基础之上，要提高认知水平，摆脱焦虑、怒气、抱怨与不安的心理困扰。当欠缺情绪管理这项能力时，人会变得情绪低落，而对情绪掌握自如的人则会很快走出低潮，接受新的挑战。④自我激励。要时常专注目标，自我激励，发挥创造力，克制冲动，延迟满足，对周围人和事物保持高度的热忱。⑤人际关系管理。人际关系即是管理他人的情绪的能力，一个人的领导能力、说话艺术、人际和谐程度都与这项能力有关。

➤ 一个人的情绪状态在很多时候表现为复合的情绪反应。例如，当一个人做错事情的时候会有一种内疚感，同时也包括自责、悔恨的内心体验。

➤ 情绪的主观体验是人的一种自我觉察及大脑的一种感受状态。人在有许多主观感受的同时，还会伴随着一些生理反应。例如：激动的时候，血压会升高；紧张的时候，心跳会加速；害羞的时候，会满脸通红，心跳加快。除此之外，还会出现一些外部行为反应，如悲伤时会痛哭流涕，愤怒时会紧握双拳，激动时会手舞足蹈。人的外部行为经常被当作人们判断和推测情绪的外部指标。

➤ 自我意识的能力包括：①准确识别情绪，包括情绪对象的强度、时间变化等特征；②准确识别情绪的原因，准确归因，能够准确地识别自己的需要动机、自我的角色；③准确识别环境关系，包括自己与他人的关系、自己的任务目标以及环境的状况等。

案例导入

情融矿山 绽放梦想

小刘毕业于某高职本科采矿专业，他在某锡业矿业有限公司的一个锡业采选分公司从事采矿技术期间，吃苦耐劳，刻苦钻研，以饱满的热情、昂扬的斗志奋战在作业一线。走上安全环保部初级管理岗位后，他勇担安全生产实践的作战员，向生产实践学，向师傅和同事学，向书籍学，刻苦钻研业务技术，走知识与实践相结合的道路，有效推动了公司安全标准化和精细化管理工作。在锡业采选分公司工作期间，小刘始终把自己的工作重点放在生产一线，把矿山作为自己成长的平台，把学习当作自己成功的阶梯，在学习中工作，在工作中学习。每一次成长进步闪耀着他激情工作、拼搏进取的光芒，每一项荣誉凝聚着他甘于付出、勇于奉献的汗水，每一个脚印留下了他脚踏实地、根植矿山的印记。

几年后公司实行一体化转型发展，在南部园区建设整体推进的关键时期，小刘从锡业采选分公司调入卡房分公司担任行政一把手，他树立科学发展、安全发展、和谐发展的工作理念，坚持以目标为引领，以问题为导向，抓住公司转型期，优化矿山生产布局，加速重点工程建设，创新劳动组织方式，深化改革挖潜创效，科技攻关增强活力。按照"兴建环保工程，打造美丽城乡"建设南部园区的初心愿景，小刘到任后积极谋划园区项目建设工作，主动协调下设十个工作组的分工和责任落实，深入施工一线及时化解建设中的土地纠纷和矛盾冲突，协调解决阻滞难题，用热血和汗水、责任与担当开启了工程从筹备到实施、从设计到施工、从蓝图变实景的艰辛历程，确保项目建设按时限推进、按节点完工，为实现区域社会、经济、环境可持续发展作出了巨大贡献。

治疗怀才不遇的秘诀

有一个年轻人，自我感觉很有才华，但在生活上遇到很多波折，于是便觉得活着没有意思。有一天他决定跳海，但他刚跳下去就被一个老渔民用渔网捞了起来。他很生气，冲着老渔民嚷道："你什么意思？把我捞起来干什么？"老渔民说道："年轻人，为什么跳海呀？你这么年轻，多可惜呀！"于是年轻人就对老人诉说了他怀才不遇的苦衷。老渔民听完，说道："哎呀，你今天遇到我，运气来了。我正好是治怀才不遇的专家，我帮你治治吧。"年轻人很诧异，急忙问老渔民医治之法。老渔民说："我有秘诀，如果你想知道，就必须答应我一个条件。"老渔民说着，顺手从沙滩上捡起一粒沙子，往旁边一扔，说："年轻人，帮我去把我刚才扔掉的那粒沙子捡过来，然后我就告诉你。"年轻人听了很生气，说道："你想要我呀？这么多沙子，我怎么知道哪粒是你扔掉的？"老人听了，笑着说："别生气，我这还有个条件，我这里有一颗珍珠，我把它扔到沙滩上，你去给我找回来。"年轻人轻而易举地把珍珠拣起来，交给了老渔民，并很虔诚地说："老人家，我把珍珠找回来了，可以告诉我秘诀了吧？"老渔民安慰道："秘诀我已经讲完了。"

有些人之所以有怀才不遇的感觉，是因为他们认为自己是无数沙子中的一粒，跟旁边的沙子没有太大的区别，如果自己是一颗珍珠，就会更容易被伯乐发现。所以说这个世界上不是没有伯乐，关键在于你是否认为自己是一匹能够让别人一眼就能辨认出来的千里马。

活动与任务

自我形象 50 词

下面有 50 个形容词，请从头到尾读两次。第一次读时，如果碰到的形容词符合自己的个性或形象，就在"我正是"那栏的小括号内画一个"○"。第二次读时，不管"我正是"那栏画了多少个"○"，只要碰到你将来想具备的形象特质的形容词，都在"我想要成为"那栏画"√"。

当然，有些形容词在两栏中都会被画上符号，那表示你目前和将来都具有那些特质；另一些形容词则可能只有一个符号，也可能一个都没有。下面的例子可以帮助你了解如何进行测试：

（○）　　（　）　　有所保留
（　）　　（√）　　有成就
（○）　　（√）　　有道德
（　）　　（　）　　无趣

像上面这样作答的人，表示他觉得有所保留，但不是真想如此；他尚无成就，但希望能够事有所成；他是个有道德的人，将来也想持续如此；他并不是一个无趣的人，将来也不希望如此。

千万记得，画"○"和打"√"要分开进行，作答完毕，再按计分方式计算出得分。

我正是	我想要成为		我正是	我想要成为
（　）	（　）野心勃勃的		（　）	（　）宽宏大量的
（　）	（　）好辩的		（　）	（　）受挫的
（　）	（　）独断的		（　）	（　）慷慨的
（　）	（　）吸引人的		（　）	（　）诚实的
（　）	（　）好战的		（　）	（　）引人注目的
（　）	（　）粗鲁的		（　）	（　）有行动力的
（　）	（　）谨慎的		（　）	（　）独立的
（　）	（　）合作的		（　）	（　）懒惰的
（　）	（　）迷人的		（　）	（　）乐观的
（　）	（　）聪明的		（　）	（　）能言善道的
（　）	（　）肯竞争的		（　）	（　）有耐心的
（　）	（　）肯合作的		（　）	（　）实际的
（　）	（　）有创造力的		（　）	（　）有原则的
（　）	（　）好奇的		（　）	（　）轻松的
（　）	（　）愤世嫉俗的		（　）	（　）机智的
（　）	（　）大胆的		（　）	（　）以自我为中心的
（　）	（　）果断的		（　）	（　）有自信的
（　）	（　）坚毅的		（　）	（　）敏感的
（　）	（　）迂回的		（　）	（　）聪明能干的
（　）	（　）小心的		（　）	（　）顽固的
（　）	（　）卖力的		（　）	（　）胆小的
（　）	（　）有效率的		（　）	（　）强硬的
（　）	（　）精力充沛的		（　）	（　）可信的
（　）	（　）有趣的		（　）	（　）温和的
（　）	（　）好妒的		（　）	（　）顺从的

计分方式：

在答案里，一个形容词只有一个符号（一个"√"或一个"○"）计 1 分，有两个符号（一个"√"和一个"○"）不计分，两个符号都未出现也不记分，把可以得分的形容词数目加起来就是你的总分。

测试分析如下：

（1）2～5 分：得分很低。

得分很低者：对自己有很高的正面评价，他们的表现和态度很像他们希望的那样。在商业场合里，他们的正面自我形象可以转化为信心，从而影响到其他人。如果你是得分落在此组的人，你的高度正面自我形象会让你愿意承担风险、发掘机会。因为你有信心，并对自己的能力感到满意。其他人则可能受你鼓舞，以你为榜样向前冲。得分落在此组的人，成功的机会和个人成就感都很高。

（2）6～11分：得分低。

得分低者：对自己的自我形象感到相当满意，比起得分更高的人，这些人较年轻、经验稍逊。如果你的得分落在此组，表示你比一般人对自己感到满意，即使"真正的自己"和"理想中的自己"仍有一些差距。你可以试着从第二栏中挑一两个你所希望具备的人格特质，努力去做，你会发觉颇有趣和有收获。得分落在此组的人算是具有很健康的人格。

（3）12～21分：得分中等。

得分中等者：大多数人的得分会落在此组，这些人不会很成功。不过，得分中等的人也不至于太看低自己，所以仍有机会力争上游。如果你的得分落在此组，你最该做的就是把"真正的自己"和"理想中的自己"的差距尽可能地缩小，这需要决心和努力，但也只有如此才能增强信心，进而转变为更好的自己。

（4）22～33分：得分高。

得分高者：经常看轻自己，看到人就摇头。得分落在此组的人通常年纪较大，突然警觉自己并未达到希望的目标时也会如此。如果你的得分落在此组，表示你对自己给人的形象并不满意，对自己的能力也没有信心。如果你想达到目标，就必须投入时间和精力，为人格发展而努力。

（5）34分以上：得分很高。

得分很高者：毫无疑问，你会对自己感到失望，只要有什么是你做不好的或你不具备的正面特质，就会让你对自己不满。你常会有受挫和失望的情绪，要改变你的人格并不容易，因为你会感觉"太遥远了"。不过，最好谨记一点，人格成长是一辈子的事情，不是一蹴而就的，如果你不知从何开始，不妨找专业人士帮忙。

压 力 测 评

对下列各题作出"是"或"否"的回答。

1. 因为发生了某些没有预料的事，你感到心烦。
2. 你感觉到你不能控制你生活中的重要事情。
3. 你常常感到紧张和压力。
4. 你常常不能成功地应对生活中有威胁性的争吵。
5. 你觉得不能成功地应对生活中所发生的重要变化。
6. 你对把握你的个人问题没有信心。
7. 你感到事情不是按你的意愿发展的。
8. 你发现你不能应对你必须去做的所有事情。
9. 你不能控制生活中的一切烦恼。
10. 你觉得你所有方面都是失败的。
11. 因为事情都是发生在你能控制的范围之外，你会因此而烦恼。
12. 你发现自己常常考虑自己必须完成的那些事情。
13. 你不能控制消磨时间的方式。
14. 你感觉积累的大量困难不能克服。

15. 朋友和同学的生日，免不了花钱，你往往不想在这类场合出现，以免花钱。

16. 刚买的鞋穿了一天就裂口了，你会气愤、痛苦地抱怨。

17. 你由于某件小事跟好朋友生气，大家互不相让，结果你会一个人生闷气，想忘掉这件事，可就是忘不掉。

18. 当父母因为学习责备你而使你感到压力很大时，你不会和他们争吵，一个人压抑情感。

19. 你的一个非常要好的朋友因某些原因转学了，你很难过，不想面对现实。

评分规则："是"为 1 分，"否"为 0 分，各题得分相加即得总分。

0～6 分：你能够应对生活中的许多事情，但有时也会有些烦恼，这是正常的。

7～14 分：你有轻度的心理压力，虽然常会体验到不必要的烦恼，但你基本能处理生活中的问题。你应学会调节自己的心情，保持轻松愉快的心境。

14～20 分：你已经在承受巨大的心理压力，你不能处理生活中的许多问题，这使你紧张、不安，进而影响到你的学习、生活、身心健康。你应尽快改变这种情况，否则你的学习和生活将不能正常进行。

课堂练习

我的缺点有好处

适用人数：3 人以上（其中有 1 名活动领导者）。

活动步骤：

（1）老师将活动参与者分成 A、B 两组。

（2）A 组自愿站出一个人，并说出自己身上真实存在的缺点。

（3）B 组需要一个人站起来说出这个缺点的好处在哪里。

（4）A 组说出缺点的同学和老师共同决定 B 组的回答是否有道理。如果认为没有道理，则 B 组重新回答。B 组共有 3 次机会，如果 3 次机会用完之后未能圆满回答，则 B 组被扣一分。如果 B 组的回答被认为言之有理，则角色轮换，由 B 组站出一个人说出自己的缺点，A 组回答缺点的好处。以此类推。

（5）最后，哪个小组被扣的分数少，则哪个小组获胜。

（6）讨论：看来缺点并非一无是处，那么我们应该如何面对自己身上的缺点呢？

学会调适情绪

1. 想一想最近发生在你身上最让你有情绪的一件事情（最好是让你不舒服、不开心的事情），把当时的情绪描述出来，注意要客观、具体、真实。

2. 根据写出来的情绪，觉察一下每个情绪的背后都有哪些内在对话或想法，把它们逐一写下来。无论是现在的想法还是过去的想法，甚至是以前的人或事物都可以写出来。

3. 归纳总结这些想法都源于哪些不合理的信念。

4. 尝试将这些不合理的信念转换成合理的信念。可以尝试交换自己的不合理信念，让身边的同学帮助转换成合理的信念。

5. 自己编写与事件相关的感恩语句，并朗诵出来让自己确认和听到。

情 绪 表 达

对照表 6-1，实践不同情绪下的面部表情。

表 6-1　不同情绪对应的面部表情

情绪	面部表情
兴趣	眉毛朝下，眼睛追踪着看、倾听
欢乐	嘴唇朝外朝上扩张、眼笑（环形皱眉）
惊奇	眼睛朝上，眨眼
痛苦	哭、眉毛拱起、嘴角朝下、流泪
恐惧	眼睛发愣、脸色苍白、脸出汗发抖、毛发竖起
羞愧	眼朝下、头低垂
轻蔑	冷笑、嘴角朝上
愤怒	皱眉、眼睛变狭窄、咬紧牙关、面部发红

拓展阅读

情绪 ABC 理论

情绪 ABC 理论

情绪 ABC 理论是由美国心理学家阿尔伯特·艾利斯（Albert Ellis）创建的。在情绪 ABC 理论中：A（activating event）表示诱发性事件；B（belief）表示个体针对此诱发性事件产生的一些信念（指人们对事件的想法、解释和评价等），即对这件事的一些看法、解释；C（consequence）表示个体产生的情绪和行为的结果。这个理论认为，诱发性事件 A 只是引起情绪和行为结果 C 的间接原因，而引起 C 的直接原因则是个体对诱发性事件 A 的认知和评价而产生的信念 B，即人的消极情绪或行为障碍结果 C，不是由于 A 直接引发的，而是由经受这一事件的个体对它不正确的认知和评价所产生的错误信念 B 直接引起的。错误信念也称为非理性信念。

在情绪 ABC 理论中，A 是事情的原因，C 是事情的结果，有原因必有结果，但是有同样的原因 A，能够产生不一样的结果 C_1 和 C_2。这是因为，从原因到结果之间，一定有一座桥梁 B，这座桥梁就是信念和人们对情境的评价与解释。又因为，在同一情境（A）下，不同的人的理念以及评价与解释不同（B_1 和 B_2），所以才会得到不同结果（C_1 和 C_2）。因此，事情发生的一切根源缘于人们的信念。同样一件事，对不同的人，可能会引起不同的情绪体验。例如，两人都报考英语四级考试，结果都没通过，一个人无所谓，另一个人却伤心欲绝。

艾利斯认为，正是由于不合理的信念才使人们产生情绪困扰。不合理的信念存在时间长了，还会引起情绪障碍。意识到不合理的信念并且改变其不合理性将有助于情绪的控制。同一个诱发性事件，不同的信念与解释（B_1 和 B_2）会得到不同的结果（C_1 和 C_2），如图 6-1 所示。

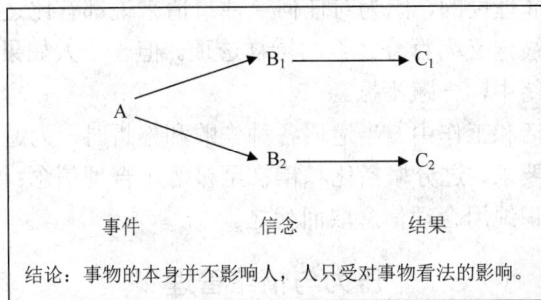

结论：事物的本身并不影响人，人只受对事物看法的影响。

图 6-1 情绪 ABC 理论

举个例子：

触发事件 A：娜娜和唐唐说好一起去逛街。两人约定第二天早上九点在地铁口碰面。第二天早上，娜娜提前五分钟到地铁口，等了半个小时都不见唐唐的踪影，打电话也一直关机。

信念 B_1：娜娜想："她根本没把我们的约定放在心上，根本不重视我。"

结果 C_1：于是娜娜生气地回家了，决定从此不再和唐唐来往（友谊的小船说翻就翻）。

信念 B_2：娜娜想："唐唐是不是发生什么事情了？"

结果 C_2：于是，娜娜赶紧给唐唐身边的朋友打电话，得知唐唐的父亲生病了，唐唐慌慌张张坐车回家，竟忘了带手机……

不合理信念有以下三个重要特征。

（1）绝对化要求（应该、必须）。例如：

"我必须获得成功。"

"我对他这么好，他也应该对我好。"

绝对化要求是不可能实现的，因为客观事物的发展有其自身规律，不可能依个人意志而转移。因此，当某些事件的发生与个体对事件的绝对化要求相悖时，个体就会感到难以接受和适应，从而陷入情绪困扰之中。

（2）过分概括化（以偏概全、盲人摸象）。例如：

"你总是考不好，真的很笨！"

"他居然没有勇气玩过山车，太无能了！"

"他如果连礼物都舍不得给我买，就不是真的爱我。"

过分概括化是一种以偏概全的不合理思维方式，其典型特征就是以一件或某几件事来评价自身或他人的整体价值。针对这类不合理信念，合理情绪疗法则强调世上没有一个人能达到十全十美的境界，每个人都有犯错的可能性。有些人遭受一些失败后，就认为自己一无是处，这种片面的自我否定往往会导致自卑、自责等不良情绪。

（3）糟糕至极（灾难化、主观放大）。例如：

"我没考上好大学，这辈子已经完了。"

"如果和他分手，就再也找不到有感觉的人了。"

"如果得不到名师指点，我就不可能成功。"

这种不合理信念认为如果一件不好的事情发生，那将是非常可怕和糟糕，甚至是灾难性的。这种想法是非理性的，因为对任何一件事情来说都有比之更坏的情况发生，因此没有一件事情可以被定义为百分之百的糟糕透顶。但一个人如果持有这种"糟糕"观念，就会陷入不良情绪中，一蹶不振。

因此，在日常生活和工作中，当遭遇各种失败和挫折时，为避免情绪失调，应看看自己是否存在绝对化要求、过分概括化和糟糕至极等不合理信念；如果自己存在上述不合理信念，就要有意识地用合理信念取而代之。

压力与情绪管理

压力无处不在，大学生要学会控制，更要懂得平衡心理，这样做有助于培养个人自信乐观、积极创新、坚韧不拔的人格品质，更能够在求职过程中展现不断进取的精神、获得企业的认可。

（一）压力的概念

现代社会为人们提供了丰富而便利的物质生活，以满足人们不断增长的各种需要，但是，随着社会现代化进程的高速发展，压力也来到人们的身边。生活变得越来越复杂，许多事情困扰着人们，无论在什么行业，都会听见有人抱怨压力太大，甚至还会听到一些行业精英由于压力过大而自杀的消息。这表明，人们面临着越来越大的心理压力，它对各个年龄段和从事各种职业的人的影响也越来越大。

"力"源于物理学术语，工程学上指"负荷"。压力的研究最早可以追溯到古希腊时期。20世纪三四十年代，美国生理学家坎农最先将"压力"这一概念应用于社会领域。他认为，压力就是外部因素影响下的一种体内平衡紊乱。在危险未减弱的情况下，机体处于持续的唤醒状态，最终会损害健康。

1936年，加拿大生理学家汉斯·塞尔耶在其《各种伤害作用引起的综合征》一书中第一次使用"stress"这个术语，并系统提出了"压力"的概念，因此他被公认为"压力之父"。汉斯·塞尔耶认为，压力是人或动物有机体对环境刺激的一种生物学反应现象。当今，人们对压力的理解有以下三方面。

第一，压力是那些使人感到紧张的事件或环境刺激，如地震、车祸、战争、拥挤、噪声等。压力较大会使人产生负面的心理症状：焦虑、紧张、迷惑、急躁、疲劳感、生气、憎恶；情绪过敏和反应过敏；道德和情感准则削弱；感情压抑，兴趣和热情减少。

第二，压力是人体对外部刺激的一种生理和心理的反应。例如，有人说"下午，我要参加面试，我觉得压力好大"，这里就是用压力来指代他的紧张状态，压力是他对面试事件的反应。这种反应包括两种成分：一是心理成分，包括个人的行为、思维以及情绪等主观体验，也就是所谓的"觉得紧张"；二是生理成分，包括心跳加速、口干舌燥、胃部紧缩、手心出汗等身体反应。这些身心反应合起来称为压力状态。

第三，压力是个体与环境间不匹配而产生紧张的一个主观能动的过程。根据这种说法，压力不只是刺激或反应，而是一个过程，在这个过程里，个体是一个能通过行为、认知、情绪的策略来改变刺激物带来的冲击的主动行动者。面对同样的事件，之所以每个人感受到的压力程度有所不同，就是因为个人对事件的解释不同、应对方式不同。

下面举例说明压力对人的影响。

学生王某，坐在教室里看书时，总担心会有人坐在身后干扰自己。他有强烈的不安全感，以至于只能坐在角落或者靠墙而坐，否则无法安心看书。他对同寝室一位同学听音乐的行为非常反感，尤其是睡午觉时总担心音乐声干扰自己，于是睡不着觉，所以他经常休息不好，但又不好意思与室友发生正面冲突。他很长时间都不能摆脱这种心理困境，很苦恼，这严重影响了他的日常生活和学习。他即将毕业，心中一片茫然，担心找不到理想的工作，有时候也懒得去想这个问题，怕徒增烦恼。他学习一般，成绩在班上处于中游，当看到其他同学在准备专升本时，他也想考，但是又不能集中精力学习。他自卑，缺乏自信，生活态度比较消极，认为所有的一切都糟透了。他的家在农村，经济状况一般，他认为自己有责任挑起家庭的重担，但又觉得力不从心。

实际上，王某的心理困境主要是由各种压力造成的。

首先，王某即将面临大学毕业，择业困难构成其压力源的核心。择业压力所导致的心理紧张和心理困境，其实质是由其自身能力与理想目标之间的落差造成的，落差越大，心理压力也就越大。王某学习成绩一般，对自己缺乏信心；但他的家在农村，又觉得自己责任重大，必须找到一份好工作。因此他的心理压力相当大，而且与日俱增。

其次，择业压力使他在心理上产生不安全感。行为发生学认为，人在受到刺激时会作出某种特定的反应。王某面对压力，采取的是消极应对策略——回避。虽然不去想它，但是问题和压力仍然存在。

再次，择业压力使王某的心理变得异常敏感和脆弱，这一点在他的日常学习和生活过程中直接体现出来。哪怕有一点动静，在教室看书或者在寝室睡午觉都会担心受到干扰；严重时，即使没有任何干扰，他也会怀疑、担心和害怕受到干扰。

最后，择业压力和敏感的心态极易使王某面临人际冲突问题，这是他采取回避和压抑等消极应对策略的必然结果。他在与同学相处时，虽然意识到只是一些很小的事情，但就是不能控制自己。当某件事情或某个人多次引起他的反感和不快时，他就会很自然地把自我消极情绪固着在该事或该人上，从而影响人际关系的和谐。实际上，这是王某刻意回避主要现实压力而导致的压力感（压力能量）转移。

（二）提升抗压能力

针对当今大学生因职业引发的心理压力问题，心理学家提出了"职业压力管理"的概念，这个概念不是要消除职业压力，而是要缓解和分散压力。

一个人的抗压能力在于面对没有达成预期目标之后是一种怎样的心理和认知模式，这关系到一个人今后的职业方向。通常，心理素质好，抗压能力就好，拥有超常的意志力和自信心，最终取得职业上的成就的可能性就大；相反，那些抗压能力不强、心理素质差的人，即使有一点自信也容易被一时的困难磨灭掉。

压力来袭，不妨练就一身抗压的本领，学会自我调节，强大自己的内心。要控制压力，增强自信，主要有下面几种常见的方法。

1. "3R" 原则

放松（relaxation）、退缩（reduction）、重整（reorientation），是国际上流行的"3R"原则，是一种行之有效的减压方法。该方法的理论核心是尽量避免遭遇的压力源，尽量放松自己的情绪，适时调整自己的目标和期望值。要达到减压效果，方法多种多样，原则只有一条，要么改变个体面对的处境，要么改变个体面对处境的反应，要么改变个体看待处境的方式。

2. 学会宣泄

学会宣泄，一吐为快。通过向老师、同学倾诉，或写感恩日记的方式，把自己的不快宣泄出来，这样压力就会减轻很多。

3. 接受帮助

学会"善假于物"，即向朋友寻求帮助。真诚向朋辈、同伴虚心请教、交流，在困难中获得心理支持。良好的人际关系可以有效缓解压力。

4. 积极的自我暗示

学会分散注意力，降低期望值，要知道过分追求完美会平添不必要的心理负担。

5. 良好的作息习惯

生活中适当娱乐，养成锻炼身体的习惯，听听音乐，这样不但能调节情绪、舒缓压力，也能在娱乐的情境中学到东西，还是增强自信的良方。

运用心理防卫方法克服心理障碍

美国一批著名的精神病学、心理学、医学、社会学专家曾对一所名牌大学 268 名身心健康的学生进行了 50 年的跟踪访问，结果发现，建立合理的成熟的心理防卫机制的人保持心理健康的能力比一般人要强得多。挫折防卫是一种自发的心理调节机能，具有两面性：一方面，挫折防卫机制可以起到使人适应挫折、减轻精神痛苦、促进发展的作用；另一方面，挫折防卫机制会使人逃避现实，降低对生活的适应能力，从而导致更大的挫折，甚至产生心理疾病。所以，合理运用挫折防卫机制可以有效地缓解情绪上的痛苦，提高对挫折的承受能力，为人们最终战胜挫折提供条件，特别是积极的挫折防卫机制的运用，还可以促使人们面对现实、积极进取、战胜挫折，获得进一步的发展。

人在遭受挫折之后，挫折情境对人心理上造成的压力会使人产生紧张、焦虑、不愉快的情绪体验，并导致心理和生理活动的不平衡，影响人的正常行为和活动能力。为了应对这种压力，减轻或摆脱焦虑情绪的困扰，消除紧张状态所带来的不安，维护个人自尊，保持心理相对平衡，受挫者就会自觉或不自觉地使用种种心理防卫方式，应对或适应所面临的挫折情境，以减少挫折对自己的伤害，这种种心理防卫方式统称为挫折的心理防卫机制。它是人人具有的，是在先天生物遗传基础上，经后天长期社会实践不断完善和发展的结果。

人在受挫时常用的心理防卫方式有以下几种。

1. 合理化

合理化是指个体在其行为未达到所追求的目标，或不符合社会的价值标准时，为了减少和免除因挫折而产生的焦虑和痛苦，保护自尊，就以种种理由或借口来替自己辩护。这些理由和借口未必是真实的，而且在别人看来往往是不合乎逻辑的，但其本人却能以此说服自己，并感到心安理得。合理化类似于平常人们所说的"阿Q精神"，它常有以下几种表现形式。

（1）酸葡萄心理。这是指个体在追求某一目标失败时，为了冲淡自己内心的不安，常将目标贬低，说其不值得追求，以此安慰自己。在日常生活中，这是常被使用的心理。例如，有的人很想当学生会干部，但由于个人努力不够，表现不佳而没能当上，就说"当上有什么好，我才不稀罕呢"。凡是得不到的东西就是坏的，达不到的目标便说是不喜欢或本来就没想达到等，均为酸葡萄作用的心理防卫方式。特点是为了掩饰自己的无能，而否定原先设定的目标。

（2）甜柠檬心理。不说自己原先想得到而得不到的东西好，却百般强调自己得到的东西的好处，借此减轻内心的失望与痛苦。这也是取自《伊索寓言》中的一个故事，有只狐狸原想找些可口的食物，但遍觅不着，只找到一只酸柠檬，本是实在不得已而为的事，但狐狸却说："这只柠檬是甜的，正是我想吃的。"

2. 替代

替代是指当一个人因种种原因无法达到原定目标，或个人的动机与行为不为社会所接受时，为了能够适应社会需要，以另设的目标代替原来受阻的目标。以新的活动方式代替原来的活动方式，以弥补因失败而丧失的自尊和自信，减轻挫折造成的痛苦，这是一种最有建设性的、积极的应对挫折的方法。替代的主要表现形式是升华和补偿。

（1）升华。这是指把本能的心理能量提高和发展到高级的、为社会更能接受的目标。升华是心理防卫机制中最具有积极意义的一种形式。例如，一个人把自己受挫折的心理欲望加以升华，努力刻苦钻研技术，使自己成为一个专业技术能手。在升华的心理防卫方式作用下，原来的动机冲突得到了宣泄，不但消除了因动机受挫而产生的焦虑，而且能使个人获得成功的满足或成为有修养的人。

（2）补偿。这是指当个人理想受挫或失败时，转而选择其他能成功的活动加以替代，借以弥补已丧失的自尊和自信，即所谓"失之东隅，收之桑榆"。例如，有的人因工作导致残疾，但身残志不残，发奋学习、钻研技术，取得成功，赢得了别人的尊重，从而增强了自信，弥补了生理、心理上的创伤。

3. 认同

认同又叫自居或表同，是指把别人具有的、使自己感到羡慕的品质加在自己头上，或者将自己与所崇拜的人视为一体，以提高自己的信心、声望、地位，从而减轻挫折感。

4. 投射

投射与认同正相反，它是把自己的失当行为、工作失误或内心存在的不良动机和思想观念转移到别人身上，说别人有这样的动机和行为，以此来减轻自己的内疚和焦虑，逃避心理上的不安。

5. 压抑

压抑是把意识不能接受的冲动、情绪、记忆等心理活动抑制到潜意识中去。压抑是心理防卫机制的基础和最基本的方法。

课后作业

写 21 天感恩日记

1. 请你以"感谢……因为……"的格式开头，写下 10 句话感谢你当天遇到的人和事。
2. 持续 21 天进行上述练习。21 天是一个人习惯养成的最短时间周期，21 天后你将会发现你的心态、你的人际关系、你的生活发生了很大的变化。这是一个改变了千万人的方法，你若有心，请从今天开始。

学习自测

理解的知识点	
掌握的技能点	
感受与收获	
项目成效评分	0 分--10 分

职业道德与职业素养

本项目的预定目标：了解职业道德、职业素养所要求的实质内容；了解目标管理的核心要素；能够通过运用自我管理的方法养成有利于身心、学习、生活、工作的良好习惯；能够通过改变行为模式来提升自我管理的能力和自我管理的效率。

我自己的职业素养的认知和自我管理的状况：

我对本项目目标的看法和期待：

我学习本项目的目标：

知识点

> 职业素养是一个人在工作中技能、态度、为人、做事、价值观和道德品质的综合表现，是个人素养的重要组成部分。职业素养的量化被称为职商（career quotient），是职业中智商（intelligence quotient，IQ）和情商的综合体现。一个人的职业素养体现了其自我管理、自律的能力和水平。

> 英国哲学家培根说："思想决定行为，行为决定习惯，习惯决定性格，性格决定命运。"就是说良好习惯的养成是自我管理的一部分，一个自我管理得好的人更容易达成目标。

知识点

> ➤ 职业道德不仅对个人的生存和发展有着重要价值和作用，而且与用人单位的发展密切相关。员工良好的职业道德不仅可以协调单位和员工之间、员工和员工之间的关系，形成和谐的企业文化，而且有利于提高产品和服务质量，树立企业良好的社会形象。
> ➤ 正如《道德经》所说，"既以为人，己愈有；既以与人，己愈多"，就业首先要考虑奉献社会，要培养为人民服务、为社会奉献、爱岗敬业的精神。
> ➤ 职业价值观是指人生目标和人生态度在职业选择方面的具体表现，也就是一个人对职业的认知和态度以及他对职业目标的追求和向往。
> ➤ 职业道德也称为职业道德规范，有广义和狭义之分。广义的职业道德是指从业人员在职业活动中应该遵守的行为准则，狭义的职业道德是指在一定的职业活动中应共同遵循的，体现职业特征的职业行为和规范，同时也是员工所担负的工作责任。员工良好的职业修养和职业道德是企业所共同期望的。
> ➤ 职业精神主要包括以下几种。①敬业精神，即对工作的责任心，在工作中目标明确、责任心强烈、工作认真。②工匠精神，即干一行、爱一行、钻一行、精一行，坚持不懈，精雕细琢、精益求精。③吃苦耐劳精神，这是大学生就业的基础，从事任何一项工作，总要付出艰辛的劳动，如果缺乏这样的精神，一遇到困难就气馁，将一事无成。④利他精神。在人类进化的长河里，利他主义总是超越时代的，它帮助人们妥善处理好"利己与利人"的关系。利他是一种情怀，也是一种道德姿态，由此可以获得更多的职业尊严。利他可以产生心流，获得难以言喻的职业幸福感。
> ➤ 职业意识包括自我定位意识、竞争意识、合作意识。

📖 案例导入

从基层成长起来的区域经理

　　小陈就读于某高职学校计算机信息学院通信技术专业，在大学期间曾经担任通信技术班团支书、计算机信息学院团委组织部部长，荣获国家励志奖学金和"云南省优秀毕业生"称号。毕业后，小陈就职于某通信工程有限公司。

　　刚参加工作时，小陈与大部分同学一样，没有明确的发展方向，在半年的实习过程中，他体会到了在通信行业工作的不容易。网络问题处理、经常性的凌晨系统测试、客户投诉处理是这个行业的主要工作，而且休息时间少。但小陈热爱这份工作，实习结束以后，他毅然决然地选择了留下。小陈深感技能的重要性，主动跟领导申请外场锻炼，跟着师傅一起负责一个县的所有优化工作，这个过程很辛苦，当司机、爬铁塔、搞测试、写报告……仅仅两个月，小陈就被安排一个人负责一个县。

　　在做外场优化时，小陈经常向公司后台工程师远程请教、学习。一个偶然的机会，由于项目切换，小陈主动请缨负责整个市的移动外场优化的管理工作。他的同事，大部分经验比他丰富、阅历比他广泛、技能比他优秀。在这样的环境中，他快速成长，同年

7 月份，升至区域经理，负责整个市的移动、电信的工程项目，多次被表扬。

职场上挥洒的汗水，都来自大学期间一步一步的升华，因为敢尝试，才会有收获，有了这次的收获，才会有下次的进步。

活动与任务

辩论赛——专业素质与职业素养

正反方分组，讨论论据并分享。

正方：具备专业素质就具备了职业素养。

反方：具备专业素质不等于就具备了职业素养。

（1）你支持正方还是反方？为什么？

（2）目前你具备了哪些职业素质？

职业素质测试

具有不同的职业种类和不同职业生涯目标的人，在测试的内容和项目方面应当有所侧重。

（1）科技工作人员的素质。测试重点：①智力水平，尤其是思维能力；②创造力水平；③与自己专业有关的特殊能力；④成就动机；⑤意志力、执着精神。

（2）管理工作人员的素质。测试重点：①领导能力；②竞争素质、成就动机；③责任心、意志；④智力水平；⑤人际交往能力；⑥个人修养、包容力；⑦健康状况。

（3）生产人员的素质。测试重点：①与工作内容密切相关的智力因素，如观察力、注意力；②与工作内容密切相关的特殊技能，如操作能力、空间想象能力；③责任感、工作中的人际交往与沟通能力；④特定的身体素质与能力，如产品检验人员的视力、重体力劳动者的体质。

（4）服务人员的素质。测试重点：①与工作内容密切相关的智力因素，如观察力、注意力；②与工作内容密切相关的特殊技能，如语言能力、操作能力；③个人修养、责任感；④人际交往、沟通能力；⑤职业道德。

请你给自己的素质打分，依次写出分值最高的三项：

1. _____

2. _____

3. _____

拓展阅读

大学毕业生就业中的诚信问题

思想道德素质是人文素质中最主要的方面，是人的综合素质的灵魂。随着就业大军的不断扩充和就业压力的急剧增大，就业过程中的不诚信现象屡见不鲜，刚刚走出学校的大学生，作为就业大军中的高素质人群，在就业过程中的诚信问题显得尤为引人注目。

随着就业形势越来越严峻，为寻求一份理想的工作，一些经受不住诱惑的大学生抛弃了诚信，虚假包装、心猿意马等不诚信行为在大学毕业生就业过程中时有发生。

1. 求职时虚假包装

有的大学生认为，寒窗十几载，就是为了毕业时能有一份好工作。他们为了能在众多的应聘者中引起用人单位的关注和重视，使出浑身解数在求职材料上下功夫，使自己的材料光彩夺目、完美无缺。大致表现为四种情况：一是编造学生干部履历，二是伪造各类等级证书，三是虚构荣誉，四是拔高自己的专长。有些经验丰富的企业招聘人员在面试时就识别出来了，自然就会对毕业生的诚信打个问号，其结果可想而知。有的毕业生即使侥幸通过了面试，事后也会被用人单位核查出来，进而解除协议。

2. 签约后心猿意马

当大部分毕业生在为找工作而奔忙时，还存在着这样一批人——他们已经找到了一份比较满意的工作，签了就业协议，然而却为了得到更好的工作机会而随时准备违约。在找工作的过程中，谁也说不准哪一个机会是最好的，于是遇到好的就签约，遇到更好的就违约，再遇到好的再违约……他们为抓住机会而不惜缴纳违约金，更不惜将个人诚信抛之不顾，使得在大量毕业生工作无着落的同时，还有许多急需用人的单位本已招满却没人去，造成了人才资源和就业资源的极大浪费。

培养良好的择业心态

择业是对大学生综合素质，特别是心理素质的一次考验。在就业指导实践运用中，择业中的心理调适是十分必要的，它能帮助大学生提高心理认知水平和成熟水平，以适应社会对人才素质的要求。

（一）树立正确的职业价值观

职业价值观是指人生目标和人生态度在职业选择方面的具体表现，也就是一个人对职业的认知和态度以及对职业目标的追求和向往。理想、信念、世界观对职业的影响，集中体现在职业价值观上。俗话说"人各有志"，这个"志"体现在职业选择上就是职业价值观。职业价值观对一个人的职业目标和择业动机起着决定性作用。只有在正确成才意识和成才道路的引导下才会形成科学合理的就业观念。职业价值观需要处理好个人与社会、国家的关系。人不能独立存在，个人只有在工作中为社会作出贡献才能实现自己的职业价值。过度追求名利地位的职业价值观是危险的。

（二）培养良好的职业意识

1. 自我定位意识

大学生要把自己放在适合自己的位置上。这就要求大学生既要对自己有客观而全面的评价，又要对就业环境有认真的分析，即对自己的能力、兴趣爱好、价值取向有清楚、稳定而又正确的认识，对自己以及自己与周围世界的关系有稳定而准确的评价，使理想的我和现实的我相互协调统一。

2. 竞争意识

大学生要做好主动参与竞争的心理准备，培养进入人才市场的勇气和胆量，这是择业成功的关键。大学生要实现自己的就业愿望，必须凭借自己的实力，通过各种途径、方式和手段去展示自己，推荐自己，以取得用人单位的赏识。这就必然引起大学生之间的竞争的心理。大学生在平时的生活、学习和各种活动中，应尝试一些竞争行为，体验竞争中的紧张与波动，增强竞争中的胆量和智慧，为以后的择业和就业打下良好的基础。

3. 合作意识

团队合作是人们工作的一种重要方式，是大学生在今后的事业中得以发展的重要技巧和必备素质之一。有竞争更要有合作的态度，当在团队中不可避免发生冲突的时候，要做的不是与对方辩论，而是分析出现的分歧，以便达成共识。

（三）培养职业精神

俗话说，态度比能力重要，企业在评价一个员工是否优秀时，更看重的往往不是能力，而是员工是否具备职业精神。

1. 敬业精神

敬业精神主要是指对工作的责任心，在工作中目标明确、责任心强烈、工作认真。爱岗和敬业是相互联系的，各行各业的状元的知识能力各不相同，但唯一相同的是爱岗敬业的精神。

2. 工匠精神

工匠精神就是干一行、爱一行、钻一行、精一行，坚持不懈，精雕细琢、精益求精。《诗经》中的"如切如磋，如琢如磨"，反映的就是古代工匠在雕琢器物时的执着专注的工作态度。

3. 吃苦耐劳精神

吃苦耐劳精神是大学生就业的基础，从事任何一项工作，总要付出艰辛的劳动，如果缺乏这样的精神，一遇到困难就气馁，将一事无成。

4. 利他精神

在人类进化的长河里，利他主义总是超越时代的，它帮助人们妥善处理好"利己与利人"的关系。利他是一种情怀，也是一种道德姿态，由此可以获得更多的职业尊严。利他可以产生心流，获得难以言喻的职业幸福感。例如，国际友人白求恩大夫身上体现的就是一种纯粹的利他精神。

大学生职业素养的构成

在我国职业教育的培养目标中，职业素养包括以下几方面内容。

1. 职业道德

职业道德是职业人在一定的社会职业活动中遵循的，具有自身职业特征的道德准则和规范，并在个人从业的思想和行为中表现出来的比较稳定的特征和倾向。职业道德不仅对个人的生存和发展有着重要价值和作用，而且与用人单位的发展密切相关。员工良好的职业道德不仅可以协调单位和员工之间、员工和员工之间的关系，形成和谐的企业文化，而且有利于提高产品和服务质量，树立企业良好的社会形象。良好的职业修养是每一个优秀员工必备的素质，而良好的职业道德是每一个员工必须具备的基本品质，良好的职业道德也意味着背后担负的责任和义务。

职业道德的基本规范是爱岗敬业、诚实守信、办事公道、服务群众、奉献社会。职业道德的基本素养包括遵纪守法、严谨自律、诚实厚道、勤业精业、团结协作、任劳任怨、开拓创新。职业道德的养成唯有在职业道德的训练和实践中才能得以实现，所以大学生应积极参与社会实践，到实践中去感受、体会和领悟职业道德。

2. 职业形象

职业形象泛指职业人外在、内在的综合表现和反映。外在的职业形象是指职业人的相貌、穿着、打扮、谈吐等他人能够看到、听到的东西。内在的职业形象是指职业人所表现出来的学识、风度、气质、魅力等他人看不到却能通过活动感受到的东西。职业形象与个人的职业发展紧密相连，在人的求职、社交活动中起关键作用，良好的职业形象对职业成功具有比较重要的意义。

3. 职业态度

职业态度是个人对职业生涯的设想及其有关问题的基本看法。它包括职业生涯设计、对正在从业或即将从业的职业的看法等。对大学生而言，学校给予的知识和技能是有限的，而以知识经济为特征的当代社会对大学生综合素质的要求却是无限的。以有限的知识能力去满足无限的社会要求，其中可能产生的契机和途径是对大学生职业态度养成的最好教育，好高骛远是行不通的。

4. 表达沟通

表达沟通能力就是通过听、说、读、写等思维载体，利用演讲、会见、对话、讨论、信件等方式将个人的思想、观点、意见或建议用语言或文字准确、恰当地表达出来，促使对方接受自己的能力。表达能力包括语言表达能力和文字表达能力，这是大学生必须具备的基本能力。能够用准确、流畅的语言讲述事实、表达观点，能够撰写计划、总结、调查报告、公函等文书，这是用人单位对大学生表达能力的基本要求。

5. 职业技能

职业技能是人们运用理论知识和实践经验完成具体工作任务的活动方式。大学生掌握职业技能，不仅需要老师传授知识，更主要的是需要通过一定的实践操作和训练，掌握一定的职业技能。这是走向职场的基本条件。

6. 团队合作

团队合作能力是一种为达到既定目标，在团队中所显现出来的自愿合作和共同努力的能力，是个人在工作中与同事和谐共事的能力，是在实际工作中充分理解团队目标、组织结构、个人职责，并在此基础上与他人相互协调配合、互相帮助的能力。它包括个人善于与团队其他人沟通协调，能扮演适当角色，勇于承担责任，乐于助人，保持团队的融洽。

7. 人际交往

人际交往是指人们为了相互传递信息、交换意见、表达情感和需要等目的，运用语言、行为等方式而进行的人际联系和人际接触的过程，即通常所说的人际关系。人际交往能力指的是向他人传递思想感情与信息的能力。对于正在学习、成长中的大学生来说，良好的人际交往能力不仅是大学生活的需要，更是将来适应社会的需要。

8. 时间管理

把时间花在最有生产力的地方，用 80% 的时间做能带来最高回报的事情，用 20% 的时间做其他事情，即帕累托定律。根据自己的价值观和目标取向管理时间，是职业人重要的一项技能。

目 标 管 理

目标管理的指导思想是在目标明确的条件下，人们能够对自己负责，通过目标的激励来调动广大员工的积极性，从而保证实现总目标。目标管理的一大特点在于其管理过程实现自我控制，组织内部建立一个相互联系的目标体系，实现组织管理民主化、员工管理自我控制化、成果管理目标

目标管理

化。目标管理事实上是一种民主的、自觉的和成果的管理，这正是目标管理的魅力所在。

目标管理具有以下几大功能。

（一）自我激励

美国心理学家弗鲁姆（Vroom）在《工作与激励》一书中提出期望理论，主要研究需要与目标之间的规律。他认为，人总是渴求满足一定的需要和达到一定的目标，此目标又对激发人的动机有影响。这个激发力量的大小取决于目标的价值（效价）和期望值，即

$$M = V \cdot E$$

式中，M 代表激励力量，即激发潜力的强度；V 代表目标效价，即对目标成果的渴望程度；E 代表期望值，即成功概率。

由于目标是个人制定的，个人主观上认为达到目标的概率很高，同时也足够重视，希望通过一定的努力达到预期的目标，因此会有信心，并激发出很强的内在动力。

（二）责任意识

责任意识是个体在认识到自己的角色和社会需求的基础上，把握自己的行为及其结果，使之符合社会需要的情感、意愿。大学生是国家建设的希望，他们的责任意识直接关系到国家和民族的兴衰。

有些大学生存在社会责任意识淡薄、家庭责任意识缺失、个人责任意识薄弱等一系列问题。大学生如果责任意识认识不足，就学习而言，就会上课迟到、睡觉，对成绩的要求也会大大降低。有些大学生放纵自己的生活，导致大学虚度。有些大学生从小依赖性强，遇到问题不会自己独立解决，逆反心理严重。

（三）战胜拖延症

事实上，只要树立目标，随时留意，每个人都可以创造自己的机会。为什么有些人做事情没有立即采取行动呢？主要原因是习惯拖延。如果有拖延症，可以参考以下几种方法。

（1）设定缓冲时间。如果不想立即行动，可以给自己设一个缓冲时间，如十分钟或半小时，时间一到，立即行动。

（2）加倍补偿或重新开始。如果当天没有完成任务和目标，则第二天加倍补偿。例如，当天没有完成 50 个俯卧撑，第二天就要完成 100 个。加倍补偿策略会让人自觉完成目标。

（3）榜样激励。如果目标计划很清晰，就很容易立即开始执行。多对照身边执行力强的同学或者名人，以他们为榜样，为自己增添完成任务的信心。

（4）在精力最旺盛时完成易拖延的事。将需要集中注意力的工作或一直拖延的工作安排在专门时间，且在此期间不被打扰，在精力最旺盛的时间内去完成。

好习惯养成的步骤

著名教育家叶圣陶先生说过："走路和说话是我们最需用的两种基本能力。推广开来，无论哪一种能力，要达到习惯成自然的地步，才算

好习惯养成的步骤

我们有了那种能力。不达到习惯成自然的地步，勉勉强强地做一做，那就算不得我们有了那种能力，如果连勉勉强强做一做也不干，当然更说不上我们有了那种能力了。"他还说："通常说某人能力不强，就是某人没有养成多少习惯的意思。譬如说张三记忆力不强，就是张三没有把看见的、听见的一些事物好好记住的习惯。譬如说李四表达能力不强，就是李四没有把自己的思想和感情说出来、写出来的习惯。习惯养成得越多，那个人的能力就越强。我们做人做事，需要种种能力，所以最要紧的是养成种种的习惯。"

习惯养成的心理原理是习惯循环，习惯循环有四个步骤，分别是提示、渴求、反应和奖励。

1. 提示

提示是触发你大脑启动某种行为的暗示，可以是物质环境，也可以是人为环境，有些提示很明显，你意识到了；有些提示很微妙，你意识不到，但却可能已经悄悄启动了你的习惯。例如，看到同学早起跑步触发了你健身的渴望。

2. 渴求

提示会触发渴求。渴求是每个习惯背后的动力，没有渴求的动力，我们不会采取行动。

3. 反应

渴求会引发行为反应，包括思想上的反应和行动上的反应。反应是否发生，取决于渴求的强烈程度或采取行动的难度，如果渴求不够强烈，或者行动太难，那你就不会去做。

4. 奖励

你的行为反应会带来回报，获得某种奖励，这是每个习惯的最终目标。这种奖励会强化你的渴望体验，让你在下次遇到同样的信息提示时，爆发更强烈的渴求，于是习惯开始循环起来。

微 习 惯

1. 什么是微习惯

微习惯就是强迫自己每天做微不足道的积极行为，如把每天做 100 个俯卧撑减少到每天做 1 个，把每天写 3000 字缩减成每天写 50 字，把始终保持积极思考缩减成每天想两件好事。微习惯太小了，小到不费吹灰之力就能把它做好。因此，人们不会去抵触它，还经常会超额完成任务，成就感也会随之飙升。把微习惯坚持下去，人的内在潜能就会被全面开发，帮助人们实现心愿。微习惯可以提升自我效能感，即对自己影响事件结果的能力的信念。你不会再被巨大的目标吓破胆，也不会再受目标未实现带来的内疚感和缺憾感的煎熬了。微习惯能让人每天都能成功，这些也许微不足道，但微小的胜利对一颗心灰意冷的心来说作用是巨大的。

2. 改变微习惯的八个步骤

（1）选择适合自己的微习惯和计划。首先，要有长远的目标，并把目标分解成"小得不可思议"的习惯，小到可以运用2分钟就能完成的习惯。数量不要太多，两到三个是最合适的。其次，制订一个适合自己的微习惯计划，可以是单一的计划，也可以是多项计划，或者是一周弹性计划。最后，把确定的计划写下来。

（2）挖掘每个微习惯的内在价值。列好微习惯以后，想想自己为什么要实现它，不停地问为什么，直到找到问题的核心，找到内心真正的渴望去实现习惯。

（3）明确习惯依据，将其纳入日程。选择适合自己的时间段锻炼，可以是一天一次，在一天的某个时间段，上午也行，下午也可以。只要合理安排好时间即可。

（4）建立回报机制，以奖励提升成就感。完成一个小目标之后，可以给自己一个奖励。有愉悦的心情才有动力去执行。

（5）记录与追踪完成的情况。完成一个小目标，立刻把它写下来，就意味着把它提升到了比其他想法更重要的位置上。一项研究显示，把想法（无论积极还是消极）写在纸上时，会让其在大脑中更加突出，而打字就不具备这样的效应。一定要手写，才能将其重要性放大。可以用日历来记录微习惯的进展，完成一个打一个钩，也可以用电子设备来记录。

（6）微量开始，超额完成。不断强迫自己执行可实现的任务，当我们适应了以后，我们的意志力就会变得更强大，这时就可以鼓励自己超额完成目标。

（7）服从计划安排，摆脱高期望值。要把期待值和精力放到坚持目标上，而不要对任务量抱有较高的期待。生活中最强大的武器就是坚持，因为这是让行为转变成习惯的唯一途径，而且当非习惯变成习惯，也就意味着大脑从对抗变成合作了。

（8）留意习惯养成的标志。只有真正养成了一个习惯之后，才能添加新的习惯。不要着急，也不要浮躁，坚持下去才能成功，所以要努力坚持下去。

3. 微习惯策略的八大原则

应用微习惯策略应坚守八大原则：①绝不要自欺欺人；②满意每一个进步；③经常回报自己，尤其在完成微习惯之后；④保持头脑清醒；⑤感到强烈抵触时，后退并缩小目标；⑥提醒自己这件事很轻松；⑦绝不要小看微步骤；⑧用多余精力超额完成任务，而不是制定更大的目标。如果你发现自己用微习惯很难取得进步，很可能是因为你违背了其中一条原则。

先从一个微小的习惯开始，走出重要的第一步。

课后作业

自我管理——习惯养成

美国心理学家威廉·詹姆斯有一段对习惯的经典注释："种下一个行动，收获一种行为；种下一种行为，收获一种习惯；种下一种习惯，收获一种性格；种下一种性格，收获一种命运。"习惯是一种长期形成的思维方式、处世态度，习惯是由一再重复的思想行为形成的，它具有很强的惯性，像转动的车轮一样。人们往往会不由自主地启用自己的习惯，不论是好习惯还是不好的习惯，都是如此。可见习惯的力量不经意会影响人的一生。

盘点你的习惯并进行分享。

我有四个好习惯：

_____

_____

_____

我保持这些习惯的原因是：

_____

习惯并不总是积极的，实际上，它们可好可坏，也可以不好不坏。我的一些无所谓好坏的习惯是：

_____

我目前最坏的习惯是：

_____

造成这些坏习惯的原因是：

_____

这些坏习惯已有（几天、几周、几年）：

_____

这些坏习惯给我带来的苦果是：

_____

在上述坏习惯中，我最想改掉的坏习惯是：

_____

为了改掉这些坏习惯，我愿意从什么时候开始？先做什么？再做什么？谁可以见证这一切？

_____

用微习惯方法养成习惯

用微习惯的方法来养成一个你最想养成的习惯。

我最想养成的习惯：_____

第一步：_____

第二步：_____

第三步：_____

第四步：_____

第五步：_____

第六步：_____

第七步：＿＿＿＿＿＿＿＿＿＿＿＿＿＿＿＿＿＿＿＿＿＿＿＿＿＿＿＿＿＿＿＿

第八步：＿＿＿＿＿＿＿＿＿＿＿＿＿＿＿＿＿＿＿＿＿＿＿＿＿＿＿＿＿＿＿＿

学习自测

理解的知识点	
掌握的技能点	
感受与收获	
项目成效评分	0分——————————————————————————————————10分

第四讲

工作世界认知

教学目标

认识到探索工作世界的重要性，了解当前职业环境的基本事实和趋势，消除对职业环境的刻板印象，并以积极的心态面对职业环境；学会从行业、职业和组织三个维度来了解一份工作；掌握多种获取和研究职位信息的方法，能够自主进行职业探索。

思政园地

人是要有一点精神的，一个行业更是如此。党的二十大报告指出，推进文化自信自强，铸就社会主义文化新辉煌。要在全社会弘扬劳动精神、奋斗精神、奉献精神、创造精神、勤俭节约精神，培育时代新风新貌。

专业与职业的关系

　　本项目的预定目标：通过老师讲授、同学分享或自己搜索相关信息，拓展对职场和当前职业环境的认知，消除对职业环境的刻板印象和不合理信念。

　　我所了解的关于职场或工作的情况：

　　我对本项目目标的看法和期待：

　　我学习本项目的目标：

知识点

知识点

➢ 专业是指在人类社会科学技术进步、生活生产实践中，用来描述职业生涯某一阶段、某一人群用来谋生，长时期从事的具体业务作业规范。专业也指高等学校或中等专业学校根据社会专业分工的需要设立的学业类别。中国高等学校和中等专业学校根据国家建设需要和学校性质设置各种专业，按专业设置组织教学，各专业都有独立的教学计划，以实现专业的培养目标和要求，培养专门人才。

➢ 职业是指参与社会分工，用专业的技能和知识创造物质或精神财富，获取合理报酬，丰富社会物质或精神生活的一项工作。职业是人们在社会中所从事的有稳定、合法收入的活动。职业既是人们为社会做贡献、实现人生价值的舞台，也是人们谋生的手段。有稳定、合法的收入，是职业这种特定的劳动区别于其他社会活动的主要特点。职业存在于社会分工之中，在不同工作性质的岗位上，人们的社会角色不同，所从事的工作在目标、内容、方式与场所上存在很大的差别。一定的社会分工或社会角色的持续实现，就形成了职业。

➢ 刻板印象也称"定型化效应"，是指个人受社会影响而对某些人或事持稳定不变的看法。它和不合理信念一样具有绝对化、过分概括化的特点。

➢ 对职场的刻板印象和不合理信念是影响人们进行积极的自我认知、职业环境探索和科学决策规划的内在阻碍。例如，当人们认为就业竞争太激烈、就业太困难时，可能就不敢或不愿意花更多时间去探索最适合自己的目标职业，会争先恐后地随大流，找一份大家都认为好却不适合自己的工作。

➢ 通过多种方法去探索职业环境，可以了解真实的情况，消除脑海中的刻板印象和不合理信念，以积极的心态面对职业环境。

➢ 一个人在某个岗位上工作往往会经历以下几个阶段：①情况不熟，能力不足；②主动适应，知错就改；③了解过程，方法得当；④运用自如，有所创新。这是职业适应的必然过程。

📖 案例导入

18 个新职业

为贯彻落实《国务院关于推行终身职业技能培训制度的意见》提出的"紧跟新技术、新职业发展变化，建立职业分类动态调整机制，加快职业标准开发工作"要求，2022年7月，人力资源和社会保障部等部门向社会正式发布了包括机器人工程技术人员等在内的18个新职业。

（1）机器人工程技术人员：从事机器人结构、控制、感知技术和集成机器人系统及产品研究、设计的工程技术人员。

（2）增材制造工程技术人员：从事增材制造技术、装备、产品研发、设计并指导应用的工程技术人员。

（3）数据安全工程技术人员：从事数据安全需求分析挖掘、技术方案设计、项目实施、运营管理等工作的工程技术人员。

（4）退役军人事务员：在退役军人服务中心（站）从事退役军人政策咨询、信访接待、权益保障、安置服务、就业创业扶持等事务办理的人员。

（5）数字化解决方案设计师：从事产业数字化需求分析与挖掘、数字化解决方案制订、项目实施与运营技术支撑等工作的人员。

（6）数据库运行管理员：对系统所使用的数据库进行维护及管理等工作的人员。

（7）信息系统适配验证师：从事信息系统基础环境、终端、安全体系、业务系统的适配、测试、调优、数据迁移、维护等工作的人员。

（8）数字孪生应用技术员：使用仿真技术工具和数字孪生平台，构建、运行维护数字孪生体，监控、预测并优化实体系统运行状态的人员。

（9）商务数据分析师：从事商业行为相关数据采集、清洗、挖掘、分析，发现问题、研判规律，形成数据分析报告并指导他人应用的人员。

（10）碳汇计量评估师：使用碳计量方法学，从事森林、草原等生态系统碳汇计量、审核、评估的人员。

（11）建筑节能减排咨询师：应用节能减排技术，从事建筑及其环境、附属设备测评、调试、改造、运维等工作的咨询服务人员。

（12）综合能源服务员：从事客户用能情况诊断、综合能源方案规划，并组织实施和运维管理的人员。

（13）家庭教育指导师：从事家庭教育知识传授、家庭教育指导咨询、家庭教育活动组织等的人员。

（14）研学旅行指导师：策划、制订、实施研学旅行方案，组织、指导开展研学体验活动的人员。

（15）民宿管家：提供客户住宿、餐饮以及当地自然环境、文化与生活方式体验等定制化服务的人员。

（16）农业数字化技术员：从事农业生产、农村生活数字化技术应用、推广和服务活动的人员。

（17）煤提质工：以煤为原料，操作干燥窑、热解窑、提质煤冷却器、急冷塔等设备，提高煤品质的生产人员。

（18）城市轨道交通检修工：使用制动测试台、车轮轮缘尺、红外热像仪、扭矩扳手、液压起道器等检测设备和维护工器具，检修及维护保养城市轨道交通设备和设施的人员。

新职业主要涉及三类：一是在数字经济发展中催生的数字职业，二是在碳达峰碳中和的发展目标要求下涌现的绿色职业，三是在新阶段新理念新格局和人民美好生活的需要中孕育的新职业。

活动与任务

我眼中的职场世界
活动示范

我眼中的职场

以小组为单位，每个小组用彩笔在白纸上各自描绘出一幅图画，把小组成员眼中的职场现状描绘出来。画完之后在小组内讨论该怎样更好地去面对这样的就业形势，有什么行动方面的对策。每组派一名代表陈述讨论结果。

你是否赞同这些观点

以小组为单位就下面的观点进行讨论，并由一名代表陈述讨论结果。

（1）就业竞争太激烈了。

（2）专科生不好找工作。

（3）我最讨厌事务性的工作了。

（4）必须找到一个和专业相关的职位。

（5）找工作必须非常慎重，它关系到一生的幸福。

（6）没有背景，没有关系，肯定找不到好工作。

（7）要独立地找工作，靠自己的能力闯出一片天地。

（8）要多试几份工作才能知道自己喜不喜欢。

课堂练习

拓展职业范围的思考

请你用头脑风暴法列举出与手机相关的尽可能多的职业并记录下来。

讨论：你从这个活动中得到了什么启发？

通过这个活动，你可以了解到一件物品的制造涉及许多的人和职业，如从管理到制造，从研发到市场。这说明有很多专业和技能是可以变通的。因此，同一个专业的人可以从事不同的职业。例如，机械设计专业毕业的学生可以应聘人事助理、售前工程师等与人打交道的岗位，也可以从事研发等与概念相关的工作。因此大学生在探索工作世界时，应了解和自己专业相关的职业有哪些。学习专业知识的目的是帮助人更好地发展自己，而不是限制人的发展。当我们用更广阔的思路来看工作世界时，会更容易理解下面的一些基本事实。

目前工作世界中有超过 2000 种的职业，对于大多数人来说，都有数种职业适合自己。调查表明，各个经济收入阶层和各种行业领域都有热爱自己的工作的人，没有哪一种工作能够完全满足一个人所有的需要，所有工作都有其局限性和令人失望之处。人们需要通过其他活动来平衡自己的生活，这样才有可能感觉到完满。

工作市场和经济形势时常会发生变化，甚至是急剧的变化。有的行业在目前可能充满了机会，但可能会在数年内饱和。所以在工作世界中，每个大学生都有可能找到适合自己的工作，只是需要作好心理准备，这是一个过程，对不同的人，过程也会有长短。变化是其中必然要面对的，一个决定可能不会持续一生，也常常伴随着风险，因此需要个人不断调整和变化。面对工作世界，大学生需要学会如何应对工作的变动，而不是一味地去回避它。

拓展阅读

如何正确认识专业与职业的关系

1. 认识自我，扬长避短

在生活中，很多人非常努力，付出了很多时间和精力，但成功的人却凤毛麟角。原因在于，有时盲目的努力只会越来越偏离正确的路线。只有正确认识自己的长处、短处，明确人生目标和职业方向，才能选择合适的专业。许多人认为自己有一定的人生经历，对自己是非常了解的。然而，全面认识自己，不光要认清自己的外在因素（性别、身体情况、外貌因素、家庭环境、社会因素等），还要了解自己的内在因素（智力、性格、气质、意志等），只有内外因素都与职业目标相匹配，才能体现自己核心的竞争力。

有关研究表明：如果一个人对一项工作感兴趣，就能发挥他全部才能的80%～90%，能长时间高效工作且不知疲倦；反之，如果一个人对所从事的工作不感兴趣，则只能发挥他全部才能的20%～30%，并且容易有疲倦感。

因此，只有充分了解自己，才能在职场上利用自身优势，扬长避短。大学生应选择适合自己人格的职业，在具备天赋优势的基础上，寻找进步空间及发展潜力大、成功率高的职业目标；利用专业知识的学习，往职业目标的方向奋勇前行。

2. 掌握技能，适应需求

专业知识技能是不能举一反三的，一般需要经过有意识的、专门的培训和学习才能掌握。例如，会赏析中国诗词的人并不一定能读懂外国的诗歌，会歌唱的人不一定就很懂舞蹈。在学习专业知识技能的过程中，需要一定的时间与精力。

大学生除了要具备专业知识技能外，还要具备可迁移技能（不因不同环境和情况而迁移的能力，如表达沟通、组织管理、问题解决、良好人际关系、自我提高与学习能力）和自我管理技能（适应性技能），这样才能成为时代所需的复合型人才，用人单位对可迁移技能的重视往往超过了对单纯专业知识技能的重视。

目前，在企业对高校大学生就业能力的评价中，认为大学生在创新能力、文字表述能力、专业技能、职业发展规划能力、发现与解决问题方面的能力有所欠缺，特别是创新能力，是学生自评与用人单位一致认为就业能力较弱的一项。为此，大学生在学习与实践中，根据社会的发展情况，不仅要掌握专业知识技能、可迁移技能、自我管理技能，还要及时更新知识，以适应用人单位和现代社会的需求。

3. 结合实践，学习经验

要改变世界必须认识世界，正如要改变自己必须认识自我，而没有实践就不会有认识。大学生需要在实践中积累经验，巩固、检验和完善各项技能。同时，在实践中快速掌握职场中与专业对应的职业信息和用人要求，学习和借鉴各行各业的先进经验，以便不断更新知识，提高综合能力，尽快适应社会环境。

大学生要通过认识自我、学习各项技能、多参与实践，正确认识专业与职业之间的关系，找到所学专业和未来要从事职业的最佳结合点，确定适合自己的具体职业发展目标，为实现自己的职业理想而不懈努力。

专业选择对就业的影响及应对措施

专业选择对一个人的成长有非常大的影响，了解专业选择对就业的影响，选择正确的专业能让大学生在职业生涯中少走弯路。

（一）具体影响

1. 专业对口

一般来说，选择与本专业相关的职业，不仅可以增强信心，而且在工作中更容易上手，在今后的晋升发展过程中获得更多机会。

专业知识与技术过硬是企业招收人才的一个要求，专业对口就业是一项优势。有的大学生即使选择的不是热门专业，也可能因为攻读人数少而造成市场人才稀缺，再加上过硬的专业技术，在职场上比热门专业的学生更有竞争优势。

如果对所学专业特别感兴趣，又选择了相应的就业岗位，未来的竞争力相对来说就会强一些。好的开始意味着成功的一半，但并不能因此而掉以轻心，即使就读热门专业也并不代表今后在职场上得心应手，因为专业技能并不是用人单位所重视的唯一技能，技能的组合更为重要。

2. 专业不对口

选择不对口的专业就业，所学的专业知识与工作没有关联，意味着比专业对口的大学生起步晚，不能一走上社会就立刻发挥作用。但这并不能成为不认真学习专业知识的借口，即使今后从事的工作与专业不对口，在大学所学习的专业知识也可以成为业余特长。例如，英语专业的大学生在就业时没有选择翻译、英语教师，而选择在企业做行政文员，在面对外国客户的时候，其专业英语就是一项优势。

换个角度看，大学生的学习不能单纯强调专业知识，还要强调适应能力、沟通能力、思维方式、组织协调能力、发现与解决问题的能力等，专业知识不应该是大学期间的唯一收获。

大学生如果想从事专业以外的工作，但又不愿或不能重新选修其他专业，除了通过提升学历来改换专业外，还可以通过资格认证考试、讲座、课外培训、专业会议、研讨会、自学等方式来学习相关的专业知识技能。

许多操作性强的专业技能是在工作实践中，通过有针对性的再学习以及经验的积累逐渐形成的。因此，把之前学习的专业知识暂且储存，聚焦新领域，汲取新知识，很可能会因此而发现新的职业发展空间。大学生在就业选择时，不仅要从专业出发，还要把用人单位的需求和自身实际情况相结合，寻找一个契合点。

（二）应对措施

1. 提前做好职业规划

如果在填写志愿时就有初步的职业规划，就可以根据职业目标选择专业。提前做好职业规划，可以增强学习的目的性，也可以有更多的时间为将来的就业做好充分准备，从而提升个人竞争力。做好职业规划，在有方向的基础上进行学习、实习、找工作，这样效率更高，效果更好。

2. 提升职业技能

大学生在大学期间，需要学习很多专业课程和通识课程，这些课程内容都是要掌握的专业知识技能，认真学习每一堂课并掌握其主要内容，是获得专业知识技能的基础。在职业活动中，一个人的专业能力往往是通过内化的专业知识和掌握的专业技术而形成的，需要一定时间的学习积累，这也是为将来就业打好基础的一个过程。除此之外，还需要关注表达沟通能力、组织管理能力、问题解决能力等，提升可迁移技能。自我管理技能经常被看作个人的个性品质而非技能，因为其主要被用于描述和说明一个人的某些特征，包括在不同的环境下如何调整自己、做事是认真负责还是敷衍了事、是勇于创新还是循规蹈矩等。在大学期间，很多大学生远离家乡，面对新的环境、同学、老师及各种生活上的问题，更多时候需要独立解决，这也是提升自我管理技能的良机。提升自我管理技能，随时随地都能进行。像自信、谨慎、热情、负责、可靠、正直等，不一定要通过专业课程才能获得，大学生更多时候可以通过阅读相关书籍来进行自我调整、自我提升。

3. 及时掌握市场动态

就业信息在毕业生求职过程中起到十分重要的作用，无论是想从事与专业对口的工作还是与专业不对口的工作，都要及时获取就业信息，掌握用人市场及各行业的发展动态、就业政策、劳动力的供需情况、用人单位及相关招聘信息等，这样才能在找工作的过程中更主动、更有方向性。

大学生在临近毕业时要提前了解就业程序，如就业协议签订的手续、户口和档案的归属问题、改派等相关事宜。另外，还要了解用人单位信息及其所需专业、用人要求、企业文化、发展前景等，并针对不同的岗位制作相应的简历、求职信等求职材料。

大学专业的选择对大学生将来的就业及人生之路都会产生直接影响。选择专业是为了学习一门专业技术，让自己有一技之长，在今后的职场中更具竞争力。在高度信息化与知识化的时代，更多用人单位注重应聘者的综合能力，因此，大学生无论选择什么专业，除了学好专业知识，还要全面提升职业技能，这样才能凸显自己的竞争力。

学习自测

理解的知识点	
掌握的技能点	
感受与收获	
项目成效评分	0 分--10 分

职业世界探索

📖 **项目目标制定**

本项目的预定目标：了解行业、职业和组织的相关知识；了解评估职位的方法和获取相关信息的途径；能通过信息搜索、职业访谈等方法评估自己感兴趣的职位。

我所了解的职位的相关情况：

我对本项目目标的看法和期待：

我学习本项目的目标：

📚 **知识点**

知识点

➢ 职位主要包含三个方面的信息：一是组织所处行业的相关信息，二是职位所属职业的信息，三是职位所属组织的相关信息。就业行业的选择主要和个人的兴趣倾向、能力（专业）及人际关系较为密切。

➢ 行业一般是指按生产同类产品或具有相同工艺过程或提供同类劳动服务划分的经济活动类别，如服装行业。职位是指组织的某个员工需要完成的一个或一组任务，包括完成任务所需的职权、责任和组织以及员工的报酬等。

➢ 探索了解职位相关行业信息，主要从行业发展的阶段、从业人数和收入水平、主要企业及其管理运营模式和企业文化等方面入手。

> 根据行业发展各阶段的特点，可以把行业分为曙光期、朝阳期、成熟期、夕阳期四个阶段。

> 职业是许多相同或相近的职位的总称，是按不同的职位性质和活动方式、技术要求及管理范围进行划分和归类的。职业的选择与个人的兴趣倾向、性格以及能力（专业）较为相关。

> 根据职业在行业中的分布，可以把职业分为只存在于某一行业中的行业内职业和在多数行业中存在的跨行业职业。

> 跨行业职业主要有财务、人力资源、市场、销售、客服和行政等。行业内职业主要是企业产品研发和生产部门中的大部分职业，这类职业可以说是该行业的核心职业。职业对从业者相关能力的要求较高且要求较为迫切，工作的对象主要是物。

> 职业探索的主要内容有以下几方面：①职业的基本情况，包括工作内容、职责、工作的物理环境和组织环境、工作时间等；②职业对从业者的要求，包括知识、技能、兴趣、性格、教育背景等；③职业回报，包括职业发展路径，以及工资、福利、社会地位等价值回报。

> 职业从业者工作的主要对象是人还是物，是处理具体资料数据多一些还是需要有更多的点子和创意，工作是照章办事还是需要创造性地解决问题，工作是靠个人能力、竞争性的还是靠团队合作、协作性的，工作是在室内的时间多还是在室外的时间多，工作是需要按规则、讲求公平还是需要更多地考虑他人感受、满足他人的情感需求等，这些都和人们的兴趣倾向、性格有着密切关系。

> 组织是指按照一定的宗旨和目标建立起来的集体，如工厂、机关、学校、医院，各级政府部门、各个层次的经济实体、各个党派和政治团体等。

> 组织类型、组织规模、组织结构以及组织领导和成员价值观等因素综合作用，最终形成了多样的组织文化。只有个体的价值观与组织文化相匹配，也就是在组织中工作可以使个人的价值需求得到较大程度的满足，个人才会觉得工作是有价值、有意义的。

> 职业调查是指利用直接或间接的方法获取充分的职位相关信息，为职业决策和规划提供依据。

> 职业调查首先要通过网络等途径获取他人调查的结果和数据（称作二级信息），在对得到的信息进行分析后，明确进一步调查的目的、内容和方法，再通过自己亲自调查获得重要信息（称作一级信息）。

> 二级信息主要通过网络或书籍等途径来获取，如论文、报告、统计数据、企业规章制度、岗位职责、入职条件等相关信息。信息来源有国家统计局统计数据、国家各类规划的文件、政府工作报告、数据调查咨询公司或机构、行业论坛、招聘网站、企业官网等。

> 一级信息的获取方法主要有定量调查和定性调查两大类。较适合大学生的是定性调查中的深度访谈，这是一种无结构的、直接的、一对一的访问形式，是了

解行业、职业和组织最有效的方法，对于真正想做好职业生涯规划、积累人脉的大学生来说是一个不错的选择。

案例导入

高职毕业生就业发展趋势与成效

就业总量压力持续高位运行等因素给应届高职毕业生去向落实增加了难度。专升本的扩招缓解了当前部分就业压力，但由此带来的滞后就业压力需要关注。在政策调控等因素影响下，房屋建筑、房地产相关领域吸纳毕业生的数量下降。与此同时，基础设施建设、医疗护理、幼儿教育等民生领域对毕业生的吸纳数量稳中有升；制造业保持稳步发展，为毕业生就业提供了保障；依托互联网平台的新就业形态为毕业生灵活就业提供了更多选择。

（一）专升本对毕业生分流作用持续扩大，就业压力滞后

当前就业总量压力持续高位运行等因素给高校毕业生去向落实增加了难度，专升本的进一步扩招缓解了部分就业压力。数据显示，2021 届高职毕业生毕业后读本科的比例（19.3%）已接近 20%，在 2020 届（15.3%）的基础上进一步提升，比 2017 届（5.4%）上升了 13.9 个百分点。需要注意的是，专升本规模的扩大会给 2～3 年后的就业带来一定挑战，滞后的就业压力需要给予持续关注。

1. 需要给予农村生源等就业困难群体更多关注

虽然专升本对高职毕业生的分流作用不断扩大，但就业依然是主流，就业指导工作需要持续改进和完善。高职院校中来自农村家庭的毕业生所占比例较高（2021 届为48%），对这类毕业生的关注与帮扶是就业指导工作的重点。高职农村家庭毕业生正在求职的比例（2021 届为 3.6%）高于非农村生源毕业生（2021 届为 2.9%），其求职就业可能存在一定困难，需要给予更多关注和支持。

2. 就业单位以民营企业为主，需要特别关注市场化岗位的供需和拓展情况

民营企业是吸纳高职毕业生就业的主体，占比接近七成（2021 届为 69%）；就业单位规模以中小型企业为主，2021 届毕业生在 300 人及以下规模企业就业的比例为 63%。民营企业、中小型企业受外部市场环境变化的影响较大，为促进高职毕业生毕业落实的稳定，需要特别关注这类市场化岗位的供需和拓展情况。

（二）主要行业自 2020 年以来调整力度加大，毕业生就业面临新变化

2020 年以来，主要行业进一步加大了业务等方面的调整和优化力度，毕业生在相关领域的就业面临新变化。

1. **房屋建筑、房地产相关领域吸纳高职毕业生的数量下降**

建筑业是应届高职毕业生就业量最大的行业类（2021 届为 10.7%），其中最主要的就业领域为房屋建筑业。房地产是房屋建筑业重要的需求源头，在政策调控等因素影响下，其需求变化将影响房屋建筑领域。数据显示，高职毕业生在房屋建筑业、房地产开发及租赁业就业的比例均有所下降，分别从 2019 届的 5.4%、3.0% 下降至 2021 届的 5.1%、2.3%。

与此同时，道路桥梁等基础设施建设领域对高职毕业生的吸纳数量（2019—2021 届分别为 2.9%、3.0%、3.0%）保持稳定。"十四五"时期，现代化基础设施体系建设将稳步推进，相关院校和专业可持续关注基础设施建设相关领域的用人需求，并合理优化自身专业结构、培养过程与就业指导工作。

2. **毕业生在医疗、幼教领域就业的比例稳中有升**

高职毕业生在医疗护理、幼儿教育等民生相关领域的就业量较大，且保持稳中有升的趋势。2021 届毕业生在医疗和社会护理服务业就业的比例为 8.0%，比 2020 届（7.4%）高 0.6 个百分点；在幼儿园与学前教育机构就业的比例（2019—2021 届分别为 2.5%、2.6%、2.7%）逐年上升。

值得关注的是，在医疗护理领域就业的高职毕业生主要服务于地方医院和基层医疗卫生服务机构（2021 届分别为 3.1%、1.4%），幼儿教育领域对高职毕业生吸纳水平的提升主要集中在中西部人口集中流入地（2019—2021 届在中西部地区幼儿园与学前教育机构就业的比例分别为 1.4%、1.5%、1.6%）。相关院校和专业可持续关注上述地区、领域的用人需求。

3. **制造业的稳步发展为毕业生就业提供了保障**

2020 年以来，制造业保持稳步发展，是保障毕业生就业的"稳定器"，2019—2021 届高职毕业生在制造业就业的比例分别为 20.9%、21.5%、22.9%。其中，民营制造企业是吸纳毕业生的主体，2021 届毕业生的就业比例达到 16.2%；东部地区民营经济较为发达，制造企业较多，为毕业生提供的机会更多，2021 届在东部地区就业的高职毕业生中，服务于民营制造企业的比例（19.2%）接近 20%，明显高于在非东部地区就业的毕业生（11.9%）。伴随着制造业优化升级的不断深入，装备制造大类、电子信息大类等工程类专业的培养环节需要进一步完善，以适应产业发展的趋势。

（三）灵活就业为毕业生就业提供新选择

灵活就业对毕业生起到了分流作用，也在一定程度上缓解了当前的就业压力。在 2021 届高职毕业生中，有 7.7% 的人选择灵活就业。其中，1.8% 选择受雇半职工作，2.8% 选择自由职业，3.1% 选择自主创业。

1. 依托互联网平台的新就业形态为毕业生提供了更多选择

在 2021 届选择灵活就业的高职毕业生中，有近三成（28%）选择依托互联网平台的新就业形态，主要包括电商、主播、全媒体运营等。数字经济的发展使依托互联网平台的新型就业模式、就业形态不断涌现，为毕业生就业与发展提供了更多选择。

2. 灵活就业群体的就业质量仍有进一步提升的空间

灵活就业群体的就业质量仍需关注。在 2021 届选择灵活就业的高职毕业生中，自由职业、受雇半职工作群体的月收入（分别为 4045 元、3804 元）相对较低，从业幸福感（就业满意度分别为 68%、66%）相对较弱。另外，自主创业群体的生存挑战持续增加。在 2018 届毕业后选择创业的高职毕业生中，三年内有六成以上退出创业，仍在坚守的比例（39.5%）相比 2017 届同期（41.0%）进一步下降。随着国家和地方对灵活就业保障支持机制的不断加强和完善，灵活就业群体的就业质量仍有进一步提升的空间，灵活就业模式也将更大程度为"稳就业""保就业"提供支撑。

（资料来源：麦可思研究院，2021. 2021 年中国高职生就业报告[M]. 北京：社会科学文献出版社. 有改动。）

活动与任务

招聘宣讲会

通过学校就业创业网搜索本专业相关招聘岗位信息，并选择较为感兴趣的职位，以小组为单位对招聘信息进行解读分析后，指定某一同学扮演企业招聘专员进行招聘宣讲。

拓展阅读

了 解 行 业

探索了解职位所包含的行业信息，主要从行业发展的阶段、从业人数和收入水平、主要企业及其管理运营模式和企业文化等方面入手。其中明确行业发展的阶段最为重要，因为根据行业发展规律的相关研究，人们可以迅速对行业发展现状和趋势作出判断。行业的发展状况又是由其包含的所有企业的发展规模和水平决定的。根据行业发展各阶段的特点，可以把行业分为曙光期、朝阳期、成熟期、夕阳期四个阶段。各阶段的状况和特点如下。

1. 曙光期

随着新技术、人们新需求的出现或其他原因而产生了某种新产品或新服务，人们看到了其广阔的市场前景，但由于产品不成熟、未形成规模化生产和成熟的产业链或未找到成熟的商业模式等原因，市场还未打开，产品价格较高。刚开始很多企业进入，但很快就销声匿迹，其原因是企业不能很快获利。因此，这时期的企业需要资金的支持，而且可能是长期的支持。行业会进入一个冰冻期，仅有少数的企业在坚持、在探索，如互联网行业发展初期的情况。处于这一时期的企业最需要有技术、有胆量、有创新精神、能坚持和乐观的员工。

2. 朝阳期

行业找到了相对成熟可行的商业模式，技术和产品逐渐成熟、市场需求增长迅速，利润较大。行业中形成少数的行业领导者，广阔的市场前景为企业提供了广大的目标顾客和较少的竞争对手，比较适合企业的发展，即使后进入的企业也不必选择竞争战略，因为其他企业不会影响到本企业的利润。但这样的情况不会持续很久，较高的利润会吸引其他企业大举进入。因此企业应当有长远发展的战略意识，利用先发优势，培养自己在本行业中的核心竞争力，以防止未来的威胁。这一时期的企业需要具有创新精神、团队合作精神、主动、能吃苦等品质的员工。

3. 成熟期

随着后来者的不断进入，整个行业由无竞争状态向竞争状态过渡，由市场未饱和状态向市场饱和状态过渡。同时，随着主流技术和主导厂商的出现，整个产业出现了某些垄断的特征，但是因为市场容量仍旧很大，大厂商对市场的垄断力有限。因此，企业为了在行业中取得高于平均水平的经济效益，往往采取成本领先、差异化和集中一点这三种战略，以及改进管理以降低成本或注册不同品牌以提供特殊服务等方式。这一时期的企业更适合职业兴趣偏传统型、遵守规则、喜欢有明确标准和要求的工作、追求工作生活平衡的人。

4. 夕阳期

在这一时期，市场增长率下降，需求增长率下降，市场内的竞争异常残酷，大量企业退出市场或被大企业兼并，市场份额逐步被少数几个大企业所占有，产品品种及竞争者数量减少，并形成了寡头垄断的市场。新企业很难进入，同时由于垄断企业的生产规模大，投入资本量大，所以企业退出市场的壁垒也很高。这一阶段会出现两种可能的情况：一种可能是新的科技发明或商业模式的出现推动行业的进一步发展，进入新一轮发展的循环；另一种可能是整个行业消亡，相关企业只能重新选择投资的行业。这一时期的企业适合具有与行业相关的一技之长、喜欢稳定或对职位有诸如工作地点等特殊需求的人。

了 解 职 能

企业会划分不同的职能模块，有些企业对这些职能模块的称呼可能是职位。一般来说，企业的基础职能模块有 8 个，即销售、市场、研发、生产和服务、客服、财务、人力资源和行政。企业常见部门职位分布如表 9-1 所示（表中职位从上而下级别逐渐降低）。

表 9-1 企业常见部门职位分布

财务部门		人力资源部门	研发部门	市场部门		销售部门	客服部门		产品部门	行政部门
财务总监		人力总监	研发总监	市场总监		销售总监	客服总监业务指导		总工程师	行政总监
										总经理助理
财务经理		人力资源部经理	研发经理	市场经理		大区经理	副客户总监	客户群总监	营运经理	行政主管
						地区销售经理			生产经理/车间主任	行政助理、行政秘书
						销售经理	客户经理			
往来账会计	总账会计	人力资源部总经理助理				销售主管				
成本会计、材料会计、税务会计	稽核审计	薪资福利经理、培训经理/主管	项目主管	市场专员	市场调研	高级销售代表			生产计划协调员	行政专员、资料管理员、计算机操作员/打字员、前台接待/总机/接线生/接线员、速记员
		绩效专员、招聘专员、培训专员、薪酬专员、劳动关系专员	研发专员	市场助理		销售代表	客户主管		生产主管/督导/领班	
							客户主任、客户服务人员		高级技术员	
出纳			研发助理						技术员	

了 解 组 织

1. 组织类型

企业，一般是指以营利为目的，运用各种生产要素（土地、劳动力、资本、技术和企业家才能等）向市场提供商品或服务，实行自主经营、自负盈亏、独立核算的具有法人资格的社会经济组织。

事业单位，是指以社会公益为目的，由国家机关举办或者其他组织利用国有资产举办的，从事教育、科技、文化、卫生等活动的社会服务组织。

社会团体，是指由我国公民自愿组成，为实现会员共同意愿，按照其章程开展活动的非营利性社会组织。国家机关以外的组织可以作为单位会员加入社会团体。成立社会团体，应当经其业务主管单位审查同意，并依照相关规定进行登记。社会团体应当具备法人条件。

政府单位，是指在我国境内通过政治程序建立的、在一特定区域内对其他机构单位拥有立法、司法和行政权的法律实体及其附属单位。政府单位主要职能是利用征税和其他方式获得的资金向社会和公众提供公共服务；通过转移支付，对社会收入和财产进行再分配。

2. 组织规模

组织规模即组织的大小，是指一个组织所拥有的人员数量以及这些人员之间相互作用的关系。人员数量在某种意义上对组织结构的影响是决定性的。规模大的组织是复杂的、标准化的，因而能够完成复杂的工作和生产复杂的产品。而且，规模大的组织对于参与全球竞争来说是必要的，因为全球竞争需要大量的资源和规模经济所带来的效益。但是，规模大的组织往往会带来"官僚制"，从而造成企业效率的下降。因此，尽管近年来由行业合并产生了不少超巨型的公司，但其平均规模正在缩小。规模小的组织具有较好的灵活性，能够迅速地对环境作出反应。但小公司的优势会产生这样一个悖论：小公司的优势使它在获得成功的同时又能成长壮大，而公司壮大后往往会失去小公司的优势。对于这个问题，有人提出了大公司与小公司混合的理论，即将大公司的资源与小公司的简单灵活性结合起来，方法是分权和减少层级制。

3. 组织结构

组织结构，是指为了实现组织的目标，在组织理论指导下，经过组织设计形成的组织内部各个部门、各个层次之间固定的排列方式，即组织内部的构成方式。广义的组织结构除了包含狭义的组织结构内容外，还包括组织之间的相互关系类型，如专业化协作、经济联合体、企业集团等。管理者在进行组织结构设计时，必须考虑六个关键因素：工作专门化、部门化、命令链、控制跨度、集权与分权及正规化。

常见的组织结构类型有如下几种。

一是直线制组织结构，即企业各级行政单位从上到下实行垂直领导。

二是职能制组织结构，即各级行政单位除主管负责人外，还相应地设立一些职能机构，下级行政负责人除了接受上级行政主管人指挥外，还必须接受上级各职能机构的领导。

三是事业部制组织结构，即一个公司按地区或按产品类别分成若干个事业部，从产品设计、原料采购、成本核算、产品制造到产品销售，均由事业部及其所属工厂负责，实行单独核算，独立经营，公司总部只保留人事决策、预算控制和监督大权，并通过利润等指标对事业部进行控制。

四是矩阵制组织结构，即在组织结构上，既有按职能划分的垂直领导系统，又有按产品（项目）划分的横向领导关系。

4. 组织文化

组织文化是指组织中各个部门，至少是高层管理者所共同拥有的企业价值观念和经营理念，以及相应的行为规范、传统习惯，还包括上述理念和行为的物化——工作环境。对企业来说，组织文化的主要意义在于价值观，价值观是企业成功的原动力，它远远高于企业的技术实力、组织结构等。企业正是依赖组织文化来整合内部的各种力量，将其统一于共同的指导思想和经济哲学之下。

松下幸之助在其所著《经营人生的智慧》一书中对企业文化有一番通俗的解释："到

一个企业，只要几秒钟的接触，就可以捕捉到一种精神、一种气氛、一种感染人心的力量，这就是企业文化。甚至不用看数字，也不用看图表，我们马上就能感觉到这些工作人员、工人是如何在劳动、工作的。因为'企业文化'体现在生产、经营、管理的全过程。"

组织文化的主要构成要素有组织领导和员工的价值观、英雄人物、组织凝聚力、规章制度、组织民主、工作导向、领导者作风、社会责任、组织学习、工作环境、视觉识别系统等。

价值观是指组织内部成员对某个事件或某种行为好与坏、善与恶、正确与错误、是否值得仿效的一致认识。价值观是组织文化的核心，统一的价值观使组织内部成员在判断自己行为时具有统一的标准，并以此来选择自己的行为。

英雄人物是指组织文化的核心人物或组织文化的人格化，其作用在于作为一种活的样板，为组织中其他员工提供可供效仿的榜样。英雄人物对组织文化的形成和强化起着极为重要的作用。

文化仪式是指组织内部的各种表彰、奖励活动、聚会以及各类文娱活动等，它可以通过把组织中发生的某些事情戏剧化和形象化，来生动地宣传和体现本组织的价值观，使人们通过这些生动活泼的活动来领会组织文化的内涵，使组织文化"寓教于乐"。

文化网络是指非正式的信息传递渠道，主要是传播文化信息。它是由某种非正式的组织和人群所组成的，它所传递出的信息往往能反映出员工的愿望和心态。

课后作业

职 位 评 估

请通过所学方法收集感兴趣的四个职位的相关信息，并从兴趣、能力和价值观的匹配程度和发展前景等方面进行初步评价。在课后，再尝试通过职业访谈进行深入了解并进行综合评价（表9-2）。

表9-2 职位评估表

职位	所属行业状况	工作内容职责	职场一日	胜任的要求及进入途径	职业发展、工资福利等职业回报	企业文化与价值	获得职位的可能性及所拥有的资源	职业访谈印象、他人建议等	评分

职 业 访 谈

通过对与感兴趣的职业相关的 2～3 名职场人士进行访谈，获取无法通过其他途径取得的关于行业、职业和组织的更多信息，特别是受访者对其工作态度、对职业发展前景的判断、职业的核心要求和进入途径等深入的、非结构化的、个性化的信息。

访谈要求：时间为 20～40 分钟，访谈对象为在相关职位工作 3 年以上的人士，访谈方式可以是面对面、视频通话或者电话访谈，最后形成访谈报告。访谈内容见表 9-3。

表 9-3　访谈内容

工作性质、任务或内容	
工作环境、就业地点	
所需教育、培训或经验	
所需的资质、技能和品质	
收入或薪资范围、福利	
工作时间和生活形态	
相关职业和就业机会	
组织文化和规范	
喜欢这个工作的哪些方面	
不喜欢这个工作的哪些方面	
未来展望	
对自己在该领域求职的建议	

学习自测

理解的知识点	
掌握的技能点	
感受与收获	
项目成效评分	0 分--10 分

第五讲

我的愿景与实现

教学目标

掌握职业定位的基本原则和方法，能够利用决策工具进行理性、科学的职业决策。掌握正确的目标设立方法，能够为自己的职业生涯发展设立长远目标和近期目标，制订相应的行动计划，并保证职业生涯规划的有效实施。能够制订职业生涯规划的评估方案，根据方案进行检查和评估，发现和识别问题，针对问题收集、分析和汇总相关信息，形成调整方案。

思政园地

以尊重学生人才培养规律为基础，结合不同高校、不同专业、不同职业发展等特点，统一性和差异性相结合，引导设立大学生的职业方向。

职业生涯规划是大学生人生观、价值观和世界观的体现。因此，为党育人、为国育才，需要充分发挥大学生的主体作用，切实帮助大学生了解国家政策和职业环境，作出有效评估，激发大学生积极、主动地为实现目标而付诸行动。

职业目标定位

本项目的预定目标：掌握职业定位的基本原则和方法，能够用决策工具进行理性、科学的职业决策。
我对自己将来发展的想法：
我对本项目目标的看法和期待：
我学习本项目的目标：

知识点

知识点

- ➤ 职业规划是一个动态过程，首先需要充分了解自己，客观认识自我。
  只有正确地认识自己，才能进行准确的职业定位。只有对自己的职业生涯发展目标作出正确选择，才能选定适合自己发展的职业生涯路线。
- ➤ 职业心理学家舒伯认为，人的职业发展过程是一个动力过程，人的职业决策能力与自我意识和自我认知发展相适应。
- ➤ 青年人在选择与自我吻合的职业过程中表现出四种模式：①稳定模式，小时候选择了什么职业，长大以后也一直坚持着；②习俗模式，大多数青年人属于这种模式，他们因为各种原因选择了几种职业，但是最后因为各种主观原因，特别是社会习俗的压力，只能选择其中的一种作为长久发展的职业；③不稳定模式，即青年人随主观环境变化和自身发展不断改变自己的职业，始终没有一个长期持久的职业；④多样化模式，青年人在相同的职业水平上变动，不拘于某个具体的选择，始终如一地努力，进入社会后真的从事了自己长期努力追求的职业领域。

➢ 生涯决策是指一个人在选择目标或职业时，会选择使用使其获得最高的报酬，并将损失减至最小的方法。或者说，生涯决策就是个人在多项选择之间权衡利弊，以达成最大价值的历程。职业决策行为是个人以有意识的态度、行为、思考来选择职业以符合社会期望的一种反映。

➢ 职业决策包括职业选择，以及对执行完成选择所需的行为作出承诺的过程，这是一个动态的决策过程。决策无处不在。

案例导入

小张的职业定位

小张是一名专科毕业生，2019 年毕业于某职业技术学院国际经济与贸易专业，现在某医药制造企业从事管理工作。

当年毕业找工作的时候，她除了进企业实习、积累工作经验和精心准备简历以及掌握一定的求职技巧之外，还根据学校就业指导老师的建议，有意识地做职业生涯规划，了解当时的就业形势和就业政策，根据社会需求，充分利用各项优惠政策，结合自身实际，找准求职方向，找到适合自己的岗位。

小张学的是国际经济与贸易专业，该专业比较热门，就业竞争也非常激烈。面对较为严峻的就业形势，小张及时调整就业方向，拟定职业目标。基于对就业形势与自身优势的分析，她选择了医药企业，从一线销售做起。2020 年初，因为疫情，医药行业不仅成了热门，还急需这方面的人才。小张结合自己的专业知识，并且发挥敢拼敢干的韧劲，很快就在新员工中脱颖而出。

小张认为，在求职过程中，知己知彼、明确目标非常重要，尤其是拟定职业目标和方向、详细了解就业形势和就业政策，直接关系到职业岗位选择，顺应时势才能获得更好的发展。

就业是一个复杂的系统工程，因此，大学毕业生在就业之前，要尽可能地提前定位，拟定方向；了解就业形势和有关的就业制度，以便摆正自己的位置，明确自己该做什么、怎么去做、什么时间去做，为自己规划有方向的人生。

活动与任务

阶段职业目标定位法

阶段职业目标定位如图 10-1 所示。

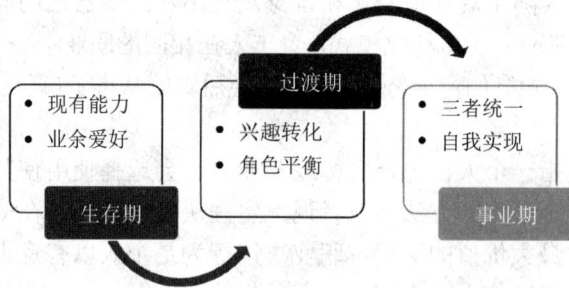

图 10-1 阶段职业目标定位

生存期：在这一阶段，为了获得生存，只能按照现有能力先找到工作，满足自己的基本需求，兴趣只能作为业余爱好来丰富自己的生活，缓解压力。

过渡期：在这一阶段，工作内容实现基本可控，有一些自由的时间和精力，因而有机会考虑自己的兴趣，通过学习、实践、积累，把自己的兴趣逐渐转化成未来的职业能力，寻找新的机会去尝试和验证。

事业期：在这一阶段，自我实现的标志是做自己喜欢的、擅长的、有价值的事情，勇于面对新的领域、新的挑战，保持前进的状态。

对照上面的三个阶段，结合自己的实际情况，看看到毕业时，你处于哪个阶段。可以参考相应的策略。

生 涯 决 策

1. 写出一件最近让你非常纠结、需要做决策的事情。

_____

_____

_____

2. 回答下列问题，以帮助你作出明智的选择。

（1）这个决策困扰你多久了？（了解你属于哪种决策风格类型，是情绪型还是现实型。）

_____

_____

（2）以前都做过哪些努力和尝试？（了解你是因为信息不足、方法不够，还是因为存在不合理信念而难以抉择。）

_____

_____

（3）最晚到什么时候，你必须作出选择？（了解你在此决策事件中是否有时间限制，如果离最后作出决策的时间还早，则可以暂时放下此事，以后再议。）

_____

（4）对于这个选择，你完全自主选择的权限有多大？（决策权超过 60%，属于一级决策，可以选择选项；决策权低于 60%，属于二级决策，不是决策事件，只能选择应对方法，或者去争取决策权。）

_____

_____

（5）假如就这个问题去问你的家人、朋友、你崇拜的人等，他们会给出什么样的建议？他们为什么会有这样的建议？对此你怎么看？

_____

_____

（6）通过对他们的观点分析，你能得出什么观点？

_____

_____

（7）无论你选择什么，最终你要的是什么？（如果你不知道要去哪里，对路径的比较是没有意义的，只有跳出选项看目标才能更好地作出选择。）

_____

_____

（8）在这个决策过程中你有什么体会和发现？和你平时做决策时有什么不同？你能从中总结出什么？

_____

_____

_____

职业目标确定与选择

第一步，唤醒（awaken）：对你的优势进行包装、归纳、提升，形成特色，明确自我定位。

（1）用一张白纸写下你的优势、特色、强项。

（2）请熟悉的同学写下你的优势、特色、强项。

第二步，目标（target）：什么职业和工作是你目前最想做的？你非常愿意也很想去做的是什么？你最擅长的是什么？

（1）一分钟明确地写下你的职业目标。

（2）对于这些职业目标，你面临的干扰、障碍和诱惑有哪些？

第三步，选择（choice）：把所有想实现的目标尽量清晰地罗列出来，并集中力量向第一目标迈进。

（1）罗列所有目标（目标不是愿望，不是高不可攀，也不是一蹴而就）。

（2）确定首要目标（抓住重点，定时限）。

（3）制定执行清单（为了实现目标可以做的准备）。

（4）确定执行计划（将目标进行拆分，制定成小步骤和计划）。

拓展阅读

职业定位法

你对于理想工作的定义是什么？如果一项工作既是你的兴趣爱好，又是你所擅长的，同时是社会大众需要的，这样的工作就是理想中的工作。可有时事与愿违，但即使是这样，我们也可通过很多职业定位方法让自己适得其所。下面这个简单易行的职业定位方法（图10-2）能够让你在众多的职业选择中投其所好、择己所长、择世所需、适得其所。

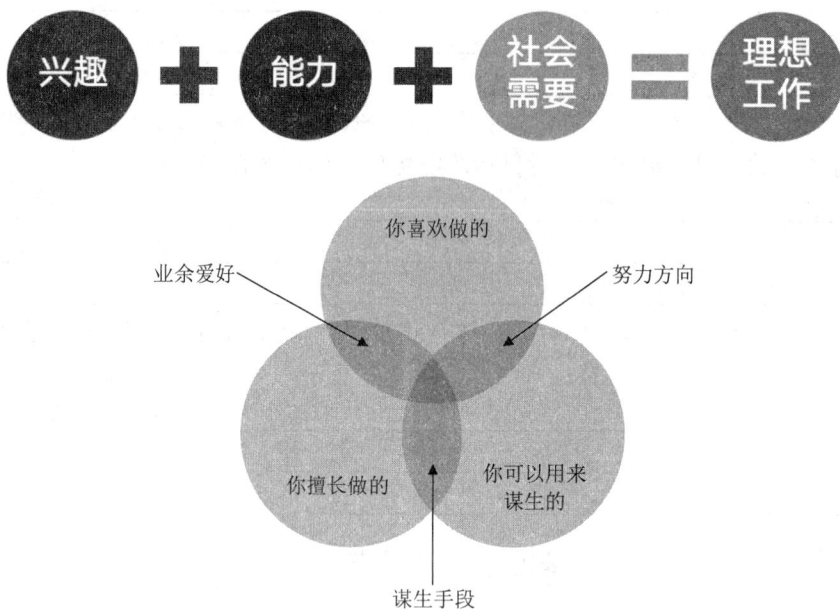

图 10-2　职业定位方法

对应图10-2中的三个圆圈，回答下面相应的问题。

1. 你喜欢做的

（1）无论你做得怎样，也无论别人如何评价，你都乐此不疲的事情有哪些？

（2）常常让你感到快乐和愉悦的事情有哪些？

（3）你在做哪些事情时最容易达到忘我的状态？

2. 你擅长做的

（1）你擅长的事情有哪些？

（2）常常让你有成就感的事情有哪些？

（3）和你周围的人相比，哪些方面的事情你最能够胜任？

3. 你可以用来谋生的

（1）哪些事情可以让你以此谋生？

（2）哪些事情有着很好的社会需求？

（3）你觉得做哪些事情是值得的？

图 10-2 中三个圆圈相交的中心就是理想工作的领域，如果能从事这样的工作，可以说此生无憾了，此乃人生之大幸。如果所从事的工作正好处于圆圈两两相交的区域，也有相应的策略。例如，如果所从事的工作处于喜欢做的和擅长做的事情的交集，最好是将其作为兴趣爱好，它们可以排解压力、苦闷，陶冶情操；如果所从事的工作处于喜欢做的和可以用来谋生的事情的交集，则需要努力将感官兴趣培养成自觉兴趣再到志趣，以此发展出技能用于谋生；如果所从事的工作处于擅长做的和可以用来谋生的事情的交集，则可以将其作为谋生的手段，或许你可以在其中找到兴趣点，让工作变得有趣一些，否则就不要对此有更多期望和要求，以免徒增烦恼。

职业生涯决策的方法

1. PIC 职业决策模型

下面介绍以色列职业心理学家盖蒂提出的一种系统的职业决策方法——PIC 模型，其理论基础是排除理论，是一种在决策方案之间作出选择的方法。

PIC 模型根据不同的目的、过程和结果将职业决策过程分解成三个主要的阶段。

（1）排除阶段（prescreening）。根据个人偏好，排除与自身偏好不兼容的职业，得到少量、可操作的可能方案。目的是将可能的方案数量减少到决策者能为每个方案收集相应的信息，且能有效地加工信息。

排除阶段可以通过以下五个步骤来实施。

第一步，搜索可能的职业。从自身的职业兴趣、性格、能力、价值观、工作环境、工作时间、培训、人际关系等方面考虑有可能适合自己的职业。

第二步，选择关注的核心目标。按照自身关注的重视程度给这些可能的职业排序，如果认为对自身最重要的是价值观，其次是职业兴趣，则将价值观对应的方案排在第一，将职业兴趣对应的方案排在第二。

第三步，确定个体在最重要方面可接受水平的范围。首先选择被认为是最佳的水平（也就是个体在该方面最渴望的变量或水平），其次选择额外的、次级渴望但仍可接受的水平。例如：对于工作时间，是只能接受正常的每周 40 小时上班，还是可以接受加班；对于工作地点，是只能接受每天都在室内工作，还是可以接受部分工作时间在室外；等等。

第四步，将第二步确定的职业与第三步个体可接受水平的范围进行对比。先排除与个体在最重要方面可接受水平的范围不符的职业。在其他方面上，反复进行这个排除的过程，直到剩余的可能职业数目在可操作的范围内（如3～7个）。

第五步，敏感性分析。对最重要的特性（方面）匹配的接受程度进行调整，或对特性的重要性排序进行可能的调整后，重复进行第一步至第四步的操作，看看结果有什么变化。找出那些仅因为某一个方面上的不符而被剔除的职业，考虑能否在这个方面上折中一下。

（2）深度探索阶段（in-depth exploration）。通过对可能职业的深度探索，确定既有希望又适合个体的职业。目的是找到一些不仅是有可能的，而且是合适的职业（不超过3个）。

在本阶段，随着更多的、更具体的信息被得到，可以整合相关信息，同时主要考虑以下两点：首先，该职业是否真正适合个人，即该职业与个人偏好的符合程度；其次，个人是否满足该职业要求的程度，即个人是否能真正达到该职业核心方面的要求以及实现该职业的可能性。

（3）选择阶段（choice of the most suitable alternative）。对所有合适的方案进行比较，挑出最适合个人的职业。目的主要是考虑个人的偏好及能力，从而挑选最适合个人的职业。

许多人在第二阶段结束时就会得到一个较合适的职业，并根据此职业收集相应的信息，在这种情况下，就没有必要再比较职业；但如果在第二阶段结束时得到的是两个或两个以上的合适职业，为了挑选最适合个人的职业，应考虑各职业的优缺点，并进行平衡，从中挑选其一。

在进行选择时，人们经常使用的是生涯决策平衡单分析法。生涯决策平衡单常被应用于问题解决模式及职业咨询中，用以协助判断每个职业中各选项的利弊得失，依据各职业在各选项利弊得失上的加权计分排定各个方案的优先顺序，以选择最优先或偏好的职业。生涯决策平衡单的使用主要有下列步骤。

步骤一，列出2～3个需要进一步评估的职业选项。

步骤二，列出各项评估的因素，并根据该方案对自身而言的重要性和迫切性，对每个考虑因素按自身的情况设置权重，加权范围为1～5，1表示不看重，5表示最看重。

步骤三，判断各个职业选项的利弊得失，并根据得失程度从-5至5给分。

步骤四，把各因素的权重和利弊得失分数相乘，计算出各个职业选项的加权得分和总分。

步骤五，根据职业选项的得分和自己心目中的预测以及自己对评估结果的感受和态度进行反思，根据上述分析综合得出首选方案和备选方案。

2. "5W" 法

"5W"法是职业决策中最简单易行的方法，又叫"WHAT"归纳法。有很多职业生涯规划咨询采用问句的方式，以协助个人逐次进行筛选。在实际运用中，通过依次回答下列5个问题，并找到它们的交集，就可以确定职业生涯规划的大体方向。

（1）Who am I?　　　　　　　　　　　我是谁？

（2）What do I want to do?　　　　　　　我想干什么？

（3）What can I do?　　　　　　　　　　我能够做什么？

（4）What can support me?　　　　　　　环境支持或允许我做什么？

（5）What can I be in the end?　　　　　我最终的职业目标是什么？

在不同的情况或个体间，具体的提问内容可能有所差异，但大体的方向和原则是一致的，在此处可以将这些问题分解成以下内容。

- 个人特征：根据自身状况进行感知。这需要大学生对自己有一个清晰而深刻的认识，把个人的性格特征、特长、能力等方面的优势挖掘出来，以便更加清晰地明确目标的范围。
- 个人喜好：大学生应对自己的兴趣和爱好进行考察。虽然随着年龄和经历的增长，每个人在不同阶段的兴趣发展不完全相同，但兴趣对职业的发展有导向作用是毋庸置疑的，因而可据此来锁定一个人的职业发展方向。
- 个人潜能：除了要考虑个人的性格和特长等因素，对自身潜在能力的分析和预测也十分重要。职业的成功依赖于个人的能力，但职业发展的空间往往受个人潜力的限制。通过对潜能的探究，可以进一步缩小职业决策的目标范围。
- 环境许可：职业的发展与环境相适宜是十分必要的，这要求大学生在做决策时，需要考虑影响职业环境的各种因素，从政治环境、经济环境、法治环境、科技环境和文化环境等方面进行综合考量。
- 职业目标：对前四个问题进行筛选后，已经将可能的职业范围进一步缩小，这时候需要有一个明确的目标来引导职业生涯规划的实施，从而确立个人职业生涯发展的最佳方向。

通过上述分析，可以逐渐缩小目标的范围，结合实际过程中的各种条件，就可以找到适合自己的最佳职业目标，这就是职业决策过程中最简单且有效的方法，在实际运用过程中可以通过栏目展现的形式（表 10-1）回答每个问题，以便找到它们之间的交集。

表 10-1　"5W" 法职业项目表

项目	个人特征	个人喜好	个人潜能	环境许可	职业目标
符合条件的职业项目					
职业项目的交集					

3. SWOT 分析法

SWOT 分析法（表 10-2）是市场管理和营销中常用的决策方法，即对自身的优势（strength，S）、劣势（weakness，W）、机会（opportunity，O）和威胁（threat，T）进行分析判断，因其兼顾内部及外部因素，所以能够很好地将个人目标与个人条件或外部环境有机地结合起来。利用这种分析方法，可以从内部和外部因素中直观地找出对个人有利的、值得发扬的优势和机会以及对自己不利的、要避免的劣势和威胁，这样可以快速地发现机会与优势的契合点。对契合点进行相应的分析，就可以明确以后的发展方向并将分析结果作为职业决策的主要依据。

表 10-2　SWOT 矩阵分析表

外部因素	内部因素	
	优势（S）	劣势（W）
机会（O）	SO 对策	SW 对策
威胁（T）	ST 对策	WT 对策

大学生在职业生涯规划决策中，应该对自身进行细致的 SWOT 决策分析，清楚自己的优势和劣势，并分析和评估职业生涯后续会面临的机会和威胁。在实际操作过程中，可参照以下四个步骤。

（1）评估自己的优势和劣势，发现劣势和发现优势同等重要，所以要根据个人的价值观、兴趣、性格和能力，在找出自身优势的同时，认识自己的劣势，其作用和意义有两点：一是放弃那些不擅长的、技能要求不易达到的职业；二是规避自身的劣势，在完善自我的过程中提升自身素质。

（2）通过对个人所处的环境和情况进行全面、系统、准确的研究，分析自己可能会面临的职业机会和威胁。任何行业在发展过程中的机会和威胁都是并存的，这些机会和威胁在很大程度上制约着个体职业生涯的发展。例如，某一个行业由于污染严重，必然会在发展过程中受到相关因素的限制，这一行业的发展空间和机会将会越来越小。因此，对外部因素的分析和认识是判断机会和威胁必要的条件和途径。

（3）确立自己的中长期职业目标，从而根据目标制定相应的发展战略、计划以及对策等。职业目标是人们竭尽所能想要达到的理想位置，这就需要充分考虑外界环境为自己提供的优势，把自己的职业目标具体化。例如，把职位的大小、薪资的高低或具体创造的社会价值和财富量化，以进一步调和个人与外界环境之间的矛盾，从而找到最优的发展路径。

（4）对职业目标的可能性和可行性作系统论证，这时需要为第三步中所列出的职业目标拟订一份具体的行动计划，并结合 SWOT 矩阵中内部因素的优势和劣势，详细地论证达成这些目标的可能性。例如，分析管理职位需要具备的领导能力和管理能力，以及要想获得预期的报酬需要具备的相关业务能力和专业技能等，这需要大学生结合自身情况进行探讨，并对职业计划和行动进行理性的分析。了解实现该职业目标需要的能力后，便可从实际出发，以此来判断满足和达到这些条件的可能性。

SWOT 分析法运用起来简单直观，它既是寻找目标方案的有效手段，也是验证方案可行性的极佳办法。将 SWOT 分析法应用于解决职业决策过程中时，应从拟定职业目标的过程和结果入手，对大学生可能实现的事进行透彻的分析，这是职业决策过程中最直接有效的途径。另外，这种把个人能力和环境因素同等看待的分析方式，非常有利于个人与环境的平衡与优化，既增强了职业生涯的可持续性发展，也为大学生职业决策的研究指明了方向。

4. CASVE 决策法

1991 年，盖瑞·彼得森（Gary Peterson）、詹姆斯·桑普森（James Sampson）、罗伯特·里尔登（Robert Reardon）合著了《生涯发展和服务：一种认知的方法》（*Career Development and Services: A Cognitive Approach*）一书，提出认知信息加工（cognitive information processing，CIP）理论。该理论把生涯发展与咨询的过程视为学习信息加工能力的过程，并按照信息加工的特性构建了一个信息加工金字塔。位于塔底的领域是知识的领域，包括自我知识和职业知识。中间领域是决策领域，包括沟通（communication）、分析（analysis）、综合（synthesis）、评估（evaluation）、执行（execution）五个阶段。最上层的领域是执行领域，也称为元认知。元认知是一个人所具有的关于自己思维活动和学习活动的知识及其实施的控制，是任何调节认知过程的认知活动，即任何以认知过程与结果为对象的知识，包括自我言语、自我觉察、控制与监督。该理论认为，知识领域相当于计算机的数据文件，需要我们对其进行存储；决策领域相当于计算机的程序软件，让我们对所存储的信息进行加工处理；执行领域相当于计算机的工作控制功能，操纵计算机按指令执行程序。决策技能可以通过学习五阶段循环模型获得（图 10-3）。这五个阶段如下。

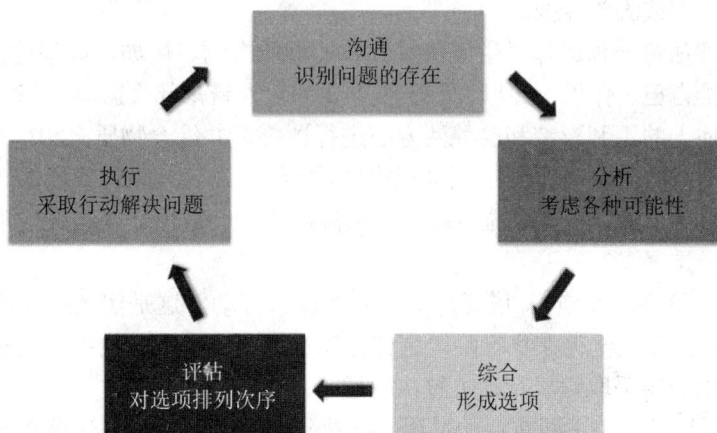

图 10-3　CASVE 循环模型

（1）沟通（确认需求）：个人开始意识到问题的存在。在这个阶段，我们收到了关于职业理想与现实之间存在差距的信息。这些信息可能通过内部或外部交流途径传达给我们。内容沟通包括情绪信号，如不满、厌烦、焦虑和失望，还包括身体信号，如昏昏欲睡、头痛、胃部疾病等。外部沟通包括父母对自己的职业规划的询问，同事、朋友对自己的职业评价，或者杂志上关于自己的专业正在逐渐过时的文章。

这是意识到自己需要作出选择的阶段。在这个阶段，我们通过各种感官和思考充分接触问题，发觉存在的差距已不容忽视。

（2）分析（将问题的各组成部分相互联系起来）：对所有的信息进行分析。在这个阶段，生涯决策者需要花时间去思考、观察、研究，从而更充分地了解差距，了解自己有效地作出反应的能力。好的生涯决策者阻止用冲动行事来减小在沟通阶段所体验的压力或痛苦，因为他们知道这是无效的，甚至可能令问题恶化。他们清楚，要解决这个问题需要了解自己的哪些方面，了解环境的哪些方面，需要做些什么才能解决问题，为什么自己有这样的感受，家庭会怎样看待自己的选择等问题。

这是了解自己及自己各种选择的阶段。在这个阶段，生涯决策者通常会改善自我知识，不断了解职业世界和家庭需要。简单地说，在分析阶段，生涯决策者应尽可能了解造成在第一阶段发现的差距的原因。

分析阶段还需要把各种因素和相关知识联系起来。例如，把自我知识和职业选择联系起来，把家庭和个人生活的需要融入职业选择中。

（3）综合（形成选项）：个人形成可能的解决方法并寻求实际的解决方法。在这个阶段，主要是综合和加工上一阶段提供的信息，从而制订消除差距的行动方案。核心任务是确定自己可以做什么来解决问题。

这是一个先扩大后缩小选择清单的过程。首先，尽可能多地找到消除差距的方法，并发散地思考每一种方法，甚至采用头脑风暴进行创造性思维。其次，缩小有效方法的数量，通常缩减到3～5个选项，因为这是我们头脑中最有效的记忆和工作容量。

（4）评估（评估选项）：评估每种选项的优劣，评出先后顺序。评估阶段将选择一个职业、一项工作或大学专业。

第一步是评估每一种选择对生涯决策者和他人的影响。例如，如果选择了服兵役，这一选择将会给自己、伴侣、父母、孩子等重要的他人带来什么影响？每一种选择都要从对自己和对他人的不利影响和益处两方面进行评价，并综合物质上和精神上的因素。

第二步是对综合阶段得出的选项进行排序。将能够消除差距的最好的选项排在第一位，次好的排在第二位，以此类推。此时，生涯决策者会选出一个最佳选项，并且作出承诺去实施这一选择。

（5）执行（策略的实施）：依照选择的方案作出行动。这是实施选择的阶段，把思考转换为行动。很多人觉得在执行阶段制订行动计划是令人兴奋的并且是有价值的，因为他们终于可以开始采取积极行动去解决问题了。

CASVE 循环是一个不断重复的过程。在执行阶段之后，生涯决策者又回到沟通阶段，以确定选择是不是最好的，是否能有效地消除理想与现实间的差距。

CASVE 决策技术无论是对解决个人职业规划问题还是解决团体问题都非常有用。大学生用系统的方法思考上述五个步骤，可以使自己成为一个更有效率的人。

故事与分享

梦想的力量

刘大铭，青年作家，创业者，全国自强模范，宁夏理工学院终身教授。刘大铭从小罹患疾病，18 岁前经历过 9 次骨折、11 次手术。对于普通人来说，在这样艰难的条件下，能生存已经很不容易，他却在病痛中创造出了很多健康人都不能实现的价值。他不甘于向命运屈服，以坚强的意志面对身体的不适，活过了被医生定性的 12 岁。他不甘于向权威低头，在脊柱扭曲被告知无法医治的情况下，他整理病例，向国外求助，最终在意大利得到成功治疗，重获新生。

刘大铭一直坚持上学，成绩优异。虽然因为手术耽误了很多功课，但是他没有选择留级，坚持完成中考、高考。他考上了省内重点高中和世界排名前 50 的曼彻斯特大学，这是很多健康人努力拼搏、熬过无数日夜才能取得的成绩。在他申请国外大学时，因为没有先例，陪读人的签证被拒绝 4 次，他用 8 个月时间准备资料，最终获得了准签机会，也为以后相同情况的人申请国外大学提供了参照和便利。

刘大铭在紧张的高考备战之余，写成了 17.5 万字的长篇个人自传《命运之上》，成为人民出版社的签约作者。他大学毕业后在北京创业，同时也成为中关村首位坐在轮椅上的留学生创业者。2021 年 4 月，他被聘为宁夏理工学院终身教授。

什么成就了刘大铭如此成功的人生？在他的自传里就能找到答案。其一，树立梦想，有梦想才有奋斗的力量。他在书中说：用一项技能、一种态度与一个梦想让这无病呻吟的世界闭嘴。为了实现目标，他一直在努力，一直在创造奇迹。其二，有信念。他一直努力学习，和同龄人同台竞技，即使希望很渺茫，也努力寻找更好的生存机会。他喜欢写作，因此从未放弃，坚持写日记和阅读，为了梦想作出超出常人的努力……

（资料来源：根据网络资料整理。）

学习自测

理解的知识点	
掌握的技能点	
感受与收获	
项目成效评分	0 分--10 分

从愿景到行动计划

📖 项目目标制定

本项目的预定目标：掌握如何从愿景到目标再到行动的过程和方法；掌握正确的目标设立的方法；能够为自己的职业生涯发展设立长远目标和近期目标，作出相应的行动计划，并保证职业生涯规划的有效实施。

我在过去的经历中对目标的理解和相关经验：

我对本项目目标的看法和期待：

我学习本项目的目标：

📚 知识点

知识点

➤ 愿景是指希望看到的情景。愿景是一种由组织领导者与组织成员
共同形成，具有引导与激励组织成员的未来情景的意象描绘，在不确定和不稳定的环境中，提出方向性的过程导向，把组织活动聚焦在一个核心焦点的目标状态上，使组织及其成员在面对混沌状态或结构惯性抗力过程中能有所坚持，持续依循明确的方向、步骤与路径前进，并且借由愿景，有效培育与鼓舞组织

内部所有成员提升职能，激发个人潜能，促使成员竭尽全力，增加组织生产力，达到顾客满意的组织目标。

➤ 目标是个人、部门或组织所期望的成功，并指向未来。由于目标具有一定的行为导向功能，因此对要完成职业生涯规划的大学生来说，确定目标非常重要。

➤ 职业目标有以下分类。①按目标实现的时间长短来分，可以分为长期目标、中期目标以及短期目标。长期目标通常为5～10年的目标，中期目标为3～5年的目标，短期目标则是1～2年的目标。②按目标的性质来分，可以分为外职业目标和内职业目标。外职业目标侧重职业过程的外在标记，如确定工作内容、工作环境、经济收入、职务路径等；而内职业目标侧重职业生涯中个人的内心感受及收获，如确定工作能力目标、心理素质目标、观念目标、工作成果目标等。

➤ 设定职业生涯目标时应注意：①认清自己，剖析自我；②目标设定合情合理，符合实际；③结合社会需求及所学专业；④职业生涯目标要及时修正。

➤ 制定的目标不在于大小，而在于明确与否。具体原则如下：①具体的，要用具体的语言清楚地说明需要达成的标准；②可衡量的，目标是可以用标准准确衡量、量化的，是能够明确评估的；③可达到的，目标具有可实现性，同时又具有一定的挑战性；④相关的，目标是有意义、有价值的，应积极地服务于某个大目标；⑤基于时间的，目标应有明确的时间限制。

案例导入

目标的重要性

曾有人做过一个实验：组织三组人，让他们分别沿着十公里以外的三个村子步行。

第一组人不知道村子的名字，也不知道路程有多远，只是被告知跟着向导走。刚走了三公里就有人叫苦，走了一半时有人几乎愤怒了，他们抱怨为什么要走这么远、何时才能走到，有人甚至坐在路边不愿走了。越往后走他们的情绪就越低落。

第二组人知道村子的名字和路段，但路边没有里程碑，他们只能凭经验估计行程时间和距离。走到一半时大多数人想知道他们走了多远，比较有经验的人说："大概走了一半的路程。"于是他们又簇拥着向前走。当走到全程四分之三的时候，他们情绪低落，觉得疲惫不堪，而路程似乎还很长，当有人说"快到了"，他们又振作起来加快步伐。

第三组人不仅知道村子的名字、路程，而且路上每一公里就有一块里程碑。他们边走边看里程碑，每缩短一公里便有一阵的快乐。行程中他们用歌声和笑声来消除疲劳，他们的情绪一直很高涨，所以很快就到达了目的地。

这个故事给人们三点启发：第一，放弃很简单，有目标才有坚持的动力；第二，目标明确，坚定方向走下去才能到达目的地；第三，将目标拆分为一个个小目标更容易坚持到底，抵达终点，实现愿望。

活动与任务

生 涯 幻 游

生涯幻游导语

【生涯幻游导语】

让我们一起坐在时光隧道机上，来到××年后的世界，也就是××××年时的世界。请算一算，此时你多少岁？容貌有变化吗？请你尽量想象××年后的情形，越仔细越好。

好，现在你正躺在家里卧室的床铺上。这时候是清晨，和往常一样，你从睡梦中醒来，先看到的是卧室里的天花板。看到了吗？它是什么颜色？

接着，你准备下床。尝试去感觉脚趾头接触地面那一刹那的温度，是凉凉的，还是暖暖的？经过一番梳洗之后，你来到衣柜前，准备换衣服上班。今天你要穿什么样的衣服上班？穿好衣服，你看了看镜子，然后来到了餐厅。早餐吃的是什么？一起用餐的还有谁？你跟他们说了什么？

接下来，你关上家里的大门，准备前往工作的地方。你回头看一下你家，它是一栋什么样的房子？然后，你将搭乘什么样的交通工具上班？

你快到达工作的地方，首先注意一下，这个地方看起来如何？好，你进入工作的地方，你跟同事打了招呼，他们怎么称呼你？你还注意到哪些人出现在这里？他们正在做什么？

你在你的办公桌前坐下，打开计算机，计算机里弹出一则关于采访你的新闻报道，或者你随手拿起一张刚从楼下带上来的报纸，在报纸的头版头条里有一篇占据半页报纸的人物专访的文章，上面有一张你的照片。这张照片是怎样的？上面写着什么？文章中还专门引用了一句你曾说过的话，是一句什么样的话？文章结尾总结说你是一个什么样的人？

看完网站的新闻或报纸专访，你开始安排今天的行程，然后开始上午的工作。上午的工作内容是什么？跟哪些人一起工作？工作时用到哪些东西？

很快地，上午的工作结束了。午餐如何解决？吃的是什么？跟谁一起吃？午餐还愉快吗？

接下来是下午的工作，跟上午的工作内容有什么不同吗？你在忙些什么？

快到下班的时间了，或者你没有固定的下班时间，但你即将结束一天的工作。下班后你直接回家吗？或者要先办点什么样的事？或者有一些什么其他的活动？

到家了。家里有哪些人呢？回家后你都做些什么？晚餐时间到了，你会在哪里用餐？跟谁一起用餐？吃的是什么？

睡觉前，你正在计划明天参加典礼的事。那是一个颁奖典礼，你将接受一个奖项。想想看，那会是一个怎样的奖项？颁奖给你的是谁？如果你将发表获奖感言，你打算讲什么？

该是上床睡觉的时候了，你躺在早上起床的那张床铺上。你回忆一下今天的工作与生活，今天过得愉快吗？是不是要许个愿？许什么样的愿？

渐渐地，你很满足地进入梦乡。睡吧！一分钟后，我会叫醒你……（一分钟后）

我们渐渐地回到这里，还记得吗？你现在的位置不是在床上，而是在这里。然后，你慢慢地醒过来，静静地坐着。

1. 想象自己穿越时空，到了 10 年之后的未来。你看到的自己是什么样子？想象一下 10 年后的今天，看到 10 年之后的自己，你会有怎样的心情和感受？

2. 根据想象中的场景填写表 11-1 中的内容，并进行分享。

表 11-1 生涯幻游表

项目	愿景	对我有多重要
你生活在什么地方？		
那个地方是什么样的？（听到、闻到、感受到什么？）		
你的周围都有一些什么样的人？		
他们都在做什么？		
你是什么样的人，在做什么？		
当时的心情是什么样的？		
当地的一份报纸或者网站报道了你，是怎样报道的？		
这个报道中引用了一句你说的话，那句话是什么？		
这一天你还有什么其他的事情要做？		
你还看到了什么其他的画面？对未来还有什么憧憬？		

"我喜欢的生活方式"问卷

本活动的目的是帮助你了解自己喜欢的生活方式。请想象你在 10 年后期盼能够达成的生活状态，仔细考虑表 11-2 中所列的各项目，并依照它们对你的重要程度进行评分，满分 10 分。

表 11-2 问卷表

项目	得分	项目	得分
居住在繁华的都市		能够自由支配自己的时间	
居住在宁静的乡村		每天按时上下班	
居住在文化水平较高的社区		有充裕的时间做自己感兴趣的事情	
居住在小孩上学方便的地方		坚持运动、强身健体	
定居在某个地方		工作之余参加社会活动	
担任管理职务		参与和宗教有关的活动	
吸收新知识，充实自己		每天有固定的时间和家人相处	
贡献自己所能，服务社会		和家人共度假期	
生活富有挑战性、创造性		积极参与社区活动	
有较高的社会声望		经常旅行，拓宽视野	
拥有广阔、舒适的生活空间		和父母生活在一起，承欢膝下	
工作稳定，有保障		和妻子（丈夫）、孩子生活在一起	
拥有较高的经济收入		有时间辅导孩子的作业	
有高效率的工作伙伴		有密切交往的好朋友	
能自由支配金钱		每个月有固定的存款	

1. 从高分项中选出三项你认为必不可少的：

_____

_____

_____

2. 根据你的选择，请思考以下问题：

（1）你喜欢的生活方式是什么？

（2）你为什么喜欢这样的生活方式？

（3）你喜欢的生活方式和你的价值观是否吻合？

（4）根据你喜欢的生活方式和你的职业价值观，试想想什么样的工作容易实现这样的生活方式？

（5）你要如何实现你所觉得重要的生活方式？

大学生涯平衡轮

　　不管是自我探索、职业世界探索、选择和执行还是对环境和资源的评估，没有一个是能够在课堂上仅凭思考完成的。希望一切都确定好才行动的人会陷入"没确定—不行动—更加无法确定—继续不行动"的死循环。如何过好大学生活有四步：了解和适应大学生活、思考和描绘愿景、把愿景变成目标、行动再行动。你是否也曾经对你的大学生活充满期待？你是否曾想过如何规划你的大学生活？图 11-1 列出了最适合大学阶段规划的九个方面。

专业学习（　）分	职业发展（　）分	人际交往（　）分
专业知识的课程科目有哪些？除专业课程外，你还学习了哪些其他专业知识？你是否计划在大学阅读其他领域的书籍？你的学习能力和学习习惯怎么样？	你对理想的职业有哪些要求？基于你未来的职业目标，你都做了哪些准备？你现在做得怎么样？	你觉得难以应对或让你不舒服的人有哪些？哪些场合让你感觉不自在？为了将来更好地适应社会，你希望和什么样的人交往？打算从接触哪些人开始？
个人情感（　）分	身心健康（　）分	休闲娱乐（　）分
你怎么看待大学生恋爱这件事？你觉得自己建立、维系亲密关系的能力如何？你的家庭关系对你的情感、恋爱有哪些影响？	你有坚持运动的习惯吗？适合你的运动方式有哪些？你如何处理焦虑、压力、沮丧等不良情绪？你是否觉得提高情商是大学必修功课之一？你通过哪些方式和渠道提升自己的情商？	你有哪些兴趣爱好？你业余时间会做哪些事情让自己感受那种创造性和成就感？你有哪些有益身心健康的娱乐项目推荐给同学？
理财管理（　）分	社团活动（　）分	服务社会（　）分
你如何管理每个月的生活费？你是否了解过一些关于理财的知识？你是否尝试过为自己增加一些收入？财富在你未来的职业生涯发展中所占比重如何？	你是否觉得大学生要多参加社团活动？大学期间你都参加过哪些社团？你愿意把在社团的经历和收获同师弟师妹们分享吗？你是否想过在大学创办一个社团？如果想，你想创办一个什么样的社团？	你是否参加过一些志愿服务？你怎样看待社会公益组织？你怎样理解大学生的社会责任感？你是否有过创业的想法？你觉得创业需要思考哪些问题？

图 11-1　职业生涯规划九宫格

1. 请根据你的实际情况，回答九宫格中的问题，看看自己在这些方面完成的情况，并对每个格子中的现状进行打分，最满意为 100 分，基本满意为 60 分。

2. 从九宫格中选出你认为大学阶段最重要的 8 个方面填写在现实圆中（图 11-2），并列出刚才打的分数；换一种颜色的笔，用阴影标示出每个方面的不同分数，扇面中两个阴影之间的差距就是大学期间你在这个方面需要努力的部分。

3. 看着现实圆中的 8 个想要提升的方面，你想先从哪个方面开始去做？你做一些什么改变，这个方面的分数就可以从现有分数提高到多少分？你打算从什么时候开始做？

4. 接下来你想提升哪个方面？重复上面的问题，以此类推完成 8 个方面的问答。

5. 把得到的新的 8 个方面填写到理想圆中（图 11-3），并讨论在这个过程中你有什么发现和启发，可以和大家分享。

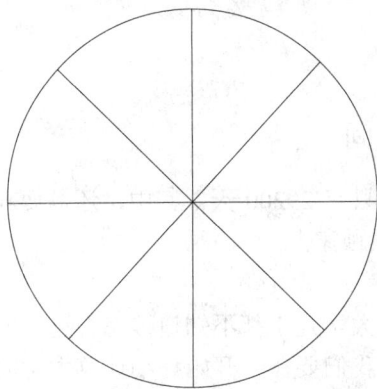

图 11-2　现实圆　　　　　　　　图 11-3　理想圆

课堂练习

愿 景 清 单

1. 在表 11-3 左侧的愿景清单中写下当你看到问题时，任何脑子里面浮现的想法，并且尽可能清晰地描绘它们。可以增加任何你想填写的清单内容。

2. 全部完成后，在右边给这些愿景按照"心动程度"和"信心程度"打分，分值为 0～5 分，5 分为最高分。

3. 挑出心动程度和信心程度都相对高的，优先行动。

表 11-3　愿景清单

愿景清单	心动程度	信心程度
我成了一个_____样的人（填入三个形容词）		
在学业方面，我会……		
在社团方面，我会……		
我交到了……样的朋友		
我去过了……地方		
我获得了一份……样的工作		

续表

愿景清单	心动程度	信心程度
我开始了一段……的恋爱		
父母会以……的眼光看待我		
我学会了……拥有了……的技能/才干/性格		
我培养出了……的习惯		
我对……有了全新的思考和认识		
我成为……高手		
……		

拓展阅读

梦想与现实之间

如果每一个人都可以活到 80 岁，换算成日子只有 29200 天。其中，还需要花三分之一的时间睡觉，三分之一的时间休息、吃饭、照顾家人。

你打算怎样度过大学生涯的这 1000 多天呢？

也许你会说："我正年轻，好日子还多着呢。大学几年都不知道该怎么过，明早起来都不知道要去干什么，以后再说吧。"这也正是我们要在一开始仔细计算大学时光的原因。有些大学生一方面觉得这段时间很美好、很重要，所以一定要有很好的结果；另一方面却很少意识到真正的时间其实很短，所以，往往大学生活已经过半了，必须做的事情却还有很多，没有时间去做当下想做的事，更不要说做未来的事了。

面对这种窘境，一部分人选择了降低要求，不断说服自己"这样就可以了"；另一部分人则彻底放弃梦想，随波逐流。

1. 自我实现的张力

彼得·圣吉在其《第五项修炼——学习型组织的艺术与实践》中提到了著名的"橡皮筋效应"，生动地描述了愿景（梦想）和现实之间的关系。

愿景和现实同时在脑海里并存的时候，心中便会产生一种创造性张力（creative tension），一种想要把两者合而为一的力量。要减少张力，只有两种方式：让现实向愿景靠近，成为自己期待的人；或者让愿景向现实靠近，逐渐接受自己的现状和现实。简单来说，这就是自我实现的过程。

这种张力带给人们前进的动力，当你越清晰地知道未来的愿景和目标，越能清晰地界定和固定它们，就越能产生强大的张力，让你像箭一样，射向未来的目标。这就是自我超越——梦想实现的过程。

2. 后马拉松效应

随着你离梦想越来越近，"橡皮筋"的张力会变小，很多人会觉得梦想越靠近越没有意思，从而逐渐止步不前。以上大学为唯一目标的人，此刻会认为"大学也就这样"；高中时候天天幻想上了大学一定要"自由自在地躺在床上，想看什么书就看什么书"的人，等到真的有自由支配的时间，却又没有真正翻几本。这种状况被称为后马拉松效应——马拉松选手在挑战完自己的极限后，如果不尽快设立一个新的目标，就会一直陷在高峰之后做什么都没劲的无意义感之中。在 2008 年的奥运会转播中，中央电视台从全国抽调电视人才，提前一年准备。为了防止奥运会的后马拉松效应，在转播之前就给他们安排了其他的一些项目，让他们能在稍事休息以后有进一步发展的劲头。

大学之初，刚跑完一场"高考马拉松"，大学生的确需要好好放松和休息。但如果不尽快地设定让自己心动的新愿景，而是想着"先玩几天再说"，很快自己的"橡皮筋"就会松弛，自我成长也就停止了。

3. 目标损耗

自我实现的张力带来自我成长，同时也会带来情绪上的紧张和焦虑。很多人选择另一种方式消除这种张力，就是逐渐降低自己的目标，一直到完全没有张力。有些人会对自己说"其实我也不那么想拿奖学金，考得差不多就挺好"，或者"其实我那个梦想只是年少轻狂的想法，人还是要现实一点"，每一次都隐秘地调低一点自己的愿景，慢慢地，就会活在自己的舒适区，过着自己伸手可及的人生，生活也像松弛的橡皮筋，失去了年轻人应有的活力。

是让现实靠近愿景，还是让愿景靠近现实？是成为我们希望的人，还是甘于接受无奈的现状？这取决于你对愿景的坚持和规划能力。自我实现不是把计划写在纸上然后结束，而是一场持续终身的修炼过程。

目标设定的 SMART 原则

目标的制定不在于大小，而在于明确与否。目标是指引一个人人生成长和发展的导航标。目标的设定应遵循以下原则。

1. 具体的（specific）

目标要清晰、明确，能够被准确地理解，即要用具体的语言清楚地说明需要达成的标准。例如，"我的目标是更好地利用时间"，这样的目标十分含糊笼统，应该是"我每天最多只花 1 个小时玩游戏"或"每周我要用 3 个小时阅读市场营销相关专业资料"。

2. 可衡量的（measurable）

目标应是明确的，而不是模糊的，是可以用标准来准确衡量的，应该有一组明确的数据作为衡量是否达成目标的依据，如在这个月内参加一次市场营销方面的活动。

3. 可达到的（attainable）

目标应具有可实现性，即具有一定的挑战性，在能力范围内可以达到，有一定的难度，但通过努力可以实现。目标不能设置得过低和偏高，过低了无意义，偏高了实现不了。例如，大学二年级的学生还没有工作经验，却计划在毕业两年内成为大型公司的营销经理，这样的目标可实现性较小。

4. 相关的（relevant）

目标与现实生活相关，且有意义、有价值，并积极地服务于某个大目标。

5. 基于时间的（time-based）

目标应有明确时间限制，即应给目标设定合理的完成期限。不能将目标都设定为"在大学毕业前完成"或在"参加工作两年内达到"之类的，而要有计划、分步骤地在限定的时间内完成，如以一周、一个月、一学期为单位设立目标。

SMART 目标举例：我计划在这个学期，使自己的英语词汇量达到 4000 个以上，完成课外短文阅读 60 篇，每两周做一份历年真题，掌握考试重点和应试技巧，在学期末通过大学英语四级考试。

故事与分享

新生活从选定方向开始

比赛尔是西撒哈拉沙漠中的一个小村庄，它仅凭一块 1.5 平方千米的绿洲存在着。可是在肯莱文 1926 年发现它之前，这儿没有一个人走出过大沙漠。肯莱文作为英国皇家学院的院士，当然不相信这种说法。他用手语向这儿的人询问原因，结果每个人的回答都是一样的：从这儿无论向哪个方向走，最后都还是要转到这个地方来。

为了验证这种说法的真伪，肯莱文做了一次试验，从比赛尔向北走，结果三天半就走了出来。比赛尔人为什么走不出来呢？村庄里没有人愿意去尝试，最后肯莱文好不容易雇用了一个比赛尔人，让他带路，看看到底是什么原因。两人带了半个月的水，牵了两头骆驼，肯莱文也收起指南针等现代设备。十天过去了，两人走了数百英里（1 英里约为 1.61 千米）的路程，第十一天的早晨，一块绿洲出现在眼前，他们果然又回到了比赛尔。这一次肯莱文终于明白了，比赛尔人之所以走不出沙漠，是因为他们根本不认识北斗星。

在一望无际的沙漠里，一个人如果仅凭感觉往前走，只会走出许许多多大小不一样的圆圈，最后足迹的形状十有八九是一把卷尺。比赛尔村庄在广阔的沙漠中心附近，根本没有参照物，若不认识北斗星，又没有指南针，想走出沙漠，确实是不可能的。

肯莱文在离开比赛尔时，带了一个叫阿古特尔的青年，这个青年就是不顾大多数人反对悄悄和他合作的人。肯莱文告诉阿古特尔，只要白天休息，夜晚朝北面向那颗最亮的星走就能走出沙漠。阿古特尔跟着肯莱文走了三天之后，果然到了大沙漠的边缘。现在比赛尔已经是西撒哈拉沙漠中的一颗明珠，每年有数以万计的旅游者来到这儿。阿古特尔作为比赛尔的开拓者，他的铜像被竖立在了村子中央，铜像的底座上刻着一行字："新生活是从选定方向开始的。"

谷爱凌超越自我的冠军思维

成功不是成为他人或超越他人，而是超越自己。

谷爱凌，2022年北京冬奥会自由式滑雪女子大跳台金牌获得者。这位自称"青蛙公主"的姑娘，三岁踏上雪场，八岁进入专业滑雪队训练，在2021年12月一周两次获得自由式滑雪两个不同项目的世界冠军。

超级学霸、运动达人、时尚模特、天才少女……这些都是谷爱凌身上的标签，不断打破界限追寻梦想的谷爱凌打破了人们对传统运动员的刻板印象。但谁都不是生而耀眼，拿下这些成绩和她的艰苦训练分不开，可她很少面对镜头说自己撕裂的右手韧带、摔断的锁骨、粉碎的脚骨和让她当场失忆的脑震荡。谷爱凌说滑雪是因为热爱，她的苦练源自热爱，她的拼搏源自自我要求，所以她的成功更让人动容。

比起"天才"的头衔，谷爱凌更适合"全才"称号。除了滑雪，她还热衷于篮球、足球、橄榄球等球类运动。她发表过全英文短篇科幻小说，是学校钦定的音乐剧女主角。比常人起点高的她，却比常人更自律、更努力。在谷爱凌看来，学习也是生活的重要组成部分。每个周末、节假日，当别人在休息的时候，她总是在去参加训练的路上。为了给第24届北京冬奥会留出充足的备战时间，谷爱凌将高中后两年的课程压缩在一年读完。但她对此信心满满："其实还好，把需要做的事情一个个列出来去做就好，我不认为这是实现不了的任务。总是有人要赢的，那为什么不是我呢？"谷爱凌说："我进入任何一个比赛，都必须有可能赢的希望。"她在北京冬奥会上的表现，完美地诠释了她的信条。

她兑现了自己的诺言："想要拿金牌，但更想做到最好。"不满才是向上的车轮，这就是追求完美精神的体现。正因为有了这种精神，人们才能看到更多的可能，留下更多的回味。

（资料来源：根据网络资料整理。）

课后作业

最想做的一件事

请在课后有充裕的时间和良好的状态时完成下面的思考：

1. 如果十年后，你有非常好的职业发展，过着非常理想的生活。那时的你回顾自己的大学生活，会认为是因为你在其间做了些什么才达到现在的生活状态？

2. 请再想象一下，你生命中那个曾经对你有过重要影响的人对你将来找一份好工作和过上幸福的生活会有什么样的建议？他会如何说？

3. 你已经为自己找到了十件能让自己将来更好的事情，现在你是否愿意从自己想到的这十件事情当中开始着手做其中的一件？如果愿意，这件事情是什么？

4. 如果你愿意，你具体会怎么做？请按 SMART 原则把它写下来，并开始去做。

学习自测

理解的知识点	
掌握的技能点	
感受与收获	
项目成效评分	0 分--10 分

计划的执行与调整

本项目的预定目标：掌握职业生涯规划的要点，能有方法、有步骤地规划自己的职业生涯，按照规划路径执行并制订出适合的评估方案；根据方案进行检查和评估，发现和识别问题，并针对问题收集、分析和汇总相关信息，形成调整方案。

我制订过的计划：

我对本项目目标的看法和期待：

我学习本项目的目标：

知识点

> 制订职业生涯规划需要参考目标职业所在行业主要企业相应岗位的职业路径，结合自身特点、职业发展路径以及实现职业生涯目标的策略，使之符合逻辑和现实，并据此设定长期、中期和短期的职业生涯目标。

> 根据职业生涯目标来制订相应的计划，短期计划应详尽清晰、可操作性强，中期计划应清晰并具有灵活性，长期计划应具有方向性。

> 目标分解是将最终目标分解成一个一个容易实现的小目标，使最终的目标清晰

化、具体化，将最终目标量化成可操作的实施方案。

➢ 评估与调整的过程是指在计划执行的过程中，发现和识别问题，并针对问题获取相关信息，有重点地再次进行自我认知和职业探索，然后对问题和相关信息进行分析、综合、评估、决策以及再执行的过程，实际上就是新一轮的职业生涯规划。

➢ 对计划执行情况进行检查和评价，主要是掌握在规定时间内目标的达成情况和自我感受两方面的信息，即是否按计划的时间和要求完成目标，以及在计划执行过程中自己的感受和体验如何。

➢ 调整方案可以从以下四个方面来考虑：职业生涯目标的评估与调整、职业生涯路径的评估与调整、实施策略的评估与调整、其他因素的评估与调整。

案例导入

小刘职业目标的实现

【形势】小刘是一名来自西双版纳的少数民族专科生，所学专业为工程造价，在校期间学习成绩优秀，文体方面也表现突出。小刘从小对计算机有着浓厚的兴趣，擅长网站设计，曾参与学校团委的网站制作。他也曾尝试经营网站，但创业失败。毕业前，小刘被一家建筑公司录用，他做好了在工程造价领域不断积累和长期发展的准备。但在这时，厄运降临了，他在运动中韧带断裂，随后他父亲从二楼摔落，经救治后成了植物人。自己需要休养，父亲也要照顾，家庭需要增加收入。难道自己美好的人生愿景就这样破灭了吗？

【目标】面对厄运，小刘没有失去希望，他决心努力去实现自己的人生目标——成就自己的事业，要有较高的生活质量，同时能照顾好家人。

【行动】面对这样的变故，小刘重新审视了自己的职业规划，在与母亲进行沟通、向老师请教和征求好友的意见后，他及时调整了自己的职业生涯规划。他辞去工作，回到了西双版纳，在自己康复的同时照顾父亲。为了增加家庭收入，他想找一份兼职，但由于缺乏工作经验和人脉，多次尝试无果。后来，一次偶然的机会，小刘接触到了微信公众平台，抱着试一试的心态，"大美版纳"诞生了。他在微信公众平台的运营与开发上，充分发挥自己的特长，并用了一年的时间观察用户，找到了代理、开发、运营以及广告推广的经营模式。他用自己独特的见解，边摸索边执行。钱不够，身兼多职赚钱，投钱尝试；失败后再兼职赚钱，再投钱尝试。

【结果】小刘的坚持吸引了一群志同道合的人一起创业，他们组建了团队，成立了文化传播公司，公司也运行良好。其间，小刘还接受电视台的采访，其所运营的微信公众平台获得了广泛的认可，创业取得了初步成功。他自己创造了一份既可以照顾好父亲，又能有较好收入的事业。

（资料来源：根据网络资料整理。）

不放弃，实现梦想

小曾是某电气学院中外合作办学的学生，他出生在云南的一个县城里，从小最大的愿望是出国。小曾的父亲是建筑工人，母亲务农，家中有一个弟弟读高中，家庭虽不算富裕，但父亲一直为孩子读书提供优异条件。小曾是家中长子，自尊心和责任心比较强，心思敏感。进入大学后，怀揣"出国梦"的他加入学生会，担任青年志愿者协会会长，由于身材肥胖，人人都叫他"小胖"。在大二时，父亲生意失败欠下巨额债务，小曾的学费无法解决。后来，他在老师和同学的帮助下，重新审视了自己的职业规划，找准了未来的发展方向。他决定先找份工作，帮家里减轻经济负担，再考虑出国。为此，他在大学期间勤工俭学，以赚取学费和生活的基本费用。同时还制订了减肥计划，每天坚持晨跑，暴瘦 20 多公斤，从此改变了"小胖"的形象。在老师的帮助下，小曾进行自我探索分析：对兴趣、能力、性格、价值观进行剖析，完成了职业生涯规划"知己知彼，决策行动"中"知己"的部分。毕业时，小曾以丰富的实践经验和坚持不放弃的性格，顺利找到一份中国 500 强企业驻印度尼西亚的工作。这不仅减轻了他家庭的经济负担，还实现了他从小的"出国梦"。

活动与任务

目标的达成——成功六问

经过上次课，你可能已经找到了一件近期最想做的事，按 SMART 原则回答下面六个问题。

1. 你的目标是什么？
2. 为什么这个目标对你很重要？
3. 你什么时候开始做？
4. 你第一步准备怎么做？
5. 下一步是什么？
6. 怎样才能知道你已经做了这件事情？

两人一组，一名同学提问，一名同学回答。完成后轮换并在班级内分享。

制订职业生涯规划评估方案

根据职业生涯规划方案，从长期目标、中期目标和短期目标几个方面对规划执行情况制订评估方案（表 12-1）。

表 12-1 职业生涯规划评估表

序号	时间	计划工作事项	量化目标	完成情况	未完成原因或效果评估
1					

序号	时间	计划工作事项	量化目标	完成情况	未完成原因或效果评估
2					
3					
4					
5					

拓展阅读

职业生涯规划方案的有效执行

心动不如行动。有了合理可行的职业生涯规划方案之后，要如何保证该方案的有效执行呢？可以从以下几个方面来考虑。

1. 培养结果思维

结果思维即结果导向思维，它强调站在结果的角度思考问题，并养成一种思维习惯。什么叫执行？执行就是把目标变成结果的行动。执行的关键在于结果，没有结果就谈不上执行。在学习、工作和生活中，一些人经常这样说或这样想："我该做的都做了""我已经按流程做了""我已经尽最大努力了""没有功劳也有苦劳"。但作为一个主动和负责任的人，在职场里，我们应该认识到只有自己为企业获利作出了贡献，企业才会给你支付薪酬。在企业中往往工作看似做了，员工似乎都对自己的工作负责了，但就是没人对结果负责。执行有一个起点，那就是清晰的结果定义，即有时间、有价值、可考核。

那么如何才能做一个持续提供结果的执行者呢？首先，要有外包思维。工作时把自己设想成一家外包的"专业公司"，思考要提供怎样的产品和服务才能让客户付费。因为外包只看结果，不看过程。只有提供令客户满意的结果，客户才会付费。做事过程中无论多辛苦、多艰难，没有结果都是零。只有结果才能换取报酬。其次，要善于运用底线思维的方法，凡事从坏处准备，努力争取最好的结果，做到有备无患、遇事不慌，牢牢把握主动权。底线即客户可以接受的最坏的结果。先做好底线再考虑完美。商业交换的本质是结果交换，公司用结果在商业社会上获得利润，员工用结果体现自己在公司的价值。

2. 改变拖延的习惯

拖延是影响计划执行的最主要的因素。不可否认，大多数人会出现拖延的情况，拖延可以说是世界上最容易、最不费力的事情。拖延的最突出表现就是寻找各种理由拖延完成计划，人们常说"借口是拖延的温床"，拖延不仅会影响事务的完成和计划的执行，更大的坏处是使人紧张、焦虑，让人在玩的时候不能尽情玩、得不到放松。所以，大学生应该改变拖延的习惯。

下面介绍拖延的原因及对策。

原因一：缺乏紧迫感。对事务完成的速度或者对自己的能力估计过高，认为自己只需要最后几天时间就可以完成。对策：不要想当然，静下来想一想事务的具体要求和细节；根据计划执行情况适当调整进度；在接到任务时就马上执行。

原因二：没有分清主次。时间总是被用来应付那些琐碎的事，从而"捡了芝麻，丢了西瓜"，或者有完美主义情结，总想找多的时间好好地开始做。对策：学习时间管理方法，最重要的是要知道什么对自己最重要。此外，还要利用好碎片时间。

原因三：对成功信心不足。因为以前做事常常没有取得预期的成绩，缺少动力。对策：认识到完美是在实践中不断改进实现的；运用底线思维，找到底线并先做到底线，再追求更好。

原因四：抵制和抗拒，讨厌被人委派任务。不一定是对事情的抗拒，可能是领导或者老师对自己的态度不好，而让自己觉得没必要去做这件事。对策：学会感恩。

原因五：缺少自制力，经常被情绪所控制。对策：如果总是有今天状态不佳，或明天看起来更适合做事情，或今天先玩、明天再做事的想法，就应该杜绝这些借口，加强自制力；要下定决心，而不是回避事情。

原因六：目标与酬劳太过遥远。对策：把事务分解到每天最小的单位，完成计划后及时奖励自己。

拖延的习惯不是马上就能改变的，而且也不是靠别人帮助就能改变的，只有靠自己，才能改变拖延，这需要很大的决心和自制力。记住，行动是治愈恐惧的良药，而犹豫、拖延将不断滋养恐惧。

这里有一个效率公式

$$U = EV/ID$$

式中，U 代表效率；E 代表对成功的信心；V 代表对任务和事情感到愉悦的程度；I 代表有多容易分心；D 代表多久会产生回报。

根据上面的公式，我们可以分析分子和分母的大小，从而帮助自己把拖延程度降到最低。我们可以用下面的方法提升效率：写成就故事，提升效能感；设定目标难度不用太高，可设在 60%；用榜样激励自己；把任务和自己喜欢的事结合起来做；用番茄工作法提高专注度；及时奖励自己。

3. 自我激励

自我激励是指个体具有不需要外界奖励和惩罚作为激励手段，能为设定的目标自我努力工作的一种心理特征。斯普林格（Springer）在其所著的《激励的神话》一书中写道："强烈的自我激励是成功的先决条件。"

下面是一些自我激励的有效方法。

（1）立即奖励自己。每当达成一个近期目标就马上给自己来点鼓励，一句赞美、一份礼物或更大的自由都可以。当你给了自己一些鼓励或奖励时，你的神经系统便会把完成任务跟快乐连在一起。

（2）设定适合的目标。给自己设定的任务目标要有一定的难度，但努力后可以实现。成功概率为50%的任务可以使人的动机水平达到最高，因为这样的任务会给人们带来最大的现实挑战。

（3）合理归因。人们在做完一项工作后，往往喜欢分析自己或他人之所以取得成功或遭受失败的原因。对成功和失败的解释会影响到对下一次成就行为的期望、情绪和努力程度等。如果将失败或成功归因于能力高低、运气（机遇）好坏、外界环境等内部、稳定、不可控的因素，就会产生习得性无助感，进而影响个体自我效能感的提升，或者会高估自我特质因素的作用而低估外在因素的影响。如果将失败或成功归因于努力程度、任务难易、身心状态等内部、不稳定、可控的因素，则这一次不论是失败还是成功，下一次都能相信通过自己的努力会取得成功。

（4）不断挖掘成就故事。自我效能感是指人们对自己是否能够成功地完成某一行为的主观判断。直接的成败经验、替代性经验、言语劝说和情绪的唤起是影响自我效能感的四个方面。发掘自己的成就故事可以从自己的经历中发现自己的能力和特长，更可以从中找到对自己能力的自信，提高自我效能感。

（5）寻找榜样和导师。榜样的力量，即如果看到他人成功的行为、获得奖励的行为，就会增强产生同样行为的倾向。可以把自己崇拜的伟人作为自己的榜样，也可以把目标行业、职业领域内有突出成就者作为自己的榜样，通过对这些榜样人物的学习来激励自己。

（6）自我对话。每个人都会在心中和自己对话，但是要想通过自我对话使自己保持积极、乐观的心态就必须谨慎选用字眼，使用那些能使自己振奋、进取和乐观的字词，即要从改变自己的内部语言入手。当心情低落沮丧的时候，如果自己能够像知心好友一样，不断安慰、主动体贴，积极引导自我对话，负面情绪就会得到逐步改善，这种自我对话方式称为正向自我谈话。

职业生涯规划的评估与调整

随着社会政治、经济、文化的不断发展变化以及个体自身人生观、价值观等的变化，这些不确定的因素以及职业生涯规划本身的不足，会使个体原来制订的职业生涯目标和计划与实际情况有所偏差，这就要求个体不断地反省并对规划的目标和行动方案作出修正或调整，以便方案更加切合实际并能继续执行，从而实现自己的理想人生。评估与调整是在计划执行的过程中，发现和识别问题，并针对问题获取相关信息，有重点地再次进行自我认知和职业探索，然后对问题和相关信息进行分析、综合、评估、决策以及再执行的过程，实际上就是新一轮的职业生涯规划。这是一个不断循环的过程。

首先，发现和识别问题。这需要对计划执行情况进行检查和评价，掌握在规定时间内目标的达成情况和自我感受两方面的信息，即是否按计划的时间和要求完成目标，以及在计划执行过程中自己的感受和体验如何。还可能存在生涯目标（长期、中期、短期）设定得不合理、不切实际的问题。例如，因目标难度过大而无法达到，经常感到焦虑，有挫败感，或因目标难度设定过低而没有挑战性，完成过于轻松，无法激发自己的成就动机，没有热情和兴趣。又如，前期对自我特质、能力、价值观或者行业、职业的认知有偏差，导致在计划执行过程中自己难以适应或对目标失去认同。再如，个人、家庭或社会经济情况发生较大变化，导致原来的规划变得不适合或有新的机遇要抓住。总之，大学生不仅可以通过检查计划的执行情况和觉察自己的情绪来识别问题和发现问题，还可以通过与同学对比或向老师、资深职业人士讨教的方式来发现问题。

其次，针对发现的问题收集、获取相关信息，并对信息进行分析和综合，形成调整方案。这里的信息同样可以通过网络等媒介获取，如行业报告、权威统计部门的数据等二手信息，但更多需要通过实习、访谈等方式获取一手信息，同时通过实践加深对自己、对工作和对世界的认识。调整方案可以从以下几个方面来考虑。

1. 职业生涯目标的评估与调整

是否需要重新设定年、半年或月目标或重新选择目标职业？即评估目标的合理性。将计划的执行结果与目标进行对比。如果一直无法达到职业生涯目标，则应根据现实情况重新选择职业生涯目标，或者考虑修正和调整职业生涯规划，否则会在学习和工作中得不到应有的发展，还会导致长期压抑、不愉快；如果所从事的职业给家庭造成极大不便，或者家人强烈反对，也可考虑修正和调整职业生涯规划。

2. 职业生涯路径的评估与调整

是否需要调整发展方向？即评估计划的可行性。当出现更适合自身发展和职业生涯发展的机会或选择，而原定发展方向缺少发展前景时，就应尝试调整发展方向。

3. 实施策略的评估与调整

是否需要改变行动策略？如果在其他地方可以找到一份令自己和家人都十分满意的工作，就前往该地；如果家人无法在工作的地方定居、工作，在征询家人意见后，则可考虑改变已定计划，前往别地；如果在已定区域和职业选择上实在得不到预期的发展，则可考虑改变行动策略。

4. 其他因素的评估与调整

对身体、家庭、经济状况以及机遇、意外情况进行及时评估。如果家庭需要更多的照顾，则应把更多的精力放在家庭上，甚至暂时放下工作；如果身体条件不允许，则应放低对自己的职业要求；如果还有其他意外发生，则应考虑调整职业生涯规划。

📖 故事与分享

生命的目的是有目的的生命

科比出生于篮球世家，他的爷爷是费城的篮球名将，他的父亲更是一位优秀的篮球运动员，甚至曾任职于 NBA。在婴儿时期，科比最爱的玩具是一个小球。到 3 岁那年，科比就定下了志愿：成为一名 NBA 球星。1991 年，科比成为全美最强高中生。1996 年，科比成为一名职业球员。

1997 年，科比第一次以湖人队先发身份上场，创造了 NBA 历史上最年轻先发队员的纪录。随后，他入选全明星队，凭借令人瞠目结舌的速度和爆发力闯出了名声，并在全明星赛中场的扣篮大赛中大展身手，以 49 分（满分 50 分）成为"扣篮王"，得到了篮球巨星乔丹的欣赏。科比的表现也引起了湖人队新任教练杰克逊的重视，他决定改变以往单独以奥尼尔为核心的打法，推行以莱斯、奥尼尔和科比三人组成的"三角进攻"战术。一开始，失去唯一地位的奥尼尔和锐气逼人的科比之间不断产生冲突，奥尼尔甚至在公开场合含沙射影地讽刺科比。然而科比始终较为克制，在教练的协调下，他表示愿意最大限度地忍受一切，以团队为目标，和奥尼尔搞好关系。面对媒体，他也总说自己和奥尼尔合作得很好，并笑称："媒体认为人和人之间不应该有争执，这是不对的，我和我的姐姐之间也经常吵架。"奥尼尔最终被科比的态度和能力打动，科比也不断抑制自己喜欢"炫耀球技"的毛病，两人配合亲密无间，创造了湖人队 NBA 总决赛三连冠的业绩，也被称为"OK 组合"。

多年来，科比始终坚持四点起床训练，展现出高度的自律；几十次大伤，他用超人的毅力咬牙坚持，表现了高度的敬业。科比有个绰号叫"黑曼巴"，那是非洲草原上毒性最烈的一种蛇，而科比的精神也被称为"曼巴精神"，意味着不退却，不放弃，创造极致。2016 年 4 月 14 日，科比在退役战中用一句"Mamba out！"结束了自己的职业生涯，也成为 NBA 历史上关于告别最经典的一幕。

实现梦想的过程从来都不是轻松的，要打败很多的迷茫、委屈、懒惰、软弱、坚守。心若有所向往，何惧道阻且长。

（资料来源：根据网络资料整理。）

职业生涯规划师教你如何制订年度计划

先以第一人称的口吻来讲一个故事。

那年我博士毕业，临毕业前，我陷入毕业前的慌乱中。这种慌乱我在每一次毕业的时候都有，我整天在校园里走来走去，不知道去哪儿，好像下一秒就要失踪。

我在走廊遇到了我的老师，他拉我进办公室和我聊聊。我觉得这是个好机会，于是一进办公室，我就开始对他说我的未来计划。

"我希望进入高校，如果不能进入的话，我的第二选择是一家外企。如果还是不行的话，我的第三选择是一家民企，最后我还有……保底。"

我讲完就站着不动，期待他的点评。他是个有智慧的人，我相信他的判断。

但是老师对于我的未来计划毫无反应，他完全不接茬，反而指着正在编审的一堆稿件说："今天早上我审完稿子，把准备发的叠好，把没选上的放在桌边。结果窗户没关好，一阵风吹来，很多稿子被吹到地上，两堆就混在一起了。我钻到桌子下面去收拾，却在桌子底下看到一篇很好的稿子，是原来落选的。我蹲着看完，然后从选中的稿子里面抽出来一篇，把这篇放了进去。"

老师讲完这些，就继续去工作了。

我闷着头走出去，不知道老师的话和我的问题有什么关系。突然脑海里闪过一句话："随遇而安，积极进取。"这句话改变了我的一生，这也是我想说的制订计划的态度。

回顾你的去年计划，有多少在你的安排之中，又有多少不在你的安排之内？一个好的年度计划应该是这样的：7分安排，2分梦想，1分空白。

7分是你应该达到的基本分，应该包括以下三个方面。

（1）职场方面：今年要做什么项目？达到哪些目标？读什么书？上哪些学和课程？

（2）家庭方面：今年要做好哪个角色？太太、老公还是子女？今年准备带给自己的亲人什么？

（3）自身方面：明年过年的时候，期待自己会有什么不同？有哪些能力今年想要提升？有哪些事情是现在这个年纪的你要完成的？

安排好这7分，先把自身方面的时间安排出来。安排的顺序最重要：先自己，然后家庭，最后职场。理由也很简单：职场方面天天有人提醒和施压，基本无须自己管理；家庭方面偶尔爆发小状况，这也会提醒你是否完成计划；而自身部分，如果不是心力交瘁到要看心理医生，很少有人会想起来要关注这个。所以，先安排好这个最容易被忽略的部分尤为重要。因为不管你是开向职业成就还是家庭幸福，都要先驱动自己这辆车，这一切都需要你好好爱自己。

2分留给那些可能实现的梦想。我们的生活可能不会因为梦想有所收益，却会因为有梦想而有趣很多。有没有一直想做而没有时间做的事情？有没有觉得特别好玩却觉得意义不大的项目？有没有一直想见却觉得飞过去找人家有点兴师动众的人？有没有一本一直想看却总觉得没时间看的书？给自己列出一个梦想清单，不用刻意安排时间，但可以把它留在手机或者钱包里，在那些不太知道自己要做什么的下午或者闲暇的周末，启动你的梦想吧。

最后1分留给空白。千万别把计划排得太满，因为你不知道世界会给你什么惊喜。给自己留出5个周末什么也不干。给自己的工作留出一个月的空闲时间；给自己的家庭留出一个5天没有计划好的假期。

（资料来源：根据网络资料整理。）

📠 学习自测

理解的知识点	
掌握的技能点	
感受与收获	
项目成效评分	0分---10分

第六讲

得到我想要的职位

教学目标

了解如何做好求职前的准备工作，能够多渠道获取高质量的招聘信息，撰写和设计出有推销力的简历；能够做好面试前的准备，在面试中进一步了解用人单位，并展示自身与招聘岗位需求相匹配的特质和能力；学会如何获取招聘人员的支持。

思政园地

大学生应树立正确的世界观、人生观和价值观，自觉地把个人理想同国家与社会的需要紧密结合起来。大学生要通过社会实践等多种方式深入了解国情、了解社会，正确认识就业形势，树立行行建功、处处立业的观念，踊跃到基层锻炼成才，唱响到基层、到西部、到祖国最需要的地方建功立业的主旋律。

制作个人简历

　　本项目的预定目标：了解如何做好求职前的准备工作，能够多渠道获取高质量的招聘信息，撰写和设计出有推销力的简历。

我所了解的关于简历的知识：

我对本项目目标的看法和期待：

我学习本项目的目标：

知识点

> 简历即对个人学习工作经历的简要陈述，常用于个人求职或其他申请。多数用人单位招聘时会要求求职者先投递简历，招聘人员再根据简历中求职者的相关信息筛选出可操作数量的面试人选。简历本质上是信息设计，撰写、投递简历的目标则是获得进一步面试和录用的机会。

> 根据承载简历的媒介，简历可分为纸质简历和电子简历。

> 纸质简历往往通过直接递交或邮寄的方式投递。除了用于投递外，纸质简历还是面试官了解面试者的重要途径。

➢ 简历主要回答以下问题：你是谁？如何联系你？你应聘什么岗位？你为什么能胜任这个岗位？

➢ 简历的内容主要包括求职者的基本信息、求职意愿、学习经历、工作经历、求职者的能力及其证明文件等，具体包括主干课程及成绩、实习经历、工作或兼职经历、所获奖项、科研成果等。当所求职位需要通过个人作品来评判求职者是否胜任时，简历还需要附带求职者的相关作品，如平面设计、室内外设计等。当简历需要通过邮寄或不能当面递交时，还需要有一封求职信。

➢ 电子简历的特点：在当今移动互联时代，电子简历已经成为主流；电子简历不仅可以使求职者不受时空的限制，有更多的求职机会，还可以使用人单位有更多的可选性；电子简历比纸质简历成本更低、效果更加多样，还可以使用视频等更有感染力的媒介；由于有简历筛选软件的帮助，招聘工作也变得更加高效和容易，但这样也使简历变得更重要，因为简历成了招聘人员判断求职者能力的唯一依据。

➢ 电子简历在通过电子邮件投递时，也需要附求职信。电子简历在投递时要注意在电子邮件标题中写明求职者的姓名、申请的职位甚至联系方式等信息，若用人单位有要求，则按要求填写。此外，电子简历还要注意使用通用的文件类型，文件所占储存空间不能太大。

➢ 格式化的简历是指用人单位根据自己的招聘需求要求求职者填写固定格式的简历，这样便于招聘人员筛选简历。通常求职网站的简历属于格式化简历。

➢ 简历本质上是个人广告，用来展示求职者的工作技能及其对未来雇主的价值，从而得到面试的机会。

➢ 简历撰写要点：首先，简历要能引起招聘人员的注意，而且给人良好的印象，能够从成百上千份简历中脱颖而出；其次，求职者的个人情况、能力和经历等要能满足招聘职位的需求，即求职者信息与招聘岗位要求相匹配。

➢ 求职信是在不能直接递交简历时使用的，作用在于用简练的文字告诉招聘人员你为什么选择他们单位，为什么他们要选择你，告诉他们你对这份工作的渴望。

➢ 求职信要个性化。针对不同用人单位的相近岗位的求职信可以是相似的，但不能完全通用，应该有针对具体用人单位的不同内容。求职信要写得简练、具体，不空泛且不落俗套，否则，繁忙的招聘人员必定不愿细看。

➢ 求职信的格式和其他信函是一样的。很多时候求职信的对象不是很明确，所以在写称谓时可以写得宽泛一些，如"尊敬的领导""尊敬的招聘负责人"等。

➢ 求职信的内容主要包括以下几部分：①求职者的基本情况，应聘的职位；②求职者如何获得招聘信息，为什么选择该单位；③求职者所具备的符合该职位的能力；④表达求职者对获得该职位的渴望，感谢招聘人员在百忙中阅读自己的简历。

案例导入

简历与岗位

小李觉得自己就读的学校不是知名院校，因此在撰写简历时，有意回避毕业学校，着重描述自己动手能力强、做事认真、能吃苦，当过学生会干部，具备较强的组织能力等自认为可能会引起用人单位注意的优点，而对自己的专业能力和求职倾向几乎没有提及。小李将简历在网上挂了一段时间，结果很少有人问津。他又试着给几家用人单位投递了简历，但都石沉大海，没有回音。

写简历无疑是求职中的重要一步，小李平铺直叙的简历无法产生令人眼前一亮的效果。其实，让用人单位感兴趣的是求职者的特点和求职倾向，因为用人单位寻找的是适合某一特定职位的人。因此，如果简历没有按一定的规范制作，没有工作和职位重点，或者试图把自己描写成一个适合所有职位的求职者，就很难吸引招聘人员的眼球，也就无法从众多的求职者中胜出。

课堂练习

制作个人简历

根据你的目标职位撰写和设计简历。按下面的步骤来进行。

1. 在网络上找到风格与职位或企业文化相匹配的模板。

2. 结合招聘要求按模板结构撰写个人简历，尽量使用招聘中的关键词和突出相关经历，用事实而不是形容词，客观、准确地表达你曾经解决了什么问题，让数据说话。格式如：事实论据，正向动词+关键词（如"有效地提升自己的沟通能力"）。

3. 把指示性的标题改为包含自己能带给用人单位利益信息的长标题。例如，将"教育背景"改为"国家示范性高职院校机电一体化专业毕业"，将"实习经历"改为"能使用 Python 处理和分析数据"等。

4. 将文字信息图形化处理，使用实习企业的标志、图标等。

5. 改正错字和表述不清晰的地方，可以同学间互相检查。

撰写求职信

根据你的目标职位写一封求职信。按以下步骤来撰写。

1. 明确对象及称谓，如果不能明确可使用"尊敬的领导""尊敬的招聘负责人"等。

2. 介绍你的基本情况、应聘的职位。

3. 介绍你如何获得招聘信息，为什么选择该单位，表达你对获得该职位的渴望。

4. 说明你所具备的符合该职位的能力，为什么企业应该选择你。

5. 再次表达你对获得该职位的渴望，感谢招聘人员百忙中阅读你的简历。

6. 改正错字和表述不清晰的地方，可以同学间互相检查。

活动与任务

模拟简历筛选

1. 以小组为单位将简历收齐后，交到指定小组进行简历筛选。

2. 简历筛选内容：每人根据目标职位要求评审简历，并写一句好评和一句修改建议，如"进入面试，简历符合目标职位要求，建议在工作经历中列出具体数据"。

3. 各小组汇总结果，确定 3 名进入面试的同学名单。

4. 各小组公布名单，并总结简历的优点和存在的问题。

体验与收获：

求职简历

筑就完美空间

创造美好生活

应聘职位：施工员

姓名：×××
学校：×××××学校
专业：建筑工程技术
学历：大学专科
电话：150×××××××
邮箱：×××××××@qq.com

自荐书

Letter of self recommendation

尊敬的领导：

您好！

感谢您在百忙之中惠阅我的自荐材料！

我是×××××学校建筑工程技术专业的毕业生×××，应聘贵单位施工员岗位。我曾于 2021 年 12 月到贵公司进行为期 6 个月的毕业实习，对作为云南省首家拥有"双特双甲"级资质的建筑企业的公司有了较深的了解，对云南××建设有限公司特别注重质量、信誉的经营理念非常认同，我非常希望能成为贵公司的一员。

在校期间，我努力学习并较好地掌握了建筑施工技术、工程测量技术、钢结构工程施工等专业知识，成绩都在 80 分以上。我还曾担任辅导员助理一职，协助辅导员完成两届 1433 名毕业生就业情况统计，协助组织 50 多场招聘会，以及毕业典礼、开学典礼、入学教育和学院心理剧比赛等大型活动。因工作效率高、沟通表达和组织能力强，被评为学院"优秀工作者"。我还加入了校青协并担任校青协办公室主任，协助组织过测绘国赛、公益环校跑等大型活动和多项志愿者活动，得到了校领导及外界人士的赞扬。我也感受到给予他人关爱所带来的无穷快乐，更坚定地发扬奉献、友爱、团结、互助的精神。

为了提升专业技能，我充分利用寒暑假到浙江××建设工程有限公司、云南××集团、云南××建设有限公司的项目工地实习，进行钢结构的看图施工，吊装大楼的转换层，用腹杆组装桁架和吊装桁架，进行水平标高的测量，使用割刀、电焊机等基本工具；使用泰克拉软件绘图、识图；指挥浇灌混凝土，指挥塔吊，进行放样、排线和算量；负责工程项目图纸管理等工作。在贵公司××温泉度假村项目实习期间，主要进行组织放样、测量和看图施工，协助做好施工管理，复核工程量和进行现场材料的验收签证和管理。看图施工实践提高了我的识图能力，让我在云南省"建筑工程识图技能竞赛"中荣获一等奖。

通过上述学习和实践，我已能够胜任施工员岗位。我非常希望能借贵公司此次招聘的良机，通过面试成为云南××建设有限公司的一员，并在公司的项目一线锻炼自己、提升自己！希望您能给我进一步面试的机会！再次感谢您的惠阅！祝您身体健康、万事如意！

自荐人：×××

2022 年 6 月 15 日

求职意向：施工员

个人信息

出生年月： 2000.10

政治面貌： 团员

民族： 汉族

籍贯： 云南大理

电话： 150××××××××

学历： 大学专科

邮箱： ×××××××@qq.com

技能证书

专业能力：

施工员证、资料员证

语言能力：

高等学校英语应用能力考试 B 级

计算机能力：

云南省计算等级一级 C 类、熟练掌握 Word、Excel 等日常办公软件。

教育背景

2019.9—2022.6　×××××学校　建筑工程技术专业

　　主修课程：建筑工程制图、建筑力学、房屋建筑学、结构力学、建筑施工技术、建筑材料检测与工程、工程测量技术、钢结构工程施工、工程项目管理、AutoCAD、平法施工图

校园经历

2019.9—2021.12　××学院　辅导员助理

- 协助辅导员完成两届 1433 名毕业生就业情况统计，协助组织 50 多场招聘会
- 协助辅导员组织开学典礼、入学教育、毕业典礼，学院心理剧比赛等大型活动
- 熟练进行文档编辑、数据处理，负责网络维护
- 因较强的沟通表达能力和组织能力被评为学院**"优秀工作者"**

2020.8—2021.7　××学院××班　朋辈辅导员

- 协助辅导员、班主任进行班级管理，协助完成新生入学接待、新生入学教育，做好考勤管理等班级日常工作
- 协助老师处理 4 起突发事件
- 有较强的责任心、组织协调和应变能力，**工作考核为"优秀"**

实践经历

2020.1—2020.2　浙江××建设工程有限公司　施工管理员

- ××商务中心滇西项目：进行钢结构的看图施工，吊装大楼的转换层，螺帽固定

2020.3—2020.6　浙江××建设工程有限公司　技术员

- ××展览馆项目：用腹杆组装桁架和吊装桁架，进行水平标高的测量，使用割刀、电焊机等基本工具，使用泰克拉软件绘图、识图

2020.7—2020.8　云南××集团　施工员

- ××商务中心项目：指挥浇灌混凝土，指挥塔吊，进行放样、排线和算量

2021.1—2021.2　云南××集团　资料员

- ××危房改造项目：负责工程项目图纸的接收、清点、登记、发放、归档管理工作

2021.12—2022.5　云南××建设有限公司　施工员

- ××温泉度假村项目：组织放样、测量和看图施工，协助做好施工管理，复核工程量，现场材料的验收签证和管理

获得荣誉

2021.4　云南省"建筑工程识图技能竞赛"一等奖

2020.10　学校"建筑工程识图技能竞赛"一等奖

2020.10　学校模拟招聘大赛"未来简历组"二等奖

2020.5　学校"五四"表彰大会"优秀工作者"

2019.10　学校青年志愿者服务工作一等奖

个人简历

姓名：×××
就读专业：环境艺术设计
求职意向：景观设计师助理

自荐信

尊敬的领导：

您好！我是××××学校××××××专业2023届毕业生×××。感谢您在百忙之中阅读我的资料！

入学以来，我认真学习，绩点成绩在学院排名靠前，综合测评在班级排名第一。2022年9月获得学校二等奖学金，被评为学校"优秀学生干部"和学校"三好学生"，2022年4月通过了计算机C语言一级测试。

在实践经历上，我注重提升自己的实践水平，在2022年9月参加云南省职业院校技能大赛"园艺赛项"并荣获三等奖。

在校园活动中，我积极参加校院两级的各大绘画比赛，以及院级大学生"互联网+创新创业项目"、大学生"挑战杯"等比赛，多次荣获比较好的名次。在校期间，在学院老师的带领下参与××市××村"乡村振兴"方案设计，锻炼自己的动手能力。

在课余生活中，我积极参加体育活动，在学院2021级迎新杯篮球赛中荣获"第三名"，培养了良好的身体素质，强化了持久的耐力，锻炼了团队协作能力，让我更有信心胜任这份工作。

此外，我热衷公益活动，在校内积极参与青年志愿者活动，多次参加"疫情防控""美化校园"等青年志愿者活动；在校外，利用寒暑假，在云南省××市××区××创意美术馆、××艺术工作室、×××艺术培训学校兼职美术教师，用心感悟童真，在把我所学的美术知识传授给祖国的花朵的同时，进一步加强了自己的绘画能力及表达能力。

面对未来，我充满无限希望，我渴望获得一个展现自我才华、实现自己人生价值的舞台。如果贵公司选择我，我将加倍珍惜这难得的机会，以满腔热血和信心迎接未来的工作和挑战！静候您的佳音！

此致

敬礼

自荐人：×××

2023年2月

×××　　应聘岗位：景观设计师助理

所学专业：环境艺术设计

生日：2002.××.××　　微信：×××××××

联系电话：13×××××××××

电子邮箱：×××××××@qq.com

所获荣誉

2022.11，昆明"金茶花国际文创设计大赛"优秀奖

2022.9，云南省职业院校技能大赛"园艺赛项"三等奖

2022.9，学校"二等奖学金"

2022.9，学校"优秀学生干部"

2022.9，学校"三好学生"

2022.6，院级大学生"互联网+创新创业项目"荣获优秀奖

2022.5，院级大学生"挑战杯"荣获优秀奖

2022.3，学校"手绘治专"获一等奖

自我评价

我本人对工作持进取认真的态度，责任心强，为人诚恳，细心、乐观、活泼、稳重，有良好的团队精神，能快速适应工作环境，并且能够在失败中不断提升自我，认真做好每一件事。

校内实践经历

2021.9至今，担任班级心理委员

2021.10—2022.10，加入学校爱设计社团

2021.9—2022.12，学院学生会、团委部门担任干事

2022.9至今，学院景观工作室担任学生负责人

2021.9，参加××市××村"乡村振兴"方案设计

校外实践经历

2023.1—2023.2，×××××××景观设计有限公司景观设计师助理

2022.7—2022.8，×××艺术培训学校兼职美术教师，完成绘画教学工作

2022.1—2022.2，××艺术工作室兼职美术教师，完成绘画教学工作

2021.6—2021.9，××创意美术馆兼职美术教师，教学少儿绘画、创意手工

核心专业能力

能够运用 Photoshop、Adobe Illustrator、AutoCAD、3D Studio Max、SketchUp、Adobe Premiere、After Effects 等软件。

核心课程

园林制图、测量学、植物学、植物配置、中外园林史、景观规划设计、计算机辅助设计、手绘表现技法、景观雕塑小品、园林工程概预算、景观设计原理、设计概论、设计素描、设计色彩、三维构成、景观建筑设计与原理、模型制作。

拓展阅读

了解职位信息和各职位类型简历撰写要点

写好简历的前提是读懂招聘信息，通过招聘信息来了解职位的相关信息和招聘要求。职位的相关信息包括如下几方面。

（1）工作内容：工作对象，分直接对象和间接对象；任务责任，要做什么，达到什么状态；所用设备、使用的技术、仪器的数量和类型；工作强度和工作时间，如上班、加班、节假日、出差；工作量的饱满程度。

（2）工作环境：物理环境，如地点，工作设施，场所的照明、空气、温度及户外作业时间比例等；社会环境；管理风格和组织文化，如人际关系、工作气氛、学习氛围、管理方式与风格。

（3）入职条件：教育程度，资格、水平及经验，性格和能力。

（4）工作报酬：货币报酬，如工资、奖金、津贴；非货币报酬，如生活福利、个人福利、社会福利、有偿假期等。

（5）发展前景：公司发展前景，如公司发展历史和发展潜力、产品和服务类型、过去几年的年销售额、主要竞争者、员工数量；个人发展前景，如培训和发展计划、典型的职业发展路径。

除了了解职位信息外，还要学会读懂招聘要求，学会排除"有工作经验优先""有三年工作经验"之类的一些干扰信息，读出这些语句背后所指向的能力要求，即能力构成的三种要素：知识、操作技能和自我管理技能及其达到的程度要求。

此外，还要根据不同类型职位的特点来撰写简历，具体要点如表 13-1 所示。

表 13-1　各职位类型简历撰写要点

职位类型	典型职位	重点	关键词
实际型	技术员、操作员	突出参加技能大赛、获得专业技能证书等动手操作能力的经历	工具或设备名称、操作、灵活、动手能力
研究型	市场调研、研发专员、研发助理	突出教育背景方面的内容，包括学习成绩、专业课程、专业实习和课题研究的经历	分析、研究、思考创造、谨慎、缜密、独立工作、写作能力
艺术型	产品设计、视觉传达、空间设计类职位	突出设计作品、参与的实践项目、获奖证书	创造力、想象力、感受力、表达力
社会型	客服人员、培训专员、招聘专员、前台接待	突出校内实践方面的内容，包括与人打交道的实习经历和实践经历，学生干部经历中的助理类岗位	热情、耐心、助人为乐等个性品质
企业型	销售专员、市场专员、劳动关系专员	突出校内外实践中与人打交道、竞赛和彰显个人影响力的经历及证明	沟通、劝服、执行、竞争等能力，抗压、坚韧等品质
传统型	行政专员、财务人员、生产计划协调员、绩效专员、薪酬专员	突出组织、计划和执行等相关的实习、实践经历，以及获得彰显管理能力的奖项	计划监督能力、事务执行能力、管理能力、细心

关于简历撰写和设计的建议

1. 使版式设计醒目、结构清晰、新颖

注意可以分为视觉层面的注意和大脑对信息的注意。要想在大量的简历中脱颖而出，就必须在视觉层面吸引招聘人员，给他们留下深刻的印象，可以采用以下一些方法。

一是适当加强视觉因素的对比度，如加强文字和图形大小的对比、字体风格的对比、色彩色相的对比、色彩纯度的对比、色彩明度的对比等，这样可以使简历更醒目。但在使用时不能太过分强调对比，还要注意版面各因素的协调，否则就会让人感觉很混乱。例如，字体不要超过三种、比较刺激的色彩不宜大面积使用。

二是增大主体形象或标题周围的空白量，这也是使简历醒目的好方法。

三是版式的风格与目标职位要求相统一。版式要新颖，但其风格要和目标职位、从业者特质以及企业文化相统一。例如，艺术设计类职位要求从业者有创造性，因而求职者简历的设计可以更多地求新求异。

四是使用图形或图像或将文字图形化。图像比文字更能吸引人、感染人。大图片往往更有感染力，小图标则可以使简历变得更生动。例如，使用自己在和招聘岗位工作环境相似的环境中实习的照片，可以大大提高进入面试的概率。当然，前提是用人单位允许使用照片，有些用人单位往往会为避免以貌取人而不允许在简历中出现照片。使用照片还要注意储存空间不能太大，否则会影响简历打开或下载的速度，从而影响自己是否会进入面试。

招聘人员在每份简历上所花的时间平均为 15 秒，要使招聘人员在这么短的时间内看到其想看的内容，就必须使简历的结构非常清晰，容易阅读。可以采用以下方法。

一是通过增强文字的集合性使版式和内容结构更加清晰，如增加简历各部分间的空白量，同时增加同一部分内容的整体感。

二是通过使用序号、首字放大和突出标题的字体、大小或色彩等方式来使内容结构清晰。

2. 使简历内容更有推销力

要使招聘人员对求职者的信息感兴趣，可以采用以下方法。

一是把指示性的标题改为包含求职者能带给用人单位利益信息的长标题。有研究显示，读标题的人是读正文的人的五倍，这样的长标题可以让招聘人员迅速看到他们想看到的信息，从而吸引他们的注意力。另外，和无具体内容、指示性的短标题相比，十个字左右、包含具体内容的长标题更具有推销力。也就是把结论呈现给招聘人员，即在简历中永远给招聘人员呈现判断题，而非思考题，如用"能完成××工作"代替多条"学习××课程"。

二是突出求职者所有经历中与目标职位要求较为相关的部分。很多用人单位在招聘时要求求职者有相关的工作经历，而大学毕业生因为学习的原因往往没有多少工作经

历，但会有在学校担任班干部、在社团工作、参加实习以及兼职等社会实践的经历。在撰写简历时，可以先分析用人单位要求的工作经历所指向的能力，然后从自己的实践经历中找到相应的经历。

3. 其他建议

个人信息要完整，一定要有目标职位，个人经历和成就要突出与目标职位相关的特质。简历上千万不要有错别字，最好压缩为一页纸，版式美观清晰。

求 职 准 备

在毕业找工作时，甚至是在刚进大学校园时，大学生就应该为将来毕业找工作做准备。对于找工作的准备，永远不会"太早"。大学生如果想在毕业后顺利找到理想的工作，并在工作后有较好的职业生涯发展，就有必要在大学期间做好下面几件事。

1. 进行职业生涯规划

在低年级学习职业生涯规划知识并进行职业生涯规划，通过进行职业生涯规划来正确认识自己，了解社会需求，了解行业、职业和组织，明确自己长期的职业生涯目标和职业发展目标，了解目标职位对从业者知识、操作技能和自我管理技能的要求，了解目标职位的从业资质及相关证书要求，并据此在大学期间制订中期和短期的计划。之后实施规划，通过在校的理论学习、技能训练和参加校内外各种活动、实习、兼职等社会实践，来提升自己的知识储备、操作技能和自我管理技能，为毕业时的求职以及之后的职业发展做好准备。同时，还要对未知领域保持兴趣。

2. 构建自己的人脉

说到人脉或社会关系，很多人想到的就是有一些位高权重的亲戚朋友，但这样的情形不是大多数人的实际情况，所以就会产生我没有什么"关系"和"背景"，很难找到好工作的不合理信念。事实上，要在两个人之间建立起联系并非想象中的那么难。哈佛大学的心理学教授斯坦利·米尔格拉姆（Stanley Milgram）于 1967 年提出六度分割理论（six degrees of separation），认为世界上任意两个人之间建立联系，最多只需要 6 个中间人。微软的研究人员尤雷·莱斯科韦茨（Jure Leskovec）和埃里克·霍维茨（Eric Horvitz）在过滤 2006 年某个单一月份的 MSN 短信时，利用 2.4 亿使用者的 300 亿条信息进行比对，结果发现，任何使用者只要通过平均 6.6 人就可以和全数据库的 1800 百亿组配对产生关联，48%的使用者在 6 次以内可以产生关联，而高达 78%的使用者在 7 次以内可以产生关联。

除此之外，研究还发现，在求职过程中提供工作信息的人往往是联系不频繁的人。弱关系是指和联系不频繁的人的关系，和频繁交流的强关系相对应。美国社会学家马克·格兰诺维特（Mark Granovetter）在研究找工作的过程中发现，提供工作信息的往往是弱关系。他据此首次提出了关系强度的概念，将关系分为强关系和弱关系，认为能够充当信息桥的关系必定是弱关系。强关系维系着群体、组织内部的关系，弱关系在群体、组织之间建立纽带联系。通过强关系获得的信息往往重复性很高，而弱关系比强关系更能跨越其社会界限去获得信息和其他资源。

因此，大学生应当在社会交往中和更多的人建立起弱关系，积累自己的人脉，进而使之利于自己的职业发展。建立弱关系的对象包括父母的朋友和同事等、亲戚及亲戚的亲朋好友、邻居及邻居的朋友、同学及同学的朋友、老师及老师的朋友、校友及校友的朋友、熟人及熟人的朋友、实习时遇到的人、旅途中遇到的人、会议或讲座上遇到的人、健身或校外活动中遇到的人、高年级的师兄师姐等。

3. 建立求职资源库

资源是指任何一种有形或者无形、可利用性有限的物体，或者是任何有助于维持生计的事物。求职资源，即有助于我们求职的各种事物，如招聘信息、行业信息、笔试资料等，人脉本质上也是一种资源。

（1）就业信息资源库，包括学校就业网、政府就业相关部门网站、目标企业官网、招聘网站、就业指导类网站，以及上述网站的微信公众号等。大学生可以通过各类专业网站获取招聘、政策、生涯规划、就业指导等方面的信息。

（2）笔试资料库，分为企业笔试资料库、公招考试笔试资料库，结合不同的企业类型，做相应准备。例如，银行类企业笔试往往会有英语测试、财经类知识测试，公招考试笔试主要包括行政能力测试、申论、公共基础知识等（事业单位）。

（3）面试资料库，包括面试的考查点（评分标准）、面试的种类及要求（无领导小组讨论、压力面试、结构化面试、半结构化面试、电话面试、视频面试等）、自我介绍（中英文）、面试真题等。

4. 准备求职技能

大学生除了应具备目标职位需求的能力外，还要学习如何求职，即求职技能，要把找工作本身看作一项工作。

（1）了解用人单位招聘的流程、求职礼仪等。

（2）交流沟通技能、招聘信息获取的技能、简历撰写与设计技能、面试技能。

（3）情绪管理技能、时间管理技能等。

故事与分享

那些被 HR 淘汰的简历

1. 邮件标题不规范

有很多求职者使用的邮件标题是"应聘"或者类似的字样，这样的简历让招聘人员不知道该将邮件转发谁。一个企业可能同时招聘好几个职位，每个职位由不同的人负责。公司的内部流程通常是，所有的求职信都发给 HR，HR 根据申请的不同部门发给相应的负责人。在求职者比较少的情况下，招聘人员会耐心打开邮件，从简历中揣测求职者可能要申请的部门。在求职者比较多的时候，招聘人员可能会直接把这样的邮件删除。类似的标题还包括"求职""应征""有意向""交大一研究生""兼职""某某求职信""某某""实习生""求兼职""我的简历""这是我的简历"等。所有这些标题都是在用人单位指定了标题格式为"×××＋申请＋×××（职位）"的情况下发生的，这说明求职者完全不重视这个机会，以至于把标题写得乱七八糟。

2. 不知所谓的求职信

少数人的邮件只有一个附件，正文什么都没有写。还有的人在邮件正文里写"希望您看下我的简历，谢谢。""附件中是我的简历，请查收。"等。这样的求职信起不到任何正面作用。接近半数的人会在求职信中试图阐述他们多么渴望获得这份工作或者求职者本人非同寻常的个人特质。实际上，大多数HR会想知道求职者怎么看待其所应聘的公司和产品、求职者现在的状态，以及他打算为公司做点什么。

3. 可怕的照片

简历中最好不要放生活照。如果一定要放照片，就拍一张职业照放上去。但是有的职业照也不规范，要么处理得不像真人，要么人物表情让人不放心。

4. 邮件正文的格式混乱

有的求职者在邮件正文中使用了大量的格式，这些格式可能与招聘人员的邮件系统不兼容。有的邮件正文（也就是求职信的所在）格式乱七八糟，未经过排版处理。

5. 简历带广告

不少求职者的简历是由招聘网站代为发出的，或者使用了网上现成的模板。这些求职者可能想不到他们的简历中间、简历右侧、简历下侧都会出现广告。尤其是招聘网站代为发出的简历，除了广告之外，还有大大的Logo、花里胡哨的图片，很容易使人眼花缭乱。求职者自己写一份简历，自己发送简历，这是最基本的礼仪。连简历都要预先存在网上，让代码来自动地批量发送，又有什么诚意可言呢？

6. "不好意思，我忘记了"

有的求职者不知道自己投了什么公司，当招聘人员打电话的时候，他们会说："不好意思，我忘记自己投了什么职位，您可以跟我说一下吗？"虽然没有人要求求职者必须记住自己申请的每一个公司的职位，但至少应该记录自己投了哪个公司的哪个职位、什么时候投的。发出简历并不是结束，而只是开始。

7. 纯英文求职

有的用人单位招聘的职位没有对英语提出过高的要求，也没有暗示会有涉外业务，而且在招聘信息上除了邮箱之外没有一个英文单词，但是总会有一些求职者用纯英文写求职信，简历也是英文的。招聘人员不会排斥英文好的求职者，但是读一份中文的简历和求职信只需要不到一分钟，而读一份英文简历和求职信可能需要花七八分钟，还不保证准确地理解了求职者的意思。

8. "非诚勿扰"字样

一个求职者在邮件中写明"非诚勿扰"，这个意思是不是说，如果用人单位最后不会录用他，就不应该给他安排面试呢？

9. 罗列与工作无关的各种经历

这是绝大多数求职者的习惯。他们在求职信里详细地阐述自己如何获得国际交流的机会，如何获得奖学金，如何组织校园活动，却没有说明这与他们申请的工作职位有什么关系。例如，在应聘销售员的时候，有人在简历中写了自己曾经实习和工作过的四个咨询公司；在应聘培训师的时候，有人在简历中罗列了自己参与过涡轮机研发、发动机改进和单片机设计；在应聘 IT（information technology，信息技术）工程师的时候，有人说自己是大学辩论队的队长。

10. 认为自己是超人

大量的求职者在简历中把自己描述成无所不能的人，如在"求职意向"一栏填上"销售、设计、研发、工厂"。求职者可能是为了抓住尽可能多的机会，意思是说"如果研发不要我不要紧，我还可以做销售"。但是这样的表述只会让人感觉求职者自我定位不明确，对自己没有一个清晰的认识，或者想浑水摸鱼，这都是不成熟的表现。

学习自测

理解的知识点	
掌握的技能点	
感受与收获	
项目成效评分	0分---10分

模 拟 面 试

项目目标制定

本项目的预定目标：了解面试的原理及相关知识，能做好面试前的准备，并在面试中进一步了解用人单位，展示自身与招聘岗位需求相匹配的特质和能力，学会如何获取招聘人员的支持。

我对面试的经验和认知：

我对本项目目标的看法和期待：

我学习本项目的目标：

知识点

知识点

➤ 面试是一个双向选择的过程。面试既是考察和评价求职者能力素质的一种考试活动，又是求职者进一步了解用人单位的过程。在这个过程中，对方是否与自己最匹配比对方是否最优秀更重要。

➤ 面试的一般过程是由组织者经过精心设计，在特定场景下，以面试官与求职者的面对面交谈和观察为主要手段，由表及里测评考生的性格、知识、技能、态度等有关素质。面试是多数用人单位招聘时必须经过的一个环节，有些用人单位的招聘和面试还不止一次，往往先由人力资源部门面试，再由单位用人部门主管或其他领导面试。

➢ 从用人单位的角度来看，面试的目的在于通过与求职者面对面地交谈，观察求职者的行为，了解求职者的性格、气质和道德品质等个性特征，求职者的语言表达、交流沟通、为人处世和其他招聘职位所要求的能力，以及求职者对本单位及职位的态度等各方面更为真实的情况。

➢ 从求职者的角度来看，面试是进一步了解用人单位文化、职业的工作内容及其回报，判断自己是否真正想要这份工作的好机会。通过面试，求职者不仅可以更全面地向面试官证明自己能胜任该职位，还可以加深对自己的认识。此外，面试还是一次练习和实践，可以提升求职者的求职技能，为今后的求职积累经验。

➢ 对求职者来说，面试和撰写简历一样要回答两个问题，即用人单位为什么应该选择自己和自己为什么选择这家用人单位。这两个问题需要通过求职者的语言和行动来回答，而怎么回答还要结合面试的具体情境。

➢ 根据面试的结构化程度，面试可分为结构化面试和非结构化面试。

➢ 结构化面试也称为标准化面试，是指依照预先确定的内容、程序、分值结构进行的面试形式。它具有规范性、客观性、相对准确性、便于掌握评分尺度等特点。结构化面试常用于技术性和专业性较强或层次较高的职位招聘、管理较为规范的大中型企业的人才招聘，以及公务员、事业单位等注重公平、公开的招聘。

➢ 结构化面试的问题可分为情境性问题（提出一个假设的工作场景，考察求职者在这种情况下的反应）、智能性问题（考核求职者与工作相关的知识和能力的掌握情况）、工作样本模拟问题（对求职者未来可能面临的实际工作场景、工作内容进行抽样和模拟，并观察和评价其在这种与实际工作背景非常相似的情况下所表现出来的工作绩效）和行为性问题（过去的行为是对未来行为的最好预测，针对求职者过去的工作经历，让求职者讲述自己过去工作中实际发生的行为事件的背景、目标、行动及其结果，考察求职者的思维和应对能力）四种。

➢ 非结构化面试是指面试的内容、程序等都没有明确的规定，面试官可以根据求职者的具体情况以及面试的需要随机提出探索性、开放性的问题，并且根据求职者回答的某一方面进行深入、彻底、多层次的了解。它比较适用于招聘中高级管理人员。此外，非结构化面试也常为小微企业招聘所使用。

➢ 根据面试的方法和目的的不同，面试可分为情景模拟面试、行为面试、压力面试等。

➢ 情景模拟面试是指招聘人员通过对岗位进行分析，确定工作情节，设计出一系列的问题，给出问题答案，在面试时，面试官对所有求职者询问同样的问题，然后按预定的答案对求职者的回答进行评价的一种特定的面试方法。情景模拟面试常见的方法有无领导小组讨论、公文处理测验、案例分析测试等。

➢ 行为面试是指通过要求求职者描述其过去某个工作或者生活经历的具体情况来了解求职者各方面素质特征的面试方法。行为面试基于求职者对以往工作事件的描述及面试官的提问和追问，运用素质模型来评价求职者在以往工作中表现的素质，并以此推测其在今后工作中的行为表现。

➢ 压力面试是指面试官通过有意制造紧张氛围、给求职者施加各种压力，以了解求职者对压力的承受能力、在压力前的应变能力和人际关系能力的面试方法。压力面试主要用于销售等需要具备在高度压力下工作的能力的职位招聘。

➢ 面试的准备主要包括再次深入了解应聘的单位和职位，准备简历、常见问题的回答和恰当的提问，学习面试礼仪以及做充分的心理准备。通过挖掘成就故事来建立和增强自信心，通过自我对话来识别和消除不良情绪，还可以向专业人士寻求有效帮助。

➢ 面试过程中应做到守时、礼貌、诚信、热情、自信，在交谈过程中保持眼神接触，准确理解面试官所提问题背后的目的，明确而简洁地回答问题并提供充足的细节，能识别结束等信号，避免争论。

➢ 面试后要对本次面试进行总结，可以及时给相关人员发感谢信。在收到进一步面试或录用通知，或者被拒绝后要写一封感谢信或考虑退出的拒绝信，对相关人员的帮助表示感谢。在这些信中还可以询问面试官对自己的印象和评价，以便于自我认知和改进。还可以告诉他们自己目前的状况，和他们建立起关系，获得他们的支持。

📖 案例导入

毕业生小王参加了学校的就业指导课以后，决定接受老师的建议，给自己包装一下。经过一番精心打扮，果然大不一样，唯有那一双新鞋，因为不小心买大了一码，又舍不得不穿，小王只好勉强穿上。随后，小王参加了一家用人单位的面试。可是，那双鞋子太大了，老是掉鞋跟。在面试的会场上，小王没有走上几步心里就发慌，怎么走怎么不顺。面试结束时，王考官突然要求小王走上几步看看，这下可把他吓坏了。小王心里越发紧张，结果越走越难看。几天后，其他几位同去面试的同学都接到复试的通知，小王却没有。后来，老师问小王，是不是脚有问题。他说："绝对没有，只是紧张的缘故。"小小的失误导致错过良机，实在可惜。看来毕业生在应聘面试的时候，衣着打扮除了好看，还要舒适、自然，否则会适得其反。

正在择业的学生，必须使自己尽可能地在招聘人员面前塑造出良好学生的形象。

📝 活动与任务

为招聘岗位制订面试方案

以小组为单位，在招聘网站搜索一个跟所学专业相关的招聘岗位，再根据招聘岗位对从业者的能力需求，站在用人单位的角度来设计一份面试方案。

模拟招聘面试

全班抽出 6 名学生，3 人为一组进行角色扮演。一组学生扮演某企业人力资源部门招聘专员，根据企业的需求制定招聘简章，明确企业概况、工作岗位、学历要求、福利待遇等情况；另一组学生扮演求职者，通过综合面试确定企业需要的学生，最后分析为什么选中这些学生，指出其他学生在面试过程中存在的问题。

无领导小组讨论

无领导小组讨论是由一组求职者组成一个临时工作小组，讨论给定的问题并作出决策。这个小组是临时拼凑的，并不指定谁是负责人，其目的就在于考察求职者的表现，尤其是看谁会从中脱颖而出，成为自发的领导者。测评人员只是通过安排求职者的讨论题目，观察每个求职者的表现，给求职者的各个要素评分，从而对求职者的能力、素质水平作出判断。无领导小组讨论最突出的特点就是具有生动的人际互动性，求职者需要在与他人的沟通和互动中表现自己。无领导小组讨论考察的维度有组织协调能力、逻辑分析能力、沟通能力、人际影响力、应变能力、团队精神，以及相关的专业知识、社会知识和管理知识等。因此，无领导小组讨论适用于那些经常与人打交道的岗位人员的选拔，如中高层管理者、人力资源部员工和销售人员。

在具体实施过程中，无领导小组讨论根据讨论的主题可分为无情境性讨论和情境性讨论。无情境性讨论一般针对某一个开放性的问题来进行；情境性讨论一般把求职者放在某个假设的情境中来进行，根据是否给求职者分配角色，可以分为不定角色的讨论和指定角色的讨论。不定角色的讨论是指小组中的求职者在讨论过程中不扮演任何角色，可以自由地就所讨论的问题发表自己的见解；指定角色的讨论是指在小组讨论中，求职者分别被赋予一个固定的角色。

以下是无领导小组讨论的步骤。

第一步，环境准备。准备圆桌会议室、测评人员座位。

第二步，安排相关人员入座。每个讨论组 6～8 人，测评人员培训，制定每个考核要点的评判标准。

第三步，宣布题目与注意事项。为求职者准备空白纸，宣布时间要求、讨论的流程、注意事项、讨论的纪律要求，并宣读讨论题目。

第四步，求职者开展讨论。准备时间为 5 分钟，每位求职者依既定序号阐述自己的观点，发言时间为 3 分钟。发言结束后开始自由讨论，得出最终结论，代表人员进行总结陈词。每组总的讨论时间一般为 30 分钟。

第五步，测评人员进行评分。各测评专家在一旁观察，依据评分标准为每位求职者打分，不能参与讨论或给予任何形式的指导；主测评人员把握时间进度，同时根据讨论进展情况适时宣布讨论结束，并收回求职者的讨论发言提纲。

第六步，汇总统计测评结果。主测评人员收集各测评人员的评分成绩单，统计测评结果后得到每个求职者各项素质的最终得分。

通过以上讨论，你有哪些体验与收获？

_____

_____

拓展阅读

面试的常见类型与应对

从不同的角度可以把面试分为不同的类型。下面介绍几种常见的面试类型。

1. 结构化面试

结构化面试也称为标准化面试，是指依照预先确定的内容、程序、分值结构进行的面试形式。它具有规范性、客观性、相对准确性、便于掌握评分尺度等特点。通常结构化面试的问题可分为情境性问题（提出一个假设的工作场景，考察求职者在这种情况下的反应）、智能性问题（考核求职者与工作相关的知识和能力的掌握情况）、工作样本模拟问题（对求职者未来可能面临的实际工作场景、工作内容进行抽样和模拟，并观察和评价其在这种与实际工作背景非常相似的情况下所表现出来的工作绩效）和行为性问题（过去的行为是对未来行为的最好预测，针对求职者过去的工作经历，让求职者讲述自己过去工作中实际发生的行为事件的背景、目标、行动及其结果，考察求职者的思维和应对能力）四种。

在进行结构化面试之前，企业必须通过职位分析确定招聘职位对求职者的素质要求，在此基础上确定录用标准、设计面试问题，合理排列问题的顺序、确定由谁提问、明确评分标准和评分人、设计规范的评分表。

结构化面试常用于技术性和专业性较强或层次较高的职位招聘、管理较为规范的大中型企业的人才招聘，以及公务员、事业单位等注重公平、公开的招聘。求职者在参加这类面试前可以去查找往年的面试题目或类似的面试题目作为参考，在面试时做到实事求是、应对自如就可以了。遇到不会的问题便照实回答，不应含糊其词，不懂装懂，否则会让人觉得不诚实。

2. 非结构化面试

非结构化面试是指面试的内容、程序等都没有明确的规定，面试官可以根据求职者的具体情况以及面试的需要随机提出探索性、开放性的问题，并且可以根据求职者回答的某一方面进行深入、彻底、多层次的了解。也就是说，对于不同的求职者，提出的问题、测试过程和问题的答案是不同的。因此，非结构化面试具有面试问题的不确定性、面试答案的非标准性、面试过程的发散性和面试评分标准的模糊性等特点。

现代企业越来越重视员工的沟通能力、人际关系能力、团队精神、接受新事物的能力。如何才能在很短的时间内让招聘人员了解到求职者具备这些能力呢？非结构化面试就在这种需求中应运而生了。非结构化面试是面试官与求职者围绕某一主题随心地交谈，让求职者自由发表议论，在"闲聊"中观察求职者的组织能力、知识面以及谈吐和风度的一种面试方式。现在许多大型企事业单位在人才招聘中采用此形式的面试。它比较适用于招聘中高级管理人员。此外，非结构化面试也常为小微企业招聘所使用。

在参加非结构化面试之前，求职者要充分了解招聘职位对求职者的能力需求，并有针对性地挖掘和准备自己的成就故事，这样才能在"闲聊"式的面试过程中有的放矢。

3. 情景模拟面试

情景模拟面试是指招聘人员通过对岗位进行分析，确定工作情节，设计出一系列的问题，给出问题答案，在面试时，面试官对所有求职者询问同样的问题，然后按预定的答案对求职者的回答进行评价的一种特定的面试方法。和其他面试形式相比，情景模拟面试的特点主要表现在针对性、真实性和开放性等方面。情景模拟面试常见的方法有无领导小组讨论、公文处理测验、案例分析测试等。

（1）无领导小组讨论是通过给一组求职者一个两难问题，让求职者在一定时间内分析讨论并作出决策，面试官则在一旁观察各求职者的行为表现，并据此判断其是否符合职位需求。

（2）公文处理测验是让求职者在限定的时间内处理事务记录、函电、报告等文件，以此考察其公文处理能力。

（3）案例分析测试就是先让求职者看一些材料，了解并研究某个组织在管理中所面临的问题，再要求其向高层领导提出一个分析报告。案例中的问题一般是财务问题、制度问题或管理过程分析等。

高度的针对性、逼真性是情景模拟面试的突出特点。求职者处理问题的合理性、决策的科学性及其组织协调能力是面试官对求职者作出评定的主要依据。求职者需要注意以下几点。

一是沉着应对，准确感知。情景模拟面试的内容一般可在现实生活中找到原形或样板，两者之间存在高度的相似性。不同的只是情景模拟面试因有明确的时间限制及面试官的参与而使气氛比平时更为紧张。因此，在情景模拟面试中，求职者心理和情绪的调节与控制是非常重要的。

二是大胆创新。情景模拟面试以考察求职者的全面素质为目的，内容不仅包括简单的能力资格与素质条件，而且包括创新等复杂的能力与素质。因而，求职者在情景模拟面试中，不能仅限于简单地演示平日工作中的方法手段，而应灵活处理。

三是循规操作。在情景模拟面试中，有一些内容的应答是不容许求职者创新的，如公文处理及机关事务处理等，它们的处理原则及程序都有明确规定，求职者只能循规操作，而不可擅自更改某些规则。

4. 行为面试

行为面试是通过要求求职者描述其过去某个工作或者生活经历的具体情况来了解其各方面素质特征的面试方法。行为面试的基本假设是：一个人过去的行为可以预测这个人将来的行为。

行为面试通过一系列问题如"这件事情发生在什么时候？""您当时是怎样思考的？""为此您采取了什么措施来解决这个问题？"等，收集求职者在代表性事件中的具体行为和心理活动的详细信息，基于求职者对以往工作事件的描述及面试官的提问和追问，运用素质模型来评价求职者在以往工作中表现的素质，并以此推测其在今后工作中的行为表现。一般来说，行为面试所问的问题大概有以下三大类：一是关于求职者自身的素质；二是关于求职者所经历过的成功的（自豪的）或失败的项目或任务；三是关于求职者和同事、领导之间的关系。

求职者在参加行为面试前要准备好自己的成就故事，每个成就故事应该包括：当时的情境，发生的时间、地点、项目和涉及的人员；要完成的任务或遇到的问题；自己采取了哪些步骤或行动；得出了什么样的结果，取得了什么成就。这四大方面内容缺一不可，必须完整。这是应对行为面试的利器。

5. 压力面试

压力面试是指面试官通过有意制造紧张氛围、给求职者施加各种压力，以了解求职者对压力的承受能力、在压力前的应变能力和人际关系能力的面试方法。通常面试官通过提出生硬的、不礼貌的问题而故意使求职者感到难堪，并针对某一事项或问题做一连串的发问，直至求职者无法问答，从而达到面试的目的。这种面试方法主要用于销售等需要具备在高度压力下工作的能力的职位招聘。

面试官在进行压力测试时，会故意制造一种高压力的紧张氛围，并设置种种语言陷阱和情景陷阱，使求职者在应激状态下显露出自己的本性，从而评价其综合能力和素质。求职者首先应当了解压力面试，在面试时能一眼看穿是在进行压力面试，这样就不会那么惊慌和害怕了。求职者还要学会识破语言陷阱和情景陷阱，并绕开陷阱。在回答过程中保持镇定、耐心解释，适当时可提出反问。总之，保持心态平和、耐心细致、沉稳老练、信心十足、临危不乱，这是在压力面试时需要表现出来的性格特征。

情景模拟面试试题和评分标准的编写及应用

在情景模拟面试中，首先，面试官应以轻松的话题和友好的问候开场，建立良好的面试气氛，使求职者放松到正常的面试状态；其次，以简短易答的情景模拟面试试题切入话题；最后，逐渐深入地以难度较大的专业性、针对性面试试题询问。情景模拟面试试题编写和应用主要有如下几个类别。

1. "诚实测试"类面试试题应用

情景模拟面试试题：假定张三的小孩出生不到三个月，由于偶感风寒而高烧不退；张三的妻子产后不久，身体比较虚弱，而且张三无法找到亲戚朋友来帮忙送医院并照顾他们，但是三个小时后就是张三上班的时间。如果你是张三，这时候你该如何做？

高分的参考答案：我会打电话向主管请假，向他解释目前的情况，并说明我会安排相关同事帮我先处理手头的紧急工作，不急的工作等到销假后加班处理。

中等的参考答案：我会打电话向主管请假，并请他帮我安排相关工作。

低分的参考答案：我将照常上班，等小孩和妻子实在顶不住的时候再回家。

2. "灵活应变能力"类试题应用

情景模拟面试试题：假如你有位同事张×生病在家，你带着营养品前去看望他，碰巧在通往他家的楼道里遇见了你领导的爱人；对方以为你是来看领导的，马上接下礼物并连声道谢。面对这种情况，你该如何处理？

高分的参考答案：我会迂回处理，如"您也是刚看完张×才回来的吧？您帮我参谋一下，我这个营养品适合张×的病情吗？"。

中等的参考答案：我会将错就错，把营养品给领导的爱人，然后找机会重新买营养品去看望张×。

低分的参考答案：我会直接明说，如"对不起！这份营养品是带去看张×的，明天我再买东西去看望领导"。

3. "责任感"类试题应用

情景模拟面试试题：假如有位客户如约来拜访你的同事，碰巧你的同事有急事外出，也没有委托你帮他接待；当客户问起你的同事时，你该如何处理这件事情？

高分的参考答案：我会热情地请客户入座，倒水给他喝；同时代表同事向客户致歉，并抽空打电话给同事，询问这件事的处理方法。如果我能办到，我会按同事的要求处理相关工作，并在同事回公司后向其转交该工作事项的处理结果和相关要求；如果我不能办到，我会记录客户的需求，必要时请同事与客户电话交流，并主动协助同事处理相关工作。

中等的参考答案：我会请客户入座，倒水给他喝，同时抽空打电话给同事，请同事与客户在电话里沟通解决。

低分的参考答案：我会对客户说同事有急事外出，请他打电话跟同事联系或者请他下次再来。

4. "人际交往能力"类试题应用

情景模拟面试试题：假如你在单位工作，成绩比较突出，经常得到领导的肯定，但同时你发现同事们越来越孤立你。你怎么看待这个情况？打算怎么解决？

高分的参考答案：我会分析这可能是自己竞争意识太强、太注重个人绩效而忽视了人际交往，我今后将加强人际交往能力的锻炼；在问题没有得到解决之前，我会尽可能跟同事主动、友好交往，并想办法消除他们对我的误解。

中等的参考答案：虽然我自己可能人际交往比较欠缺，但主要原因还是同事不够友好，我也无可奈何。

低分的参考答案：同事的妒忌心太强，很多单位都如此。

5. "团队合作"类试题应用

情景模拟面试试题：众所周知，工作分析是一项基础而重要的人力资源管理工作，其涉及面广，人力资源部在推行时常常会遇到较大的阻力。如果人力资源部安排你来具体负责推行这项工作，请问你有什么办法解决这个难题？

高分的参考答案：工作分析涉及面广，需要公司上下共同参与；可以建立工作分析委员会，公司高管担任委员会主任，人力资源部经理担任秘书长，其他各部门经理担任委员，由工作分析委员会组织推行。

中等的参考答案：我会和人力资源部经理一起加强与各部门经理的沟通，发动各部门一起参与推行该项工作。

低分的参考答案：我会申请参加"工作分析技术"的培训课程，提高人力资源部成员的工作分析技术水平。

6．"顾客导向"类试题

情景模拟面试试题：如果一位顾客要求你给她拿几条牛仔裤试穿，由于顾客太多，你拿错了尺寸；该顾客非常气愤，在大庭广众之下对你大发脾气。面对这种情况，你会怎样处理？

高分的参考答案：我会当众向该顾客道歉，并马上去取正确尺寸的牛仔裤送到她手上，并感谢她光临本店。

中等的参考答案：我不会跟她一般见识，我会默默地去取正确尺寸的牛仔裤送到她手上。

低分的参考答案：我会跟她解释工作太忙，谁都可能出错。

面试的准备工作及常见问题

1．再次深入了解应聘的单位和职位

在面试过程中往往会被问到求职单位和职位的相关信息，所以需要进一步了解这些信息，这既是对用人单位和职位的再次评估，也可依据用人单位需求再次做整理，以突出自己的相关能力，同时也表明自己的态度。需要了解的用人单位信息包括单位的名称、地址、产品或服务、分支机构及员工数量等基本信息，单位的发展历史、发展战略、发展趋势、行业地位和主要竞争者，以及单位的领导和员工的价值观、英雄人物、单位制度、工作导向、社会责任、组织学习和活动等企业文化。此外，还需要了解应聘职位的信息，包括职位所属部门、在组织中的地位和作用、具体职责和工作内容、对工作者的核心要求和其他要求、职位的工资构成和福利、员工的培训与学习情况、职位的发展通道和发展前景等。除了了解用人单位和职位的相关信息之外，还要将这些信息与自己联系起来，找到自己和用人单位之间的结合点，这样在面试时便可以表现自如。

2．准备简历、常见问题的回答和恰当的提问

根据了解到的用人单位和职位信息进一步完善自己的简历。准备好简历、推荐表、成绩单和相关证明文件。即便已投递过简历也应该再带上一份，有的用人单位往往会要求求职者在面试时携带证明文件的原件。招聘常见的步骤和问题很多时候是可以预见

的，所以求职者可以对此进行准备和演练，这样可以在面试时表现更佳，也有助于克服心理的紧张。在招聘过程中，面试官往往会让求职者对想了解的情况进行提问，恰当的提问可以使面试官知道求职者为这次面试做了很多准备工作。所提的问题应当与职位有关，并能表现出求职者的热情和知识。通过提出机智的、经过慎重考虑的问题，求职者将表现出对用人单位的认真态度，并且让对方感受到自己很有价值。

下面是面试中常见的一些问题。

请介绍一下你自己。

你的短期目标是什么？两年后和五年后你的目标分别是什么？

你怎么看待这份工作和职位？

你最满意/不满意的经历是什么？

你的优点/弱点是什么？

你为什么适合这份工作？

你如何缓解压力？如何保持生活和工作的平衡？

你过去的领导有什么共同点？

你最喜欢/不喜欢什么课程？为什么？

从你的业余活动/社会实践/实习经历中，你学到或者得到了什么？

如果让你的朋友描述你，你认为他们会怎么说？

为何到现在你还没有找到工作？

看上去你好像在_____领域（如销售、筹款、簿记）没有什么经验，是吗？

3. 学习面试礼仪

礼仪是人们约定俗成、表示尊重的各种方式，主要表现在行动、语言方面，礼仪最终的目的和效果就是让对方感到舒服。所以，求职者既要学习约定俗成的礼仪，也要学会根据情境，用换位思考的方法，从对方的角度为对方考虑，并用语言和行为表现出来。下面就面试的各个环节来介绍相关的礼仪和注意事项。

在面试前要了解面试的时间、地点和要求并准备面试的服装，为此，可以先去一趟用人单位，熟悉路线和查看公司氛围，选择的服装要符合公司氛围。如果公司员工都穿着正式的工作服，着装统一，那么去面试时同样要穿着比较正式的服装；如果公司员工穿着很随意，那么可以不用穿很正式的服装，但穿着打扮一定要干净整洁，穿着稍微正式一些是最好的，至少表现出很重视的态度。服饰打扮是求职者的静态形象，在面试的整个过程中，求职者的言谈举止会展示出其动态形象。因此，在面试过程中要注意各个环节的言谈举止，给招聘人员留下一个良好的印象。

4. 做充分的心理准备

面试不仅仅是对求职者知识和技能的评估，更是对其心理素质的考察，因此，面试前进行心理上的准备是很必要的。求职者要认识到面试过程中可能会出现心理不适，如紧张、恐惧、焦虑等，而这些心理的不适是正常的，是每个人都会遇到的，要能接纳这些情绪，并学习如何去进行自我调适。

求职者可以通过挖掘成就故事来建立和增强自信心，通过自我对话来识别和消除不良情绪，还可以向专业人士寻求有效帮助。

面试形象与面试礼仪

面试考场礼仪

（一）仪容仪表

（1）面部修饰：在与他人接触时，面部给人的印象是最深刻的。因此，大学生在应聘前，应将面部清洗干净，但切忌化浓妆。

（2）发型发饰：男性不留长发，不戴帽子，头发要干净，适当梳理；女性头发要干净、整齐，不可佩戴较复杂的发饰。

（3）着装要求：服饰的功能包括两个方面，一方面为实用，一方面为形象美。要想着装美，就要达到四种协调，即服饰与周围的环境协调、与自己的身份协调、与自己的身体协调、与季节协调。学生的穿着应以大方、整洁、朴素为主。穿着整洁，洋溢青春气息，最能体现学生身份。

（二）气质与风度

气质是个人全面素质的显现。大学生应表现出求知欲强、聪明、守规矩、善良、礼貌、朝气蓬勃等气质。

风度是一个人全部生活给人们留下的整体印象。大学生应热情大方、谦逊诚恳、认真执着、勤学上进。

（三）行为举止

举止是一种无声的语言，通过人的表情、姿势、行动表现出来。表情是指人的面部表情和目光显示；姿势是指人的坐姿、站姿等；行动是指人的走姿、手势等。"微笑服务""落落大方""步履轻盈""站如松、坐如钟、行如风"都是人们心目中对人行为举止的约定俗成的要求。

1. 表情要求

（1）微笑。微笑是人的一种表情，是人们对某种事物给予肯定后的情绪体验的外在表现。通过微笑可以表现谦和、友善、热情。

（2）目光。心理学家认为，眼睛最能准确地表达人的内心世界的感情和心理活动。例如，在与招聘人员交谈时，求职者的目光四周环视，会使招聘人员感到求职者的注意力没有放在自己身上，感到求职者态度傲慢，对应聘之事漠不关心。又如，当求职者目光呆滞时，招聘人员会感到求职者心中有其他的事情，根本就没有听见自己在说什么，因而怀疑求职者的诚意。所以在应聘时，求职者的目光应始终集中在对方的面部上半部的某个区域（眉毛上端），偶有离开，也只是瞬间，要表现出专注。千万不要用目光在招聘人员身上上下打量，或目不转睛地盯住招聘人员的某个部位，也不要眯眼、闭眼、斜视、漫不经心、游离不定等。

2. 姿势要求

（1）站姿。站姿就是人处在站立时的姿势。如果站在那里双腿并拢、身体垂直，双手自然下垂，就会让人觉得这个人稳重、认真。相反，如果站在那里两腿叉开、身体弯曲、重心倾斜、手揣裤包，就会让人觉得这个人不够稳重，对其不放心。

（2）坐姿。坐姿的好坏可以显示出一个人的内在修养，反映出个人气质、性格的某些特点，给旁人的印象同样是深刻的。女性落座时要声音轻、动作稳，坐好时两腿弯曲，与地面成直角，双膝并拢，腰部挺直。如果不需要用手，则两手自然放置在双膝上或大腿中部。如果穿的是裙子就要拉好，盖好双腿，千万不能叉开双腿。另外，不要把整个座位都坐满，不要靠在椅背上。男性要使大腿和小腿弯曲成直角，可以张开双腿而坐，与招聘人员交谈时两手自然弯曲放在膝盖上或大腿中前部，胸挺颈直，显示出男性特有的刚毅与自信。无论男性还是女性，都忌讳坐在那里不时地颤动双腿、跷二郎腿或弯腰驼背、手托下颚等。坐姿不好容易引起招聘人员的反感，认为求职者傲慢，轻浮，不易接近，从而影响对其的评价。

3. 行动要求

（1）走姿。走姿与站姿、坐姿不同，这是一种动态中的姿势，所以更能集中体现人的个性和精神风貌。一个人行走时大步流星，步子富有弹性，两臂摆动有力，说明这个人情绪高昂，而且富有自信和朝气；如果手臂摆动得小而无力，步履拖拉，会让人感到这个人被动无奈，沮丧苦闷，体质弱。正确的走姿是身体平稳，两臂自然下垂，一前一后交叉摆动。摆动时手臂与身体夹角约35°，挺胸抬头、收腹、目视前方，脚尖正指前方。女性步履轻盈，迈步不能过大，一般两脚间保持 1.5～2 脚长。男性走路时步子可以迈得稍大些，落脚坚定有力，富有男子汉的潇洒大方的风度。走路时特别注意身体不要来回晃动，不要单臂摆动，要忌讳八字脚步，几个人走路时不要搭肩勾背、打打闹闹或一起并排。走路时遇到来人要主动站立，为其让路，表示对他人的尊重。

（2）手势。人们在进行交际时，总会借助手势对自己的语言进行强调。人们有节奏地打着各种手势，其实是运用一种无声的语言渲染自己的思想感情，传递自己的语言信息。交谈时的手势不宜过大、过多。如果手势过大、过多会使人感到你的工作很毛糙、不踏实。介绍身旁人员的时候，要注意手掌向上、手指伸平、四指并拢、大拇指自然打开，身体微微向前倾，微笑着面向目标方向。在向人打招呼、问候、告别的时候不要把脸转向侧面，不要用手捂住嘴。切记在与对方交流的时候不要反剪双臂，否则会让人感到你傲慢，看不起别人。也不能当着对方的面掏耳朵、抠鼻孔、搔头皮、剪指甲或用手指在桌上涂画，更不能用手指着别人的鼻子说话。交谈时身体可以向前微倾，以示对对方的尊重，让对方感到亲切温暖。

（四）言语

人们在社会生活中不可避免地要用语言交往，言语是人际交往必不可少的表达方式，它最能清晰准确地表达自己的思想感情。应聘时，要特别注意以下几点。

1. 言语的礼仪与规范

（1）言语礼仪：态度和蔼、感情真诚；语言简洁清楚，不絮絮叨叨、反反复复。

（2）言语规范：称谓得体，以"老师"为宜；不讲大话、粗话、空话和假话。

2. 言语技巧

（1）幽默：言语幽默能引起对方的愉快心情，增强求职成功的信心。

（2）委婉：这是一种避免回答实质性问题的言语技巧，可以化尴尬为幽默，减少正面冲突。例如，在咨询薪水待遇时，可以这样说："我曾对我父母说，我会通过自己的劳动获得生活所需。"

（3）暗示：主动留下自己的详细联系方式，意味着你很希望与招聘人员多联系，并进一步让招聘人员感到你十分珍惜这个工作机会。

面试过程中的注意事项

到达面试地点的时间要把握好，千万不要迟到。一般应比约定时间提前 10～15 分钟到达，这样既可以避免路上由于发生各种意外情况而耽误时间，又可以有时间调整心态、平定情绪，从容应对面试。去参加面试时不要让同学、朋友或家长陪同，单独前往是自信的表现，也不会给别人留下不成熟的印象。到达面试地点后对招聘人员要点头、微笑。

进入面试办公室前要先敲门，等对方说"请进"后方可进入，然后向对方行点头礼并关上门。走到椅子旁边时应恭敬地进行自我介绍："您好，我是×××。"当对方请你坐下时，说声"谢谢"再坐下。如果对方未请你坐下，应礼貌地询问："我可以坐下吗？"然后等对方回答后再坐下。

在面试中要能了解你和面试官之间的力量对比，准确把握态势、情境。不要紧张，更不要过于放松。了解面试官问题背后的目的。面试过程中应尽量不撒谎。另外，应尽量避免和面试官争论，要记住，面试官也是人，他可能情绪不好、是个刁钻的人或故意挑起你的情绪或在选人方面并不专业，但最重要的是他可能是决定你能否被录用的人。

在面试过程中，要热情和积极地回应。在回答问题、谈论过去和现在的活动时，要通过你的措辞和身体语言（如兴奋的语调、稍稍向前倾斜、点头表示同意）传达出你的激情和活力。保持眼神接触很重要，如果不这么做，说明你缺乏自信或者会让用人单位认为你不够坦率。保持一个舒适的坐姿，不要懒散。不要把任何东西放在膝盖上或者放在手里，因为这样会限制自然的身体动作，甚至会无意识地把玩它。把携带的笔记本、公文包和笔放在椅子附近的地方，需要的时候随时可拿到。明确而简洁地回答问题，但要注意提供充足的细节，以使面试官能评价你的资历。当面试官不得不听一些冗长而散漫的回答时，他们会感觉很不舒服，因此在讲话之前应先想想。为了组织好语言，在谈话之前停顿一下是可以接受的。应避免"嗯""啊""你知道"等这样的口头语或为了留出时间而重复问题。使用商业语言，避免俚语。

当说错话时，如在称呼面试官时把对方的姓氏、职务说错了，在回答问题时把常用的词句说错了，无碍大局，可以若无其事，继续回答问题。如果说错的话是必须纠正的，则需要马上道歉并且更正，态度要诚恳，话说一遍即可，切忌重复。出了错，有勇气承认并弥补，说明你有较强的应变能力。所以，说错了话一定不要紧张，要根据情况坦然面对。

面试官长时间沉默分故意和非故意两种情况。故意沉默是想观察求职者应对尴尬局面的能力，非故意沉默是对求职所回答的问题陷入了沉思。面对面试官的这两种沉默，求职者可以事先准备一些合适的话和问题，在这个时候提出来。可以这样问："还有什么有关我所学专业的问题，您想听我详细说明的？"也可以用涉及相关专业常识性的问题做引线，向面试官提问，使其不能继续沉默下去。还可以顺着先前谈话的内容说下去，如"刚才您问我……其实我觉得还可以这样看这件事……"。

当遇到不懂的问题时应该坦白面对，不懂就是不懂，硬着头皮乱说是不行的，因为资深的面试官很可能继续追问下去，使你无法收场。此时，应该谦虚地承认，对这个问题，自己还认识不够。由于你的坦诚，至少还可挽回一些影响。如果没有听清楚面试官提的问题，可以请对方重复一次。如果对问题不太明确，要和对方确认"不知道您想知道的是不是……？"，态度一定要诚恳。

谈话时间的长短要视内容和气氛而定，一般面试官认为该结束面试时，往往会说一些暗示的话语，如"很感激你对我们公司这项工作的关注""谢谢你对我们招聘工作的关心，我们一作出决定就会立即通知你""你的情况我们已经了解了。你知道，在作出最后决定之前我们还要面试几位申请人"。求职者在听了诸如此类的暗示语之后，应该主动告辞。告辞时应该与面试官握手，表达出对这个职位的兴趣，感谢对方给你面试的机会，礼貌地说再见。如果情境适合，则可索要面试官的名片或电子邮箱，以便能够发送感谢信给他。若在门外见到其他工作人员，也应该向他们致谢告辞。面试结束时的礼节也是用人单位考察录用的一个环节，因此，求职者应该善始善终，把握好这最后的一关。

面试结束后，首先要对本次面试进行总结。争取在 24 小时内给面试官发一封感谢信。在收到进一步面试通知后要写一封感谢信或考虑退出的拒绝信，或者在被拒绝后写一封感谢信，作为对此的回应，表达你对这个职位的兴趣，感谢对方给你面试的机会，对他们的帮助表示感谢。在这些信中还可以询问面试官对你的印象和评价，以便于自我认知和改进。还可以告诉他们你目前的状况，获得他们的支持，和他们建立起关系，这很可能带给你一些不错的就业机会，因为各单位的招聘人员，特别是同行业或相关行业单位的招聘人员之间会有较多交流，往往会形成一个圈子。

公务员考录面试点评

从近年国家公务员考录面试情况来看，常见的依然是结构化面试，少数岗位考录面试采取无领导小组讨论和以文字资料为背景的情景模拟面试。

结构化面试的一般流程如下：考生进入考场后，直接走到考生席，站定后向考官问好，得到"请坐"的指令后落座。落座后，考生需要报上自己的面试顺序号，不能自报姓名。等考官宣读完导入语后，面试正式开始。结构化面试提问一般分为发给题本和考官读题两种方式。面试时间为 20～30 分钟，一般有 4～5 道题。这些题目分别侧重考察考生的综合分析能力、人际协调能力、计划组织能力、反应应变能力以及服务意识和技巧等。在考生回答问题的过程中，考官也可以从中观察考生的逻辑思维能力、语言表达能力以及个人影响力，了解、把握考生的综合实力、发展潜力以及个性特点，对考生的职业胜任特征和岗位胜任能力作出评价。

1. 综合分析试题面试要点

综合分析试题侧重考查考生的综合分析能力，通常会以一些社会热点问题为素材，考查考生对一些事物和现象的综合理解和分析判断能力。评分标准既注重考查考生思维的逻辑性和严密性，又注重考查考生思维的深度和广度，主要看考生的论点是否言之有理，论据是否充分，分析问题是否透彻，思想观点是否有深度，是否有独到的思想见解，能否自圆其说，解决问题的措施是否切实可行。内容完整、重点突出、条理清晰是面试答题的基本要求。

答题策略：一是要用全面系统的观点看待问题，剖析问题产生的原因或者现象产生的背景；二是要用辩证分析的观点看待问题，指出现象的积极意义和消极作用及其可能导致的后果；三是要用动态发展的观点，对症下药，针对问题提出可操作性的对策和建议。

2. 人际协调试题面试要点

人际协调试题通常以机关办事活动的人际情景为素材，侧重考查考生的人际协调能力。这种类型的试题要求考生理解组织中的权属关系（包括权限、服从、纪律等意识），具有人际合作的自觉性和主动性，能够采取有效手段和措施进行沟通协调，在处理人际关系时能够坚持原则性与灵活性相结合，具有良好的人际间适应性。

答题策略：一是思维周密，针对题目给定的情景，分析问题产生的原因；二是因人制宜、因时制宜，针对不同原因，提出不同的、具体的解决问题的方法；三是用积极的心态、有效的措施促进问题妥善解决。

3. 计划组织试题面试要点

计划组织试题侧重考查考生的整体谋划和组织执行能力，通常以机关"办事、办文、办会"工作为素材，给定一个主题和任务，如组织一次宣传、培训、会议或者检查等活动，考查考生根据任务目标作出计划，进而组织调配人、财、物等有关资源完成工作任务的能力。

答题策略：一是对于重大事项需要根据活动目标和目的制订工作计划和实施方案，明确职责分工，确定时间、地点，提出实现活动目标的日程和路径、方法和手段，必要时应当履行报批程序，对于一般事项，要做到统筹兼顾，心中有谱；二是根据工作计划和实施方案调配有关资源，组织协调有关单位和人员各司其职，开展工作；三是明晰在实施活动中需要注意的重点事项，事中做好跟踪服务和应急处理，事后做好总结汇报。

4. 反应应变试题面试要点

反应应变试题通常设置一个特定情景，以情况紧急、需要马上解决问题的突发事件为素材，侧重考查考生的反应应变能力。这种类型的试题既注重考查考生在有压力的情境下随机应变的思维敏捷性，又注重考查考生在突如其来的事态下临危不乱的情绪稳定性，要求考生无论是在面对一般情景的突发事件还是在面对公共突发事件的情况下，在思考、解决问题时都既能够镇定自若、从容不迫地作出正确判断，又能够迅速灵活地进行有效处理。

答题策略：一是分析情况，既要分析"我"在试题设定情景中的角色定位和工作职责，又要对试题给定突发事件的关键信息进行核实，并就紧急性、严重性、重要性等方面作出正确判断；二是确定任务，根据突发事件的实际情况明确任务目标，如是控制场面还是缓和气氛、是解决人际冲突还是保证工作的顺利开展；三是解决问题，一般可以按照"以人为本，先处理后追责"的原则，针对各项任务目标提出相应的解决方法，并通过组织协调加以实施，努力做到合理合法、有序有效地解决问题。如何解决问题是反应应变类试题的答题重点，所提对策应当尽量做到快、全、好。

近年来，国家公务员面试试题更加贴近国家机关工作实际，更加切合社会时事和热点问题，这就需要考生了解国家机关工作规则和"办文、办会、办事"程序，关注时事政治和当年社会热点现象。同时，也可以通过熟悉往年面试试题掌握一定的答题技巧。通过实战演练发现缺点、弥补缺陷，积累面试经验，从而在走上面试平台的时候，更加充分地向考官展示自己的综合实力，赢得心仪的工作岗位。

📖 故事与分享

不轻易放弃才有机会

2022 年 5 月底，云南省"专升本"录取结果可以查询了，某高职院校应届毕业生小张的"专升本"考试成绩不理想。升学愿望破灭，小张只能面对现实积极求职。通过联系老师推荐单位、上网查询招聘信息，小张心仪本地的一家化工行业龙头企业，经过多次反复修改简历、做面试准备，最终顺利通过了初试。复试由负责生产工艺的副经理面试。面试官先提出了一些专业技术方面的问题，当场让小张陈述某个化学实验步骤及注意事项，还问了一些其他方面的问题。因为紧张，小张发挥得并不好。最后，面试官提问："为什么你不在 4 月考试结束后就立刻找工作？而要等到成绩出来后才求职？"小张犹豫了一阵，没有回答，他感觉糟透了，觉得面试肯定会失败。面试结束后，小张又仔细回想了面试官问的问题，觉得应该再争取一下，于是在当天联系面试官，认真解释了自己为什么没有在"专升本"考试结束后立即求职，并补充了自己可以胜任招聘岗位的优势，再次表达了自己迫切希望被录用的意愿。最终，小张如愿以偿地被自己心仪的单位录用。事实证明，正是小张的积极行动才使他最终求职成功，不轻易放弃才有机会。

如何在面试时快速判断一家企业是否靠谱

对求职者来说，招聘职位固然重要，但用人单位也不可忽视。面对众多的用人单位，该如何判断一家企业是否靠谱呢？可以从以下几个方面来判断，只要满足 3 个以上，就需要谨慎选择。

1. 去公司面试第一感觉心里不舒服

心理感知虽然无法通过现实的科学进行判断，但却是很真实的心理反应。如果在面试时，当你第一次踏入一家公司时莫名感到不适，那么这家公司可能不适合你。例如，有位求职者在第一次迈进公司的大门时，就突然感觉不舒服，在他放弃这家公司后不到3个月，该公司就因为出事被封了。

2. 厕所异味比较大

如果去一家公司面试，发现厕所有黄垢、异味大，可以考虑放弃。连厕所都不愿意收拾干净，说明这家公司的人文环境和人文关怀做得很差。厕所本就是藏污纳垢的地方，必须收拾干净，这样才会吸引更多人才和财富。

3. 公司天天鼓吹创始人

对公司来说，鼓吹创始人和自发地尊重创始人是完全不一样的，真正好的公司不会天天鼓吹公司创始人，记住还有一个词叫作"捧杀"。

4. 只谈情怀和梦想，不谈钱

对多数职场人来说，情怀和梦想可以有，但薪水也不可少，毕竟自己可以饿肚子，但家人不能饿肚子。

5. 网上对公司的评价很差

购物要看评价，何况找工作呢？在找工作前，一定要在网上搜索一下，看看网上的评论后再决定。

6. 到公司面试，感觉前台乱糟糟的

当求职者第一次进入一家公司时，看到前台乱哄哄的，请不要去，因为这家公司的管理极可能很乱。要知道，前台和招聘人员是公司的窗口，更是公司传播企业文化的地方，如果这里出现问题，只能说明公司管理混乱。

另外，当你去一家公司面试结束后，面试官的态度让你感觉很不舒服，也可能说明这家公司的人员素质不高。通常公司的面试官都想给求职者留下一个好的印象，因为这是公司文化、品牌对外传播的窗口。如果连这个窗口都出现了问题，说明这家公司整体出了问题。

7. 面试时，通过观察在职员工的面部表情来判断

员工的面部表情是无法被掩盖的，你可以通过观察在职员工的表情来直观地了解他们的感受。当你第一次去一家公司面试时，一定要多观察在职员工的表情和举止，有些公司员工带有压抑情绪，有些公司员工满含激情，有些公司员工看起来整个人都很麻木……

8. 通过面试官的水平来判断

有些公司的面试官连问题都不会提；有些公司的面试官非常专业，沟通起来如沐春风……通常面试官的水平很大程度上代表了公司的水平。

课后作业

准备面试的自我介绍

自我介绍是面试过程中必需的内容，请根据自己感兴趣的职位要求准备面试时的自我介绍，并请同学帮你改进和完善。

学习自测

理解的知识点	
掌握的技能点	
感受与收获	
项目成效评分	0 分————————————————————————————————10 分

职业适应与发展

📖 项目目标制定

本项目的预定目标：了解影响职业适应的因素和加快适应过程的方法，了解造成职业生涯中三种不良情绪的原因及其应对策略；理解什么是工作与生活的平衡及其意义，学会保持工作与生活的平衡。
我进入大学后角色转变和学习生活适应的情况：
我对本项目目标的看法和期待：
我学习本项目的目标：

📚 **知识点**

知识点

➤ 职业适应也称工作适应，是指人在入职初期的职业活动中，对工作提出各种问题时的一系列心理适应和行为调节过程，主要包括文化适应、工作压力适应、人际适应、学习适应四个方面。尽快适应职业和进入职业角色对个人的事业成功影响深远。

➤ 大学毕业生职业适应困难的表现主要有感觉环境不尽如人意、工作不能完全胜任、人际关系生疏复杂、工作待遇不够理想、社会舆论的偏见、单位领导关心不多等。这些导致大学毕业生满怀希望、充满信心、锐意进取的状态出现心理逆转。

➢ 在我国较为封闭的应试教育环境下，大学生接触社会或有效接触社会的机会较少，对职业的认知与体验多停留在模糊的感知状态。在这种内部与外界信息不能对应的情况下，有些新入职的大学生难以结合自我认知制定清晰的职业目标，实施可行的职业发展路径，最终导致适应困难。具体原因主要有进入角色的心理准备不足、职业技能难以胜任岗位要求、缺乏职业责任心、急功近利、心态浮躁。

➢ 职场中的不良情绪主要有倦怠、焦虑和失落。

➢ 职业倦怠的情形是指一个人对所从事的工作有能力胜任，也能通过工作获得价值的满足，但是对工作不感兴趣，进而产生了厌倦情绪。表现为极端的懒散和轻微的郁郁不快，精神恍惚，注意力不集中，主动意识缺失，不专心，记忆力减退等。

➢ 职场焦虑是指一个人对从事的事情有极大兴趣且能得到自己看重的价值，但是缺少能力，从而产生了焦虑感。表现为心烦心慌，身体紧张，自主神经性系统反应过强，对未来莫名地担忧，过分机警，有时候脾气莫名地暴躁，大发雷霆。

➢ 职场失落是指一个人对所从事的工作有能力胜任，也对从事的工作感兴趣，但是得不到自己看重的价值和回报，失落情绪由此产生。表现为心情差，眼神呆滞，消极怠工，或者抱怨连天，或者沉默异常等。

➢ 人必须扩展其能力与兴趣，职业生涯决定不能仅仅基于现存的特质。各行各业的工作内容不是一成不变的，人必须随时培养自己的职业应变能力。

➢ 人成长的环境充满无数的意外事件，不管这些事件是正向的还是负向的，都提供了意想不到的学习机会。大学生应该保持开放的心态并采取有计划的行动，不排斥意外的发生，提升自己对偶发事件的接受能力，以生成和发现新的学习机会。

➢ 每个偶发事件都是机会，应培养大学生抓住机会的技巧，提高大学生识别、利用甚至创造偶然事件的能力，这种能力的提高与保持开放的心态有关。保持开放的心态就要具有好奇、坚持、灵活、乐观、敢于冒险这五种能力。

案例导入

升职的烦恼

小王是一名即将毕业的专科毕业生，自从签订了就业协议后，就在一家全国知名橱柜公司从事厨房电气设计师助理的工作。从小到大，学习对他而言就不是难事，他的专业学习成绩一直非常不错，父母以他为荣，在学校老师也很赏识他。学习能力较强的小王很快就进入了工作状态，加上在学校所学的扎实的电气自动化专业知识和对工作认真负责的态度，他在众多的实习生中脱颖而出。公司领导承诺，如果能这么顺利地发展下去，他一毕业就能独立承担设计师的工作，以后甚至还可以带领自己的设计团队。但这不仅要求他能独立完成设计的工作，还需要他和客户进行沟通，讲解设计方案，促成销售订单。

　　这是一个很好的发展和提升机会，可是却让小王很犯愁。性格比较内向、沉默少言的他在学校和熟悉的同学关系还不错，可以说说笑笑，但是面对陌生人，就不知道如何交往了。现在竟然要让他主动地和陌生客户交流，讲解设计方案，还要说服客户购买产品，这样的事情就是想想都让他胆怯。

　　比较害怕人际冲突的他，当与室友发生矛盾和争执时，总是能忍则忍，能避则避。因为他不知道应该怎么去面对和解决。无论在家里还是学校，他一直是一个合群、脾气好、待人和善的人。很少会说不，不太敢拒绝别人提出的要求（除非太过分）。可是以后他很有可能和自己的同事，甚至原来的领导成为竞争对手，争抢客户，这也让他感到非常不舒服和紧张。

　　有时候他有自己的想法和不满，只是隐忍在心里不说而已。在学校的班级活动和社团活动中，他往往是一个配合者，从来没有主动承担过活动组织策划工作。未来的工作中团队的带领和管理也着实让他头痛。他害怕面对和处理人与人之间的关系，怕领导对他的印象还好，怕辜负了领导对他的期望。他不知道如何与同事建立互帮互助的合作共赢关系。

　　他曾听人说：只会埋头苦干的人，在社会上最吃亏。做事谁都会，做人就要看情商。现在的他也算是半个社会人，可是越接近毕业，他就越焦虑和担心。焦虑之余，他来到学校的心理咨询室寻求帮助。

现实工作不理想，理想工作得不到，怎么办

【问题一】

　　您好老师！我已经毕业一年，工作两年了，在学校里学的专业是行政管理，毕业后感觉专业毫无优势，所以第一份工作是教育行业的销售，做了差不多两年。辞职后又尝试了行政前台的工作，刚入职不到两个月，意识到自己可能不适合这个职位。前台工作很简单，没有技术性，平时会比较无聊，工资也比较低，所以我又提出了辞职。对未来自己该做什么真的不知道，不知道自己适合什么，也怕找不到合适的，又怕自己选错。面对未来真的好茫然，希望老师可以提点建议。谢谢！

▎导师回复

　　看到以上职业困惑的描述，深深体会到你的焦虑和迷茫。理想工作到底在哪里？什么才是适合的工作？

　　（1）如果现实工作不理想，那么你的理想工作是什么？

　　很多毕业生找工作时踌躇满志，对工作有自己"理想"的标准。同样，你在找第一份工作时因渴求理想，觉得所学专业没有优势而从事了销售。虽然不清楚你辞职的原因，但显然这份工作仍不够"理想"。从事两个月的行政前台工作，你又提出了辞职，因为它"简单、没有技术性、无聊、工资低"，并不适合自己。

　　因此，我推测你的理想工作应该是高薪、不枯燥、稍微有点挑战性、能获得成就感、被他人认可……那么，如果有这样一份理想的工作，你是否能胜任？你胜任的资本是什么？如果你还不具备胜任的条件，接下来打算用多长时间来弥补？预备付诸什么样的行动？

（2）理想模式：聚焦自己的成长。

理想被现实打击的过程确实不好过，但这个过程也正是我们正视现实、健康成长的开始。理想是想象，是我们渴求的梦境，它可近可远，亦真亦幻。理想的工作并不存在，但工作的理想模式是有的——就是始终关注和聚焦于自己在工作中可以改进的地方。

如果你觉得工资低，就先提升能力，向高薪看齐；如果你觉得工作简单，可以在满足组织需要的基础上，学习更多职场用得到、自己感兴趣的知识、技能，强化职业竞争力；如果你觉得工作枯燥、没有成就感，可以尝试用新的方法、形式去完成分内的工作，也可以在工作以外，做自己擅长的事情以填补内心的空虚，毕竟工作只是你生活的一部分，而不是生活的全部。一个人拥有成长模式，就会发现工作中可以改进的地方有很多。只有逐步付出行动，你才能离自己的理想越来越近。

（3）适应职场的不是专业优势，是个人优势。

曾听过一个关于行政前台姑娘的故事。这个姑娘特别努力，在一家教育培训机构做了三年前台后，考上了金融专业的研究生。当时作为一个拥有500人公司的前台，她一个人处理所有包括订餐、收发快递等事务性工作，细心周到、有条不紊，还能每天花三个小时看书，最终考上研究生。公司后来不得不招三个行政前台来做这个姑娘一个人做的工作，却仍达不到公司的需要……

一个人能否在职场上取得成就，并不是因为适合，而是因为能够用心、认真对待自己工作中的每件事，明确知道自己的目标并用行动去促成结果。

【问题二】

我是一名外语学习者，毕业于普通高校，毕业两年换了三份工作，都是觉得太过安逸不符合自己的职业期待，所以选择了离职。我性格不算内向，但是不喜欢应酬之类的工作，在学校的时候喜欢写一些文章，不过工作之后就没再动过笔，总是觉得没灵感。了解到学外语的就业范围比较窄，也就翻译、外贸、教师几类，现在我很困惑自己未来到底应该选择什么样的道路：是该转行还是坚持自己的专业？是应该去大城市发展还是留在离家比较近的城市（因为父母的期待，而且自己也不喜欢大城市）？

▌导师回复

"外语学习者"你好！这段文字，让我看到放大加粗的两个字——纠结。之所以纠结，应该是你觉得这些选择中有让你左右为难的选项，它们都很重要。然而我想说的是，无论你选择什么职业，无论你在哪个城市生活，都只不过是你实现人生价值的方式而已。这就好比坐车，你要去哪儿都不知道，却纠结于坐什么车、选哪条路。

如果你不知道自己要什么，也许你的价值观里有"完美主义"或"追求认同"，外部的标准占据了你的全部，你忘了听听自己内心的声音。

下面的决策四步法也许能帮助你进行决策。

第一步，明确时间底线。现实中的这个困扰，最晚到什么时候必须有个选择——就再求职这件事来说，需要在多长时间内有一个结果，才能让自己可以安心地吃"老本"。

第二步，明确决策权。要做决策，必须保证我们是有决策权的，没有决策权的问题不叫决策，叫适应。在经济尚不能独立的情况下，很多年轻人在找工作的选择上必须遵从或部分参考父母的意见。如果你的决策权占到八成以上，可以进行下一步。

第三步，探究个人观点。我们常常在自己的问题上摸不清头绪，却在别人的问题上分析得头头是道。反过来看，你可以和周围的人，包括父母、朋友、老师、同学等去商量，寻求建议。对于他们的建议你可以罗列出来，并思考为什么他们会这样建议，以及你对这些建议的看法。

第四步，跨越选项看目标。现在，把行业、职业、地域的问题和选项全都放下，仔细思考一个问题：未来 3～5 年，你想要过什么样的生活？然后回到之前的选项中，评估哪个选项离这个阶段性目标更近。基于这样的目标，除了已有的选项，是否还有其他的选择？

希望决策四步法能帮助你作出理性的选择。另外，决策由选择和行动两部分组成，要决策，还必须行动！

活动与任务

大学生活学习适应故事集

对于刚入学的大一新生，职业适应似乎有点遥远，但学习生活的适应却正在进行。

1. 请在小组内分享从高中到大学学习生活适应与角色转变的趣事或困惑。

2. 各小组推荐一个最精彩或最有代表性、最典型的趣事或困惑，进行小组间分享。

我的故事或困惑：

活动的体验与收获：

短 剧 比 赛

每年都有大批大学生从学校走进职场，他们都经历了角色转变过程中的各种挑战，一幕幕有趣的悲喜剧时时刻刻都在发生。下面就请每个小组根据这些故事，编排一出 5 分钟内的短剧。

我最喜欢的短剧：
我喜欢的原因：
我编写的脚本：
活动的体验与收获：

拓展阅读

大学生从学校到职场的角色变化

大学生在求学阶段，主要的任务是学习，与同学间的关系包括共同学习和共同生活两个部分。由于与同学有生活上的朝夕相处，小到生活习惯，大到性格特点，彼此了解的机会增多。在职场中，与同事的接触一般会较多地限于工作相关的内容和层面。

在从学生到职场人的转变过程中，角色变化的对比如下。

1. 从学习者到工作者

在初入职场时，与人接触是从具体的工作开始的，学校的学习主要以知识的输入为主，工作则是以结果导向的绩效输出为主。

从学习到职场人的转变也会带来思维上的转变。在职场上，如果想获得职位上的提升，在做好自己的本职工作之外，还要显示出能胜任更高职位的一些特质和能力。

2. 从老师到领导

在学校里，当遇到一些学习上的困难时，总有老师提供专业的解答。但在职业中，不能期望领导手把手地教人做每件事情，更多的工作需要自己独立完成，只有一些方向性的决策才需要向领导请示。

初入职场可以以学习的心态开始，但是职场看重的是工作结果，即便是学习，也需要以具体的工作结果来证明。职场中的感情成分比学校低很多，大学毕业生不能坐等被关怀，而要主动寻求领导的支持；工作的思维也要以独立、结果导向为主。

3. 从同学到同事

在学校里，共度大学时光的同学基本是固定的，几年下来，学院班级和院系班级的同学没什么大的变化，为此也培养了深厚的友谊。在学校里的沟通，你与同学各自代表的是你们个人的观点和想法。

在职场中，你还同时具有部门的角色和身份，他人也会把你的角色身份带入人际关系中。例如，你是采购部的小张，而他是质量部的小陈，人们看待小张的时候会认为采购部采购的东西贵，而看待小陈的时候会想到质量部的要求很严格，不太好说话。

在学校中学习，自己单打独斗完全可以取得好的成绩。但在职场中，与同事交往讲究团队合作，要完成一项工作任务需要多方配合，能否与朝夕相处的同事建立起合作共赢关系，决定了工作能否顺畅开展。

4. 与竞争对手和平相处

在职场中，不可避免地会遇到竞争对手，他可能是你昔日的同学，也有可能是刚进入职场一起奋斗过的同事。在与竞争对手相处时，不妨从如下角度思考。

（1）展示自己优秀的一面。说到竞争，除一些不可控的因素外，就是优势的竞争。所以把时间聚焦在提升优势上是非常明智的选择，其中不可控的部分即使花再多时间也不是个人能主宰的。个人的优势既包括专业的深度，也包括专业的宽度。

（2）避免与竞争对手发生正面冲突。无论在什么情况下都要记住，与自己的竞争对手发生正面冲突永远是愚蠢的做法，往往会招致别人看低和领导对你的负面评价。因此，选准时机，运用以退为进的战术，才不失为取胜的一种策略。拥有宽容的心态，理解适度的竞争可以促进自我提升，多关注自身的成长而非他人的超越，这会让你认识到自己真正的价值。

加快职业适应过程的一些建议

1. 了解自己，运用已有的资源

每个人都是这个世界上独一无二的。只有真正了解自己、欣赏自己，才能最大限度地利用自身的资源，发挥自己独有的才能。

只有在自尊的基础上才能做到为自己负责；为自己负责，才会积极地对职业生涯进行探索、规划和管理。一个人只有自爱，才能真正做到尊重他人，并与他人发展有意义的亲密关系。这不仅是工作中人际关系的基础，也是建立人际关系支持系统、获取和利用更多资源、寻求职业发展的基础。

每个人从小到大都积累了各种各样的技能，在积累技能的同时，也获得了各种资源。应学会从以往的经历中寻找资源，并将自己已有的技能进行迁移，运用到新的情景中。

2. 做好开始前的准备

在开始工作前，先花点时间了解对于眼前的工作自己有哪些优势和劣势，看看什么地方可能妨碍事业的成功。例如，如果不太擅长在公共场合发表意见，或者对公司从事的业务不太熟悉。那么，现在就是做"家庭作业"、弥补这些欠缺的时候。

最好在开始工作前对自己将要踏上的工作岗位进行深入了解。可以通过网络收集信息，也可以与认识的人交谈，这些均有助于熟悉情况，做必要的准备，更快地进入角色。通过生涯人物访谈或和前几届的毕业生交流沟通，也会有所帮助，因为他们刚刚经历了从学校到社会的转变，可以从他们身上了解到在这一转变过程中，他们感到最困难的是哪些方面、有什么好的建议。

要学会和周围人融洽相处。在现代社会中，人际交往的能力成为个人重要的能力之一。但是，要注意区分私人生活和职业生活，千万不能将它们混淆在一起。要避免"小圈子政治"，千万不要散布流言蜚语，对周围所有的人都应当彬彬有礼。如果与周围人发生冲突，要学会后退一步，考虑一下自己在这件事中所扮演的角色，然后与对方私下会谈，寻求双方的共同之处和解决途径。

在整合资源的过程中，构建人际关系网络尤为重要，但不要拉帮结派。与一些有共同兴趣、爱好的人发展更深一层次的关系，不仅可以得到工作中所需要的支持和鼓励，还可以掌握更多的信息和资源。有可能的话，设法寻找资格较老、愿意当"导师"的贵人，他们可以在事业上给予指点和帮助，这样可以避免走太多的弯路。

3. 在最初的日子里取胜

在大学里的规划决定了入职后头三年的状态，而入职后的头三年又决定了未来三十年的状态。所以，最初的规划会很艰难的：有许多从未谋面的人要认识，大量新的信息要记住。这时，要尽可能保持镇定，要付出更多的努力，主动向别人介绍自己，甚至邀请他们共进午餐。

在办公室多花一点时间，不仅对迅速掌握新工作的任务和要求很有帮助，还能让领导和同事知道自己是一个勤勉的人。

等逐渐适应了新的环境后，就可以积极寻找机会，主动报名参加某个项目。愿意花时间做分外的工作，将使人从众多员工中脱颖而出。

当然，犯错误是不可避免的，领导通常也不期望新员工能将一切事情做得十全十美。因此，犯错时，不要灰心丧气，要学会宽容和原谅自己。不过，最重要的是及时沟通，勇于认错，从错误中学习，保证以后不再犯同样的错误。改变自己能改变的，接受自己不能改变的，最关键的是自己愿意成长和改变。

在纷繁复杂、充满诱惑的现实生活中，别忘记思考和辨别自己的需求及优先次序，保持长远的人生目标。记住，每一份工作都是朝着最终的职业目标所迈出的一小步。即使现在所做的工作与自己的梦想风马牛不相及，它也总会教给人一些有益的东西，要做好时刻学习的准备，勇敢地迎接每一个新的挑战。

4. 学会管理压力

大学生的心理压力按日常生活中具体的来源可分为生活、学业、人际交往、就业和成就五个方面。以下介绍几种科学的压力管理方法。

一是认知调节法。认知理论认为，人的情绪来自人对所遭遇的事情的信念、评价、解释或哲学观点，并非来自事件本身。例如，某同学一直认为自己表现不够好，连老师都不喜欢他，因此，他做什么都没有信心，很自卑，压力很大。在这种状况下，可以运用认知调节法调适自己的消极情绪，从多角度重新构建自我认知与评价，重塑信心。

二是放松调节法。压力和紧张焦虑不仅影响人的正常生活，降低工作和学习效率，还会伴随一些生理症状，如头痛、失眠等。放松调节法能最直接有效地缓解大学生学业和就业方面的压力。例如，选择一个安静的地方躺着或坐着，闭眼，在无意志力控制的情况下自然进入休息状态。

三是倾诉宣泄法。如果内心压力太大而忧虑重重，最好的办法就是找一个自己信任的人谈谈，把所有的担心讲出来。一般来说，当问题讲出来时，问题就已解决了一半。

四是注意转移法。该方法的原理是在大脑皮质产生一个新的兴奋中心，通过相互诱导，抵消或冲淡原来的兴奋中心（即原来不良的情绪中心）。例如，尽快离开让自己不愉快的环境或通过运动、娱乐、散步等缓解压力。

五是及时解决法。拖延会使人产生很大的心理压力，故在休息或娱乐前抓紧时间努力学习或完成任务，使自己觉得有休息或改变节奏的权利，从而避免产生内疚、紧张的情绪。

职业生涯不良情绪与应对

（一）适合才是最完美的

每个人都是不一样的，都有其特质，只有选择适合自己特质的职业发展道路，才能更有成就。价值观、能力和兴趣，是特质的具体特征，也是职业匹配的三个核心要素。所谓最适合的工作，就是能够同时满足这三个要素的工作，就是既能够获得想要的价值，又能够发挥自己的能力优势，还能从中获得乐趣的工作。所谓"性之所近，力之所能，心之所愿"，就是最适合的工作，可以用一个"三叶草"模型（图 15-1）来表示。

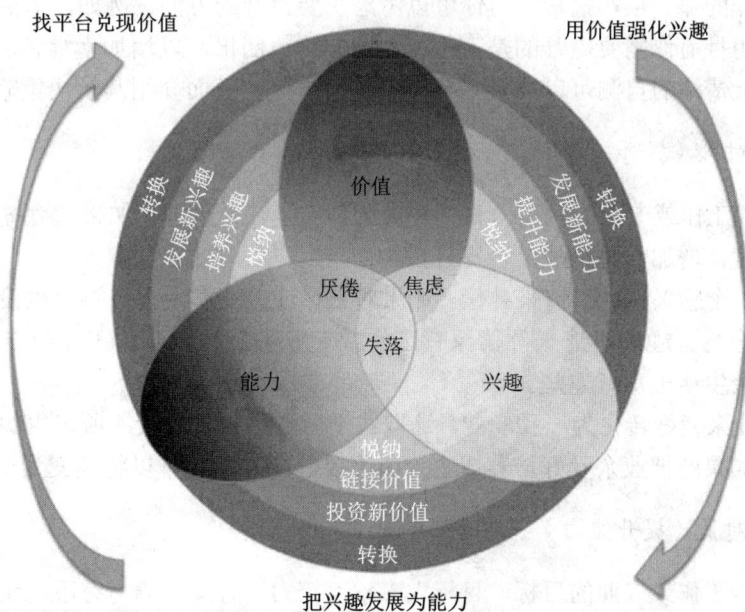

图 15-1　职业生涯"三叶草"模型

（二）从不完美到完美

在现实生活中，受外在环境的限制和个人能力的制约，不是每个人都能如愿以偿找到完美的工作。事实上，大多数人从事着不够完美的工作。不够完美的工作往往会引发人们一些负面的情绪。例如，当我们对自己的工作缺乏兴趣的时候，就会感到厌倦，无精打采，空虚无聊。当我们工作能力不足的时候，就会感到焦虑，压力大，失眠易怒。当我们的工作无法带来自己想要的价值时，就会感到失落，缺乏动力，自卑抱怨。

在大学中的专业学习也是一样，学习不喜欢的专业会感到厌倦，学不好专业会感到焦虑，学好了专业却得不到自己想要的价值会感到失落。正所谓"情绪比人会说话"，一个人的情绪反映了其所面临的工作的问题。

例如，在学习和工作中，通常会出现以下情绪，给这些情绪打分。

厌倦（0～10分）：我的分数是＿＿＿＿＿＿＿＿＿＿；

焦虑（0～10分）：我的分数是＿＿＿＿＿＿＿＿＿＿；

失落（0～10分）：我的分数是＿＿＿＿＿＿＿＿＿＿。

得分最高的那一项，就是你当前主要面临和要解决的问题。例如，焦虑得分最高，说明目前你工作或专业的问题是能力不足，提高能力是当务之急。

假如上述三种负面情绪的得分都不高，说明你目前的工作或专业状态良好，你可以改为给正面情绪打分，看看目前需要提升的是哪些方面。

新鲜、快乐感（0～10分）：我的分数是＿＿＿＿＿＿＿＿；

成就、掌控感（0～10分）：我的分数是＿＿＿＿＿＿＿＿；

幸福、满足感（0～10分）：我的分数是＿＿＿＿＿＿＿＿。

得分最低的那一项，就是当前你可以考虑主要提升的方面。例如，幸福、满足感得分最低，说明目前你需要提升的是工作或专业的价值回报，以增加幸福和满足感。

通过以上情绪的自测可以找到主要矛盾和提升点，下面介绍其解决策略。

1. 厌倦对策（提升兴趣）

（1）提高工作或专业的挑战。有一种厌倦其实是缺乏挑战，如果适度提高工作或专业的目标难度，增加一些挑战，会提升兴趣。

（2）找一个感兴趣的事情来补偿。如果对工作或专业即使提高挑战也没有兴趣，那么可以换一个感兴趣的事情来补偿原有工作或专业带来的厌倦。工作或专业不太有意思，就让业余生活丰富有趣些。

（3）把业余爱好转化为一种职业。这取决于对业余爱好的投入所产生的能力能否为企业所需。如果能把业余爱好培养成企业所需要的能力，就可以将其变为一种职业。

2. 焦虑对策（提升能力）

（1）减少工作或专业的目标。目标太多，而精力、时间、能力有限，就容易产生压力，导致焦虑。

（2）把大目标细分成为小目标。"一口吃成个胖子"很难，但一口一口吃，难度就小多了。所以，把大目标分解为当下能力可以掌控的小目标，一个接一个地实现，通过日积月累完成大目标，这样也可以降低焦虑。

（3）寻求合作。利用自己的资源，把自己能力不擅长的部分外包给擅长的合作者，也会减轻焦虑。

（4）增加能力。能力与压力成反比，一样的任务，能力增加了，压力自然会减少，焦虑也随之减轻，所谓"手里有粮，心里不慌"。

3. 失落对策（提升价值）

（1）创造价值。有时候，失落感来自能力不足，创造的价值低，从而无法在工作中兑换更多的价值。这时候，唯一的办法就是提升能力，创造更多的价值。

（2）转换平台。还有一种失落是创造的价值并不能在这份工作中兑换，那就需要寻找可以兑换的平台。

（3）低价策略。表现出自己的价值，先不求回报，让更多的价值平台了解自己、认识自己，从而为自己提供更大的兑换价值的平台。

以上三种策略可以总结为表 15-1。

表 15-1　负面情绪及其应对策略

负面情绪	产生原因	解决策略
厌倦	缺乏兴趣	提高工作挑战； 工作外补偿； 将兴趣转化为能力，以实现职业转换
焦虑	能力不足	减少多目标； 细分大目标； 寻求合作； 增加能力
失落	价值不够	创造价值； 转换平台； 低价策略

运用以上三种策略，可以让自己的职业生涯"三叶草"模型从停滞状态进入一个良性的循环、旋转、上升状态。

如何应对变化

"变者，天下之公理也"，在当今社会，唯一不变的就是变化本身。大学生该如何应对变化？

1. 及时调整计划

人们常常说"计划不如变化快"，对于变化的世界，我们应当认清自己想要的，即自己追求的价值满足，而且应当明确在变化中坚持的是某些价值满足这一结果，而不是达到这一结果的手段和方式。手段和方式应该随着环境和条件的变化而进行调整，其目的是更有效地达成结果，实现自己的某些价值满足。计划就是达成目标的手段和方式，它们应该根据变化及时调整。很多成功学案例或励志故事告诉我们，只要一个人坚持去做一件事就一定能将其做好，即"坚持就一定成功"，但事实果真如此吗？首先，要弄清楚坚持什么？成功的人和不成功的人就差一点点：成功的人可以无数次修改方法，但绝不轻易放弃目标；不成功的人总改目标，就是不改方法。我们要坚持的应该是目标，而不是表面的"事"，不是方法。其次，还需要明白一点，那就是大的成功毕竟是少数，属于"小概率"事件，但小的成功则可以不断实现，不要用大的成功目标把自己吓倒或给自己过大的压力，否则追求成功的道路就会失去很多快乐。要把大目标分解为许多小目标，即通过努力会很快实现的目标。

2. 拥抱偶然，善用机会

偶然，表示意想不到的，事理上不一定会发生而发生的。偶然是变化中的变化。偶然事件是指非计划的、意外的、不可预测的事件，这些事件对职业发展或行为也会产生较大的影响。作为一个复杂系统，人的职业发展是动态的、非线性的，既有理性的部分，又有情绪化的影响；既有对信息的科学分析，又有在有限信息下的直觉与冒险；既有自身价值观的影响，又有与环境和文化的互动。随着社会和经济的发展，这种复杂系统越来越难以厘清和处理。20世纪70年代，国外的学者已开始研究就业选择中的混沌现象及偶然事件的影响。很多学者认为，面对复杂而又未知的未来，偶然事件是人在职业发展中必然要面临的。但偶然事件的发生并不是偶然的，个体的能力与兴趣会塑造、发展、维持他们的社会环境，而这个社会环境反过来又会构造出他们可能遇到的机会或偶然事件。很多描述性的经验研究证实了在不同被试人群中偶然事件显著地影响了他们的就业选择。1996年，贝齐沃斯等发现对较年长的成年人，有63%的男性和58%的女性的就业选择受到偶然事件的影响。2005年，布赖特（Bright）等以刚毕业的高中生和大学生为被试进行调查，结果表明，有69.1%的被试报告自己的就业选择受到过偶然事件的影响。1990年，斯科特（Scott）和哈塔拉（Hatalla）通过问卷调查也验证了机会和偶然因素对大学毕业的女性职业发展模式的影响，研究显示，有67%的女性认为意外的个人事件对其职业生涯发展有很大影响。

我国大学生普遍缺乏中学阶段的职业生涯教育，很多大学生选择专业、选择学校的过程本身就是一个偶然事件，毕业后对职业的选择，大多也并不是一个选择自我实现的结果，也远不是一个理性决策的过程，所以他们的职业发展也更容易受到偶然事件的影响。因此，进行职业生涯规划的目的并不是制订一个一成不变的发展计划，而是找到一个努力的方向，制订具体实施的近期计划，在执行计划的过程中根据实际情况不断调整计划，而这实际上就包括各种变化和偶然事件。

美国斯坦福大学职业生涯规划大师克朗伯兹（Krumboltz）教授指出：人必须扩展其能力与兴趣，职业生涯决定不能仅仅基于现存的特质；各行各业的工作内容不是一成不变的，人必须随时培养职业应变能力。克朗伯兹还指出，造成个人职业生涯重大影响的意外事件其实并不特别，意外在人生当中无所不在，意外的发生并不意外。克朗伯兹等1999年提出了偶然事件学习理论，也有研究者称其为善用机缘论。该理论是从职业咨询中发展而来的，它认为人成长的环境充满无数的意外事件，不管这些事件是正向的还是负向的，都提供了意想不到的学习机会。个体应该保持开放的心态并采取有计划的行动，以生成和发现新的学习机会。该理论有两个主要观点：一是生涯未定状态并不一定是一种负面的状态，保持开放的心态更为重要；二是人们应该提高自己识别、利用甚至创造偶然事件的能力，这种能力的提高与保持开放的心态有关，保持开放的心态就要具有好奇、坚持、灵活、乐观、敢于冒险这五种能力。

克朗伯兹提出的偶然事件学习理论，主张不排斥意外的发生，强化对偶然事件的接受性；每个偶然事件都是机会，应培养抓住机会的技巧，保持好奇、坚持、灵活、乐观以及冒险的心态；不再把生涯犹豫视为需要迫切治疗的问题，对"不能做决定"持开放的态度。

📖 故事与分享

学会自我对话

如何保持积极、乐观的心态？可以采用自我对话的方式，从改变自己的内部语言入手。

1. 用"我希望"代替"我必须"

遇到了利益攸关的事，如晋升职务，不能说"我志在必得""我希望能晋升职务"，这些话的潜台词是"我知道有时候我的努力不一定有成效，我尽力而为就行了"。

2. 什么时候都不要说"完了"

应该说"是的，很糟糕"，不能说"完了"，因为一定有比这更糟糕的事情。一个人如果遇到什么事都说"完了"，就会很容易绝望。

3. 用问题解决取代问题剖析

问题剖析式的语言就是时刻反省自己：我有什么错？我为什么这样？我怎么这么倒霉？我怎么没发现错误？问题解决式的语言是注重事情：我有什么弥补损失的方案吗？我要做什么？什么人、什么事有助于问题的解决？如何想、如何做对自己最有利？这些问题指向现实和未来。

4. 用灵活的因果关系代替僵化的因果关系

僵化的因果关系，就是用一个消极解释另一个消极。例如，因为领导不喜欢我，所以我晋级失败；因为失败，所以别人瞧不起我；因为他们说我的坏话，所以我报复他们。应该创造性地说话，采用一些快乐的说话方式。例如，领导批评我了，所以我要更加努力，因为只有这样才能改变他对我的印象。

5. 将困境置于时间中

把"我不具备这种能力"改成"到目前为止我还不具备这种能力"，把"我办不成这件事"改成"到目前为止我还办不成这件事"，这才是乐观的表现。

如果要否定，只能否定行为，不能否定人格。

学习自测

理解的知识点	
掌握的技能点	
感受与收获	
项目成效评分	0 分--10 分

第七讲

就业与创业

教学目标

了解大学生毕业后主要就业去向及其相关事宜；理解创业的概念、要素和过程；了解创办企业的步骤和具体事项；培养在工作中创造性地工作的理念，并掌握创新工作的方法。

思政园地

党的二十大报告指出，教育、科技、人才是全面建设社会主义现代化国家的基础性、战略性支撑。必须坚持科技是第一生产力、人才是第一资源、创新是第一动力，深入实施科教兴国战略、人才强国战略、创新驱动发展战略，开辟发展新领域新赛道，不断塑造发展新动能新优势。强起来要靠创新，创新要靠人才。人才是创新的根基，创新驱动实质上是人才驱动，谁拥有一流的创新人才，谁就拥有了科技创新的优势和主导权。

毕业主要去向及相关事宜

📖 **项目目标制定**

本项目的预定目标：了解大学生就业相关政策，明确大学生毕业后的主要就业去向、相关事宜，以及职业发展路径。
我对大学毕业后去向的了解：
我对本项目目标的看法和期待：
我学习本项目的目标：

📚 **知识点**

> 到国有企业等能接收档案人事关系的单位就业的相关事宜：毕业生在毕业前与用人单位达成就业意向后，与用人单位和学校三方签订大中专毕业生就业协议书，并根据用人单位的要求和学校的管理规定到用人单位顶岗实习；毕业生按时到用人单位报到，学校则根据就业方案将毕业生的档案寄到用人单位，户口也可迁移到用人单位；毕业生毕业后及时在报到期限内到用人单位报到并办理相关手续，与用人单位签订劳动合同。

> 到民营企业等不能接收档案人事关系的单位就业的相关事宜：学校就业部门根据规定上报就业方案，将毕业生的档案寄到生源地接收部门，户口也迁移到生源地；

毕业生毕业后及时到用人单位报到，与用人单位签订劳动合同。

➤ 专升本的相关事宜：普通本科院校招收应届专科毕业生和具有普通高职（专科）学历的当年退役士兵进入本科阶段学习两年，修完两年本科课程，即可取得相应的全日制本科文凭和学位证书，进入本科院校学习和毕业时的待遇与参加普通高考录取到本科院校就读的学生完全相同。以云南省为例，近年来，云南省鼓励专科毕业生"专升本"到本科院校学习深造，提高学历层次，并出台了相应的政策。凡在专科学习期间获国家级职业院校技能大赛三等奖及以上、省级职业院校技能大赛二等奖及以上的个人单项奖的专科应届毕业生，可免试就读普通本科高校相关专业。考生将在第五学期报名，第六学期参加云南省"专升本"入学统一考试，并在毕业离校前后收到录取结果。档案人事关系转至录取高校。毕业生根据录取高校通知的要求按时到校注册报到。

➤ 三支一扶：是支教、支医、支农、扶贫的简称。2006 年，中共中央组织部、人事部、教育部等八部门下发《关于组织开展高校毕业生到农村基层从事支教、支农、支医和扶贫工作的通知》，以公开招募、自愿报名、组织选拔、统一派遣的方式，从 2006 年开始，每年招募 2 万名高校毕业生，主要安排到乡镇从事支教、支农、支医和扶贫工作。服务期限一般为 2～3 年。招募对象主要为全国普通高校应届毕业生。

➤ 特岗计划：2006 年，教育部、财政部、人事部、中央编办下发《关于实施农村义务教育阶段学校教师特设岗位计划的通知》，联合启动实施"特岗计划"，公开招聘高校毕业生到西部"两基"攻坚县农村义务教育阶段学校任教。特岗教师聘期 3 年。2006～2008 年"特岗计划"的实施范围以国家西部地区"两基"攻坚县为主（含新疆生产建设兵团的部分团场）。2009 年，在试点工作的基础上继续扩大实施实施"特岗计划"，实施范围由 12 个省区和新疆生产建设兵团"两基"攻坚县扩大到中西部地区 22 个省区的国家扶贫开发工作重点县。

➤ 西部计划：西部计划是国家重大人才工程"高校毕业生基层培养计划"的子项目。党中央、国务院高度关心西部计划志愿者，高度重视西部计划和研究生支教团工作。习近平总书记曾多次作出批示或给志愿者回信，肯定志愿者们在西部地区辛勤耕耘、默默奉献，为当地经济社会发展、民族团结进步作出了贡献，勉励越来越多的青年人以志愿者为榜样，到基层和人民中去建功立业，让青春之花绽放在祖国最需要的地方，在实现中国梦的伟大实践中书写别样精彩的人生。

➤ 创业：有创业意愿的毕业生需要到地方各级人力资源和社会保障局所属公共就业人才服务机构办理求职登记或失业登记手续，领取就业创业证，获得相关部门提供的政策咨询、项目开发、创业培训、融资服务、跟踪扶持等一条龙式创业服务。

➤ 离校未就业高校毕业生享受的服务和政策：到公共就业人才服务机构办理求职登记或失业登记手续。参加职业培训和技能鉴定，享受相关补贴政策，获取有针对性的职业指导，享受创业扶持政策或参加就业见习。在档案托管、人事代理等方面，地方各级公共就业人才服务机构要为离校未就业高校毕业生免费提供档案托管、人事代理、社会保险办理和接续等一系列服务，简化服务流程，提高服务效率。

> 就业协议书：就业协议书是明确毕业生、用人单位和学校在毕业生就业工作中权利和义务的书面表现形式，由教育部或各省、自治区、直辖市就业主管部门统一制表，并由学校签发、毕业生与用人单位签字盖章后生效，毕业生表示愿意到用人单位就业，用人单位表示愿意接收毕业生，学校则同意把毕业生列入就业方案。生效的就业协议书是国家、学校制订派遣计划的重要依据。

> 签订就业协议书的注意事项：查明用人单位主体资格是否合格，即是不是可以接收档案人事关系的用人单位、国有企业、国有企业改制的企业、与人事代理机构签订人事代理协议的非公企事业单位；注意协议条款（备注部分）是否合法；签订就业协议的程序、内容要合乎规定；就业协议书未明确规定毕业生到用人单位报到后的权利与义务，签订时要注意其与劳动合同的衔接，并对合同的解除条件做事先约定。

> 毕业生在与用人单位签订就业协议的过程中，需要落实用人单位是否可以接收或委托人才服务机构接收档案人事关系。一般只有县以上（含县）党委组织部门、政府人事行政部门所属的人才流动服务机构、国企或国企改制的企业才能保管人事档案，民营企业需要委托人才服务机构代为接收保管，凭符合规定的人员流动的有效文书调档。

> 档案：人事档案是我国人事管理制度的一个重要特色，它是个人身份、学历、资历等方面的证据，与个人工资待遇、社会劳动保障、组织关系紧密挂钩，具有法律效用，是记载人生轨迹的重要依据。高校学生的档案则是国家人事档案的组成部分，是记录和反映本人经历、德才能绩、学习和工作表现，以学生个人为单位集中保存起来以备查考的文字、表格及其他各种形式的历史记录，是大学生就业及今后在单位选拔、任用、考核的主要依据。

> 档案的作用：在政府机关和事业单位，人事档案相当重要。当公务员或进入事业、企业单位工作时，在职业生涯中定级、调资、任免、晋升、奖惩等方面的呈报、审批材料都要记入本人档案，作为评价依据。另外，工龄、待遇、社保受保时间等也是以个人档案的记录为依据的。例如，退休时需要依据档案认定个人出生时间、确定退休时间、个人参加工作时间，从而确定开始缴费或视同缴费的时间，以计算养老金金额等。除了养老金外，其他社会保险，如领取失业金等，也与个人档案相关。

> 档案的保管：按国家政策规定，组织人事部门所属的各级人才交流机构有资格保存大中专毕业生就业后的人事档案，各种私营企业、民营企业、乡镇企业、中外合资企业、独资企业都无权管理员工的人事档案，一般由委托的各级人才交流机构托管。毕业生也可以以个人名义委托人才交流机构托管人事档案。高校毕业生到具有档案管理权限的机关、事业单位、国有企业就业的，由单位直接接收、管理人事档案。到无档案管理权限的单位就业的，可由各地公共就业

人才服务机构负责提供档案管理等人事代理服务。

➤ **户口政策**：全面放宽重点群体落户限制。全日制高校、职业院校毕业生、具备专业技术职称或技工资格人员、留学归国人员，可以申请将户口登记在实际居住社区的集体户口，先落户再择业。全日制高校、职业院校的农村籍学生根据本人意愿，实行来去自由的落户政策，入学时可以将户口迁至学校学生集体户口或学校所在地社区集体户口，毕业后可将户口迁回原籍地或迁入就（创）业地、父母现户口所在地。全日制高校、职业院校学生因升学、毕业在省内迁移户口的，不再开具纸质户口迁移证，统一在网上办理户口迁移。

📖 案例导入

宝剑锋从磨砺出——从最艰苦的基层做起

小余就读于某专科学校煤矿开采技术专业，在校期间曾担任学生会副主席、班长等职务，荣获"云南省三好学生""云南省优秀毕业生""优秀学生干部"，并获得一、二等奖学金；品学兼优，有理想、有人生规划。他利用周末或假期到保险公司实习，去博览中心做讲解，这些实践活动历练了他吃苦耐劳的良好品质。

毕业后，小余放弃许多待遇优越的工作机会，到了一个远离城市繁华的地方——某大型央企贵州分公司矿山公司。他第一眼看到的是公司"艰苦奋斗、自强不息"的标语。的确，矿山公司拥有其特殊的性质：采矿是一个高危的、艰苦的行业，是一个需要守得住清贫、耐得住寂寞的行业。

小余不久就被分到矿山公司生产技术科工作，任采矿技术员兼机关团支部书记。几个月后，他放弃办公室轻松舒适的工作，毅然奔赴矿山前线——某矿工作。

来到了生产一线，小余再也没有午休时间，一干就是从早8点到晚7点。但是一线的磨炼并没有难倒这个意气风发、舍得吃苦的小伙子。他勤学苦练，虚心向师傅请教，大胆创新，提出改革建议，深得同事和领导的信任。到矿山仅一个月，小余就被任命为矿长助理兼技术组组长。他深入现场，既管露天，又管井下，既管理自己的工人，又管理施工方的现场施工。他不断学习，经常翻阅理论知识资料，又向有经验的工程师、老师傅们学习现场管理，学习先进的采矿工艺和采矿方法，先后获贵州分公司一等奖以及演讲比赛一等奖、篮球比赛二等奖等个人和团体奖。毕业后一年半，经组织考察和公示，他被任命为矿山公司某矿副矿长，分管该矿的生产、安全、技术、质量相关工作。

前途是自己走出来的

小军毕业于某专科学校会计专业，他参加了香港某贸易公司的招聘，被录用后成为一名基层仓管员。基层的流水工作既艰苦又乏味，往往付出大于回报，小军克服了大学生"眼高手低，吃不得苦"的问题，从又苦又累的体力活做起，不管什么工作，他都会全身心去做。小军利用自己的专业优势解决了不少行业问题，得到了单位领导和同事的认可，为年轻同事树立了榜样，他也很快升任为该公司副总经理。

很多和小军一起毕业的同学还在不停地找工作—辞职—找工作，认为从事的工作没有前途，而在小军看来，前途是自己走出来的，不是职位或老板给的，树立正确的人生观、价值观和永不言弃的信念才是最重要的。

小军已经收获了人生中最重要的财富，就是具备一种素质：不怕困难，永不放弃。不管面对什么工作，只有认真做，把它做好，路才会越走越宽。即使起点很高，若没有认真对待，最后路还是会越来越窄。

做一名优秀的公务员

小张毕业于某专科学校会计专业，毕业后考入云南某县人民法院从事会计工作。小张在大学期间就勤于思考，不断学习，具有较强的自我学习能力和提升意识，在工作上她也始终不忘提高自身的能力。由于在法院工作，职业资格证书必不可少，她参加北京大学函授学习，取得法学本科学历，参加并通过了国家司法考试，取得法律职业资格证书。工作和学习上取得的成绩凝聚了她辛勤的汗水，她在多次知识竞赛及演讲比赛中获奖，努力和勤奋让她收获了事业丰厚的回报，也收获了欣喜。

小张最初从事的是会计工作。她在思想上积极求进，工作中勤勤恳恳、任劳任怨、坚持原则，具有较强的工作能力和实际操作能力，在单位能起到模范带头作用，深得领导和同事的好评。在生活中，她勤俭节约，作风端正，与人为善，多次被评为"先进工作者""优秀妇女工作者""优秀公务员""优秀共产党员"，荣获个人三等功一次。工作两年半后，由于工作成绩突出，她被提任县人民法院办公室副主任，后又被任命为县人民法院新闻办公室主任。在此期间，法院的新闻宣传工作深得外界好评，给法院树立了良好的形象。她负责全院的文明单位创建工作，该县人民法院连续三次被评为省级文明单位。工作 9 年后，她成为该县人民法院审判员，后又担任该县人民法院纪检监察组副组长，她勤勉务实的工作作风赢得了领导及同事的一致好评。

国外就业拓展自己的人生

小华就读于某专科学校计算机应用技术专业，在校期间，他学习成绩优异，曾任班委和学生会干部，多次被评为"优秀学生干部"和"优秀工作者"，同时积极参加学校和学院的各种活动。毕业时被泰国某精密工业股份有限公司录用。他怀着对国外就业的憧憬，踏上了飞往泰国曼谷的飞机。刚下飞机，他的第一感觉就是非常炎热，想到以后自己将在这种高温的环境中生活和工作，他有点动摇，但他转念又想："既来之，则安之吧。"

理想很美好，现实很残酷。对他来说，第一大难关就是语言沟通。由于语言不通，小华刚下飞机就遇到了问题，连问路都不会，导致他花费了很长时间才出机场。慢慢地，小华对自己的选择产生了疑问："我选择对了吗？"后来，公司安排了一个老师教他们泰语。但是，从头学习一门语言难度很大。在工作中，小华接触到的人里只有 7 个人会说汉语，他们都来自我国台湾，其他分别来自泰国、柬埔寨、菲律宾、马来西亚。小华被安排到了车间实习，做数控方面的工作。公司安排了一个泰国人教他，包括数控机床的使用、工装的安放、机械方面各种仪器的使用等。同样由于语言沟通问题，很多东西小华都不理解。但随着时间的推移，在工作方面，小华能听懂的、能做的事慢慢多了起来；在生活方面，由开始的连门都不敢出、路都不敢问到现在可以自己出去买东西，简单的交流已经不是问题了，听说读写方面也有了进步。

此外，小华在校所学的专业是计算机应用技术，而现在做的都是机械方面的工作，与所学的专业没有什么关系，这对于他来说也是一个很大的挑战。慢慢地，小华认识到工作中更重要的是一个人的学习能力、适应能力、接受能力。之后，他更加认真地学习、虚心请教，工作能力有了很大的提升。他也越来越喜欢机械加工了，并能够利用刀具加工出很多与工作和生活相关的产品。

现在，小华的工作更加繁重了，但他愿意付出自己的精力和时间来做好它，为的是心中的那份热爱。他领悟到，没有人关心你付出了多少时间、多少精力，人们更看重结果而非过程，但在这个过程中你必须更加精益求精，以降低机器、仪器的耗损。他希望在平凡的工作中努力去拓展自己的人生，使自己更优秀、更出色。

追梦路上不停步

小伟 2011 年考入某专业学校测绘工程技术专业，后通过专升本考试，考入某理工大学；2016 年在该理工大学本科毕业并获工学学士学位；通过努力，他又考取了该理工大学的研究生，并仅用两年时间就攻读完课程获得工学硕士学位；2019 年，他成为某矿业大学大地测量学与测绘工程专业博士研究生。他曾多次获得"国家一等助学金""优秀学生甲等奖学金""优秀毕业生"等荣誉称号；曾代表某理工大学参加云南省高等学校学生职业技能大赛，荣获测绘赛项一等奖；公开发表学术论文 10 余篇。

在回母校做报告时，小伟结合自己的学习经历，从升学经历和心得、专升本备考策略、对未来的展望三个方面给在场的学弟、学妹做了一场非常精彩的报告。他谈到了四点体会：第一，态度决定一切，成功的人总是去寻找那些能对他们有所帮助的机会，而不成功的人却总在为自己的不努力找借口；第二，学会合理安排时间，适时调整心态；第三，明确人生目标，及早进行职业生涯规划；第四，心怀感恩，感恩老师、同学、朋友和亲人。他认为，大专和本科阶段要注重基础知识的学习，硕士阶段要注重分析和解决问题能力的培养，博士阶段要注重创新能力。普通类专升本对于每一位专科学生来说都是人生的一次转折，专科生最好能抓住这个机会。他坚信"勤能补拙是良训，一分辛苦一分才"，只要肯努力，方法正确，坚持不懈，一切都不是什么难事。

从专科生到本科生、研究生再到博士生，小伟在追梦路上不停步，他的事迹点燃了同学们心中继续求学深造的梦想。专科不是终点，而是新的起点，在追求梦想的道路上，困难有时像绊脚石，但我们可以战胜它，攀上成功的顶峰。

努力的人是最幸运的

十九年前毕业于某专科院校导游服务专业的小海，现在已是一家商贸有限公司的总经理。在回母校做报告时，他用朴实的语言为学弟学妹们讲述了自己的创业故事。

小海是一个农民家的孩子，毕业时进入昆明某旅行社工作，上班第一天的任务就是去火车站门口发传单。为了能多学一些东西，他每天主动去办公室打扫卫生、擦桌子、换茶水，还帮助老员工整理文案，并从中学到了一些旅游知识。他肯吃苦，脚踏实地，放低自己，怀揣着坚持就会成功的梦想，最终成为 20 名实习生中第一个被提拔的人。2006 年他选择自主创业，开办了一家旅行社，主要负责游客的接待工作。后来生意越做越大，他通过自己的努力，很快就赚得了人生的第一桶金。2008 年，小海的事业跌入了低谷，旅行社倒闭。但他没有退缩，他安慰自己还年轻，还有机会，要及时调整，以积极阳光的心态从低谷中走出来。2009 年，他开始涉足珠宝行业，通过两年的学习及沉淀，在昆明开办了一家珠宝公司。基于旅游行业的丰富经验，2013 年他又相继在丽江、腾冲等地开办了旅游购物专卖店。他通过多年的坚持和努力，以及不断创新突破，成立了现在的商贸有限公司，现有在职员工 300 余人，专门负责接待全国游客。

在报告会上，小海通过分享创业心得，从学习、生活、为人处世等方面对在校大学生提出了诚恳的告诫：创业不易，但无论遇到多大困难，都不要抱怨，不要轻言放弃，要学会坚持，敢于担当，同时保持学习习惯，每天都要学习，不断提高自身的创新能力。他提醒大学生们要珍惜大学时光，要学好专业知识，磨砺自己的技能，为以后进入社会做好铺垫。同时他感谢母校教给了他知识和技能，以及做人做事的道理。

（资料来源：根据网络资料整理。）

活动与任务

大学生毕业后可能的发展路径

从本项目知识点的学习中，我们可以看到大学生毕业后的多种去向。毕业生选择任何一条路都能使自己得到成长，使职业生涯得到较好的发展。请你根据身边的案例说说你所了解的职业道路。

今天我毕业了

1. 由各小组推荐 6～7 名同学扮演毕业生，角色包括国企或民营企业就业人员、创业人员、升学人员、西部计划人员、暂不就业人员等。

2. 各小组其他人员分别扮演与毕业生离校相关的部门工作人员。老师向学生介绍本校毕业生离校工作程序和相关手续，学生自行搜索并学习相关政策知识，准备相关材料。

3. 模拟办理离校手续。

体验与收获：

拓展阅读

就 业 协 议

1. 什么是就业协议

就业协议是毕业生在就业时所需签订的协议书，一式四份，毕业生、用人单位、二级学院和学校就业部门各持一份。毕业生与用人单位达成就业意向后签署就业协议，学校据此为毕业生进行派遣。

就业协议在毕业生到单位报到、用人单位正式接收后自行终止。随后用人单位与毕业生签订正式劳动合同。

2. 签订就业协议时要注意的事项

（1）明确违约金数额。通常用人单位在签约时会提出违约金的金额，毕业生要在协商中力争将违约金降到最低，一般不超过 5000 元。对于违约金特别高的要慎签。

（2）"备注"允许另行约定各自的权利与义务。为防止用人单位的承诺无法落实，毕业生可以将工资、奖金、补贴、休假、住房、保险等福利待遇在备注栏中写清楚。

3. 签订就业协议的常见问题

（1）签订就业协议后不想去怎么办？

提供如下材料，学校不做违约处理：签约单位出具同意解除就业协议的书面证明；继续攻读学位或考取公务员，可凭录取通知书或复印件办理；本人申请报告，并附学校意见。

【提醒】签订就业协议后一旦违约，除毕业生承担违约责任、支付违约金外，还可能影响学校声誉，需谨慎考虑。

（2）就业发生纠纷，怎么办？

可以采取以下办法：向学校联系咨询，寻求帮助；向用人单位的上级主管部门提出申诉；提交给当地的劳动争议仲裁委员会进行调解和仲裁；向人民法院提起诉讼；视用人单位违法、违规情况，向人力资源和社会保障部门举报、投诉。

【提醒】就业协议虽不是劳动合同，但作为一种普通的民事合同，仍具有约定的法律效力。签订就业协议后，学校向教育主管部门上报就业方案。延期毕业的学生可等到正式毕业时再办理相关手续。

档案和户口

（一）档案

1. 档案的含义

毕业生档案是学生毕业前家庭情况、学习成绩、身体状况等的文字记载材料，是用人单位选拔、聘用毕业生的重要依据，在校时称学籍档案，毕业后称人事档案。档案是个人经历的记录，也是人事管理和服务的依据。

2. 档案的内容

档案里主要有高校毕业生登记表、学习成绩单、在校期间的一切奖惩材料、入团入党志愿书、毕业离校前的体检表以及毕业生报到通知书等材料。

3. 档案的作用

档案除了供用人单位考察录用人员之外，也是维护个人权益和福利的凭证，无论是工作调动、考研、公务员招考还是职称评审、考资格证、工龄认定、社保办理、住房补贴发放、入党手续办理、退休手续办理等，都要用到它，所以档案十分重要。

4. 毕业后的档案处理

（1）没找到工作，档案能在学校存多久？

学校一般不为毕业生保存档案，会根据就业方案将没有找到工作的毕业生的档案发回原户籍所在地公共就业人才服务机构保管。

（2）去留学的毕业生档案该怎么处理？

一般存放在留学服务中心或人事代理机构，关于海外学历有专门的认证机构。

（3）去机关、事业单位、国有企业就业，档案如何处理？

高校毕业生到具有档案管理权限的机关、事业单位、国有企业就业的，由单位直接接收、管理档案。

（4）到私企、外企工作，档案如何处理？

到无档案管理权限的单位（如私营企业、外资企业等）就业的，可由各地公共就业人才服务机构负责提供档案管理等人事代理服务。

（二）户口

户口是办理身份证、护照、签证、公证、购房、保险、结婚等事宜的必备材料，直接关系到个人学习、工作和生活的各个方面。所以，户口在学校的毕业生要及时落户，避免成为黑户。如果户口在学校，毕业时可迁到单位所在地、生源地、人才中心集体户。

户口迁移的常见误区如下。

（1）不办户口迁移，户口就还在学校。

毕业生不主动将户口迁出到目的地，学校一般会将户口打回原籍。毕业生要带上由学校所在地公安派出所开具的户口迁移证，在注明的有效期内，到户口迁移证上的地址办理落户手续。

（2）户口迁移证在手就是有户口。

迁移证是公民在户口迁移过程中的重要凭证，持有户口迁移证相当于暂时没有户口，只有把户口迁移证交给落户地的公安机关办理落户手续后，才会有户口。

（3）"户口打回原籍" = "户口寄回原籍"。

所谓户口"打回原籍"，是指户口迁移证的迁往地址栏里写上毕业生的原籍，并不是寄回去。

课后作业

了解自己毕业后可能的去向

根据自己的专业及目标企业或职业规划，思考自己毕业后较有可能的三个去向，并了解相关的签约、报到、档案、户口等事宜。

学习自测

理解的知识点	
掌握的技能点	
感受与收获	
项目成效评分	0 分————————————————————————————————————10 分

大学生就业权益维护

项目目标制定

本项目的预定目标：了解在求职、实习、兼职、就业等过程中，自身权益容易受到侵害的情况、存在的风险及应对措施。

我经历过或听说过大学生就业权益受侵害的事件：

我对本项目目标的看法和期待：

我学习本项目的目标：

知识点

> 在求职过程中，大学生维护自身权益应该注意以下几个方面：
①通过学校、政府部门、知名招聘平台或亲戚朋友获取可信度高的招聘信息；
②不参加收取押金、保证金、培训费等费用的招聘活动；③警惕不符合实际的招聘信息；④对存在性别、检测乙肝等就业歧视的招聘信息可以进行举报维权。

> 实习期是针对在校大学生而言的，是指学生在校期间到用人单位的具体岗位上参与工作实践的过程，目的是使学生更好地学习理解专业知识，做到理论联系实际。近些年来，为了提前网罗人才，越来越多的用人单位纷纷开展实习生计

知识点

划。但是，由于未毕业的大学生不具备劳动主体资格，因此在实习期间，实习生不能与用人单位形成劳动关系，也不受劳动法的保护。

- 试用期是指用人单位和劳动者在建立劳动关系后，为相互了解而约定的一般不超过半年的考察期。试用期是伴随劳动合同而出现的一个概念，先有劳动合同，后有试用期。当然，劳动合同中既可以约定试用期，也可以不约定试用期。

- 法律关于试用期、实习期的工资待遇问题并没有明确规定，但这并不等于用人单位可以不受任何限制、任意地制定试用期员工的工资水平。国家实行最低工资保障制度，用人单位支付劳动者的工资不得低于当地最低工资标准。

- 毕业生到用人单位实习应严格遵守安全规范，注意保护人身安全。一般来说，学校会为毕业生购买保险，大学生在实习前应与用人单位签订实习协议，明确各方责任。

- 劳动合同：劳动合同是劳动者与用人单位之间确立劳动关系、明确双方权利和义务的协议。

- 签订劳动合同时的注意事项：签订劳动合同是用人单位的法定义务；用人单位主体资格合法；劳动合同内容合法；当事人意思表示真实；合同订立的形式合法；劳动合同的必备条款齐全；到劳动监察部门备案。

- 关于试用期：劳动合同期限三个月以上不满一年的，试用期不得超过一个月；劳动合同期限一年以上不满三年的，试用期不得超过两个月；三年以上固定期限和无固定期限的劳动合同，试用期不得超过六个月。

- 社会保险是由国家通过立法，多渠道筹集资金，对劳动者在因年老、失业、生病、工伤、生育而减少劳动收入时给予的经济补偿，使他们能够享有基本生活保障的一项社会保障制度，具有强制性，主要包括养老保险、失业保险、医疗保险、工伤保险和生育保险等项目。试用期也应该享受社会保险。

- 《中华人民共和国劳动合同法》（简称《劳动合同法》）第三十八条规定，用人单位有下列情形之一的，劳动者可以解除劳动合同：①未按照劳动合同约定提供劳动保护或者劳动条件的；②未及时足额支付劳动报酬的；③未依法为劳动者缴纳社会保险费的；④用人单位的规章制度违反法律、法规的规定，损害劳动者权益的；⑤以欺诈、胁迫的手段或者乘人之危，使对方在违背真实意思的情况下订立或者变更劳动合同致使劳动合同无效的；⑥法律、行政法规规定劳动者可以解除劳动合同的其他情形。

- 因用人单位过失而辞职，按规定可以解除劳动合同，并取得自己应得的工资报酬，并且不必向用人单位支付违约金。

- 就业相关法规：《劳动合同法》《中华人民共和国就业促进法》《中华人民共和国劳动争议调解仲裁法》《职工带薪年休假条例》《就业服务与就业管理规定》《集体合同规定》《最低工资规定》。

案例导入

用法律维护自己的权益

2003 年 4 月，浙江某大学毕业生周某在参加浙江省某区公务员考试中，因为是乙肝病毒携带者而被拒绝录用，他愤怒之下用匕首刺死了当时负责录取工作的人事干部，之后他因犯故意杀人罪被判处死刑。同年 6 月，同样是在公务员考试中，安徽的一名大学生张某也因是乙肝病毒携带者而被拒绝录用。11 月 10 日，张某以市人事局歧视乙肝患者，侵犯了其平等就业权益为由，向市人事局所在地的人民法院提起行政诉讼，并由此引发了我国第一例关于公务员录取歧视的案件。在这两起典型的因大学毕业生就业权益遭到侵犯而引发的案例中，两位大学生采取的救济方式截然不同：周某的冲动、极端行为让自己付出了生命的代价；而张某理智、正当地通过法律途径解决问题，不仅很好地维护了自己的合法权益，也对解决乙肝病毒携带者就业问题起到了积极的社会效果。

无救济即无权利，权利需要赋予，权利需要保障，权利也需要救济，而选择何种救济方式将决定权利实现的程度和效果。首先，大学生要有权利意识，懂得什么是自己的合法权益；其次，大学生要有维权意识，懂得在权利受到侵犯的时候，积极地维护自己的权益；最后，大学生要有法律意识，懂得在权利受到侵犯的时候，要用法律的手段进行救济。

就 业 歧 视

24 岁的小闫是河南人，大学专业是法学。他向某度假村有限公司投递简历，次日收到该公司回复，不适合原因一栏只写了"河南人"三个字。小闫认为公司存在地域歧视行为，遂将对方起诉到法院。后来，法院作出该公司赔偿小闫 10000 元，并在《法治日报》书面向小闫赔礼道歉的判决。

现实生活中，因"河南人"身份所遭遇的歧视并不鲜见。随着社会的发展和人们文明意识的提升，类似的歧视逐渐减少，但依然没有根绝。因而，非常有必要态度鲜明地向地域歧视说"不"，让歧视者付出代价。

就业公平是社会公平的重要内容，是每个人所享有的不可或缺的劳动权利，其实质为劳动者可以自主选择用人单位并平等获得就业机会和相应待遇，不因民族、种族、性别等因素而受到差别对待。对于即将毕业踏入社会的大学生来说，享受公平无歧视的就业环境，有助于其顺利地进行职业规划和人生规划。

一旦遭遇就业歧视，因地域、性别等受到不平等对待，当事人的人生前景和精神心理将受到难以估量的损害。例如，当事人可能因此对自己被歧视的"弱点"耿耿于怀，难以走出阴影。从宏观角度出发，地域歧视无疑会割裂地域间的人员流动，增加排外情绪，加剧不同群体间的裂痕，无助于社会的整体进步和经济的长远发展。因此，无论是监管部门还是劳动者个人，都应毫不犹豫地向招聘歧视说"不"。故此，小闫敢于将歧视河南人的用人单位告上法庭并讨回公道的做法，值得肯定。司法机关判决用人单位赔偿求职者 9000 元精神损害抚慰金和 1000 元合理维权支出的做法，则有着典型意义，这意味着遭遇招聘歧视的求职者有权向用人单位主张精神损害赔偿，用人单位理当为此付出代价。

但从长远来看，向招聘歧视说"不"并非那么简单。如今，用人单位通常不会将"歧视"二字写在脸上，更不会直白地公开宣称"只要男性""仅限本地户籍"等条件，而是暗地里将某项条件作为隐形门槛，将不符合条件者或者将触发某项"条件"的求职者在面试或面谈环节刷掉，或者对女性、怀孕员工安排高强度工作，变相逼迫其主动离职。

可以说，对于这些隐形歧视，求职者很难获得其遭遇歧视的证据，一般只能吃下哑巴亏。因此，向招聘歧视说"不"，既要明确地反对明目张胆的歧视，更要拒绝隐形歧视，让劳动者在求职过程中享受到平等无差别的待遇。

具体而言，可采取举证责任倒置的方法，用人单位未录用求职者的，应该提供其未歧视求职者的证据。如果用人单位没有正当理由，基于劳动者的性别、户籍、外貌等与工作内在要求没有必然联系的因素，而非学历、工作经验等与工作内在要求密切相关因素对求职者差别对待的，就应判定其构成招聘歧视，以此促进形成公平有序的就业环境。

高额违约金如何应对

进入大三上学期不久，毕业生小李在招聘会上向某大型民营企业投递了简历，而后成功通过了面试，与该企业签订了就业协议。但之后该企业又与小李私下签订了一个补充协议。协议规定：如果小李毕业后不能到该单位报到，或者不能在该单位服务满 5 年，要赔偿用人单位 5 万元违约金才能解约。小李当时已签了就业协议，然后懵懵懂懂地与其他应聘者一起在这个补充协议上签字并按了手印。当时小李是抱着扎根于此公司艰苦奋斗的决心签约的。但天有不测风云，就在小李刚刚结束毕业论文答辩、等待办理毕业手续时，噩耗传来，小李的母亲被检查出身患重病，需要住院治疗，而其父年迈且腿脚不便，小李又是家中独子，听闻此事只得尽快回到母亲身边。这时用人单位不断催促小李去实习，小李思虑再三，将家中情况告知，希望能解约，但该企业以小李已签订补充协议为由，让小李赔付 5 万元违约金后再与其解约。对于刚毕业的大学生来说，5 万元是一笔不小的数目，况且小李母亲的治疗费用巨大，一时拿不出这么多钱，于是小李向学院就业辅导员求助。本着对学生负责的态度，辅导员与该企业反复沟通，最终该企业有所妥协，提出只要 1 万元赔偿金即可。但以小李当时的情况，1 万元对他来讲也非常困难。小李尚未前去报到，也没有参加岗位培训，用人单位在确定小李放弃该岗位后，可按当时面试排名顺序递补，录取排在小李之后的应聘者即可，实际上远没有给用人单位带来 1 万元的损失。于是辅导员决定带小李到用人单位进行面谈。他们一起坐车到了企业，向该企业招聘负责人表达了歉意，同时说明了小李的特殊情况，并出示了医院对小李母亲的诊断证明。招聘负责人有所动容，称可以向领导申请不要小李的违约赔偿，但他们领导不在，须经领导同意后方可解约。于是他们在企业等了整整一天，终于等到领导回来。辅导员同小李一起向该企业领导表达了歉意，并向其解释了解约的原因及《劳动合同法》中的相关规定，最终双方协商一致，签订了解约协议书，同意小李不再赔付违约金。

　　案例分析：某些有迫切需求的用人单位为防止毕业生签订就业协议后不去报到，私下另与学生签订补充协议，将违约金提高到 3 万元，甚至 5 万元或更多。应届毕业生由于缺乏就业方面的法律意识，加之看到企业较高的工资承诺，轻易就签字同意，后因种种原因没能前去报到，因此需要赔偿巨额违约金。这样引起的就业纠纷日渐增多。那么，用人单位与毕业生在就业协议之外私下签订的补充条款是否具有法律效力？毕业生在去用人单位报到前选择解约是否要支付数万元违约金？这还要从就业协议和《劳动合同法》本身着手去探求答案。根据就业协议条款内容，有关服务期和违约金等问题，若双方另有约定，确实可以另附约定条款。但关于就业协议的性质及效力，根据现在一致认同的说法，就业协议不能被等同视为劳动合同，就业协议在签订劳动合同后即自动失效。就业协议的作用仅限于对毕业生就业过程的约定，一旦报到，其使命就已完成。当毕业生到用人单位报到后，求职者与用人单位需要根据先前就业协议约定的权利和义务订立劳动合同，这样毕业生与用人单位双方才算正式建立劳动关系。所以在上述案例中，毕业生尚未到用人单位报到，用人单位仅凭就业协议附加条款就要求毕业生支付 5 万元的违约金是不合规的。查阅《劳动合同法》相关条款，其中并未确切说明违约金的赔偿金额，只规定了违约金不能高于损失成本。《劳动合同法》第二十二条规定："用人单位为劳动者提供专项培训费用，对其进行专业技术培训的，可以与该劳动者订立协议，约定服务期。劳动者违反服务期约定的，应当按照约定向用人单位支付违约金。违约金的数额不得超过用人单位提供的培训费用。用人单位要求劳动者支付的违约金不得超过服务期尚未履行部分所应分摊的培训费用。用人单位与劳动者约定服务期的，不影响按照正常的工资调整机制提高劳动者在服务期期间的劳动报酬。"《劳动合同法》第二十三条规定："用人单位与劳动者可以在劳动合同中约定保守用人单位的商业秘密和与知识产权相关的保密事项。对负有保密义务的劳动者，用人单位可以在劳动合同或者保密协议中与劳动者约定竞业限制条款，并约定在解除或者终止劳动合同后，在竞业限制期限内按月给予劳动者经济补偿。劳动者违反竞业限制约定的，应当按照约定向用人单位支付违约金。"《劳动合同法》第二十五条规定："除本法第二十二条和第二十三条规定的情形外，用人单位不得与劳动者约定由劳动者承担违约金。"上述案例中，在毕业生未到用人单位报到、未与用人单位订立劳动合同，也未参加专项培训且在不涉及商业机密的情况下，毕业生只需支付一部分用人单位在招聘环节产生的费用即可，远达不到 5 万元之多。若用人单位一定要毕业生赔付巨额违约金，毕业生可要求用人单位出示自己的损失项及各项所产生的费用，判断是否合理再进行赔付。如果不合理，毕业生可寻求法律途径解决此类纠纷。

充分考虑　慎重签约

　　两位电气自动化技术专业的学生小李和小王，在大学三年级上学期就被一家单位看中，在 10 月就和用人单位签订了就业协议，并办理顶岗实习手续到该单位实习。公司每月支付工资，并承诺为他俩办理相关人事接收手续，毕业后送他们到国外培训，作为技术人才培养。公司要求他们在就业协议外加签一份补充协议，协议要求他们必须在公司服务满 5 年，如果不满 5 年需要缴纳违约金 2 万元，并解释说当时正在为他们办理出国护照，担心他们出国后不回来，为降低公司风险才加签这份协议，同批招聘的其他大学生都已经加签此协议。小李和小王没有仔细考虑就同意了加签协议，也没有将加签协议告知学校。毕业后，两人如期到该公司报到。公司方面履行承诺，先后两次将他们送往国外学习培训，工资也按照约定支付。虽然公司工作强度很大，工作非常辛苦，但是小李和小王都一直很努力地工作。但到第二年初，小王母亲生病，身为独子的他想离职回家照顾母亲。当他向公司提出离职时，公司人力资源部门出具了当时签订的补充协议，要求他向公司交付 2 万元培训费，否则不予办理离职和调档手续，小王当场愣住了。小王向学校就业部门求助时才知道，自己的档案和人事关系已按就业方案转到该公司。如果不赔偿违约金，公司不同意解约，则自己什么手续都办不了，档案和人事关系都无法调出。后来通过多方面努力，也请当地人力资源和社会保障局出面调解，小王最终赔偿公司一定数额的违约金才解除了劳动关系。这场风波让小王精疲力竭，对公司的影响也非常大。

案例分析：目前国家法律对于大学生和企业之间的补充协议、违约金、解约手续并没有很明确的规定，对于用人单位拒不交回人事档案也没有什么约束力，当遇到此类案例时，往往很难解决。毕业生在签订含有高额违约金的协议条款时应该慎重考虑，避免出现上述情况，以免对自己和企业造成较大损失。

活动与任务

大学生就业权益法律法规知识竞赛

为了扩展大家对大学生就业权益法律法规的认识，提升在就业过程中维护自身权益的能力，特举办此次知识竞赛。具体实施如下：

1. 全班范围内自荐主持 1 人、策划 1 人、助手 2 人。

2. 各小组推荐一名同学共同组成出题组兼裁判组，负责编写竞赛题、制定比赛规则和担任裁判、计分员。

3. 以小组为单位参加竞赛，做好赛前准备并参赛。

4. 30 分钟后竞赛开始，竞赛时间为 20 分钟。

通过大赛，我了解到的大学生就业权益法律法规知识：

📚 **拓展阅读**

就业服务与就业管理规定

国家为了加强就业服务和就业管理，培育和完善统一开放、竞争有序的人力资源市场，为劳动者就业和用人单位招用人员提供服务，根据《中华人民共和国就业促进法》等法律、行政法规，制定了《就业服务与就业管理规定》（2007年11月5日劳动保障部令第28号公布，2022年1月7日第四次修订）。现摘录与毕业生权益密切相关内容如下。

第四条　劳动者依法享有平等就业的权利。劳动者就业，不因民族、种族、性别、宗教信仰等不同而受歧视。

第十二条　用人单位招用人员时，应当依法如实告知劳动者有关工作内容、工作条件、工作地点、职业危害、安全生产状况、劳动报酬以及劳动者要求了解的其他情况。

用人单位应当根据劳动者的要求，及时向其反馈是否录用的情况。

第十三条　用人单位应当对劳动者的个人资料予以保密。公开劳动者的个人资料信息和使用劳动者的技术、智力成果，须经劳动者本人书面同意。

第十四条　用人单位招用人员不得有下列行为：

（一）提供虚假招聘信息，发布虚假招聘广告；

（二）扣押被录用人员的居民身份证和其他证件；

（三）以担保或者其他名义向劳动者收取财物；

（四）招用未满16周岁的未成年人以及国家法律、行政法规规定不得招用的其他人员；

（五）招用无合法身份证件的人员；

（六）以招用人员为名牟取不正当利益或进行其他违法活动。

第十五条　用人单位不得以诋毁其他用人单位信誉、商业贿赂等不正当手段招聘人员。

第十六条　用人单位在招用人员时，除国家规定的不适合妇女从事的工种或者岗位外，不得以性别为由拒绝录用妇女或者提高对妇女的录用标准。

用人单位录用女职工，不得在劳动合同中规定限制女职工结婚、生育的内容。

第十七条　用人单位招用人员，应当依法对少数民族劳动者给予适当照顾。

第十八条　用人单位招用人员，不得歧视残疾人。

第十九条　用人单位招用人员，不得以是传染病病原携带者为由拒绝录用。但是，经医学鉴定传染病病原携带者在治愈前或者排除传染嫌疑前，不得从事法律、行政法规和国务院卫生行政部门规定禁止从事的易使传染病扩散的工作。

用人单位招用人员，除国家法律、行政法规和国务院卫生行政部门规定禁止乙肝病原携带者从事的工作外，不得强行将乙肝病毒血清学指标作为体检标准。

第五十八条　禁止职业中介机构有下列行为：

（一）提供虚假就业信息；

（二）发布的就业信息中包含歧视性内容；

（三）伪造、涂改、转让职业中介许可证；

（四）为无合法证照的用人单位提供职业中介服务；

（五）介绍未满 16 周岁的未成年人就业；

（六）为无合法身份证件的劳动者提供职业中介服务；

（七）介绍劳动者从事法律、法规禁止从事的职业；

（八）扣押劳动者的居民身份证和其他证件，或者向劳动者收取押金；

（九）以暴力、胁迫、欺诈等方式进行职业中介活动；

（十）超出核准的业务范围经营；

（十一）其他违反法律、法规规定的行为。

毕业生权益问答

1. 用人单位能否要求求职者提供担保或向其收取财物

少数用人单位为谋取钱财，采用招聘途径，通过向求职者收取招聘费、培训费、押金或服装费等获取不正当利益。一些毕业生求职时会遇到这种情况，参加面试时，用人单位告知要参加培训，考试合格后方能录用，培训费自付，但当培训结束后，用人单位会以条件不符、考试不合格等原因而不予录用，或者用人单位称会给予毕业生职位，但要缴纳抵押金。大学毕业生急于得到工作，轻易地交出钱财，但是在提出辞职时，用人单位却拒绝退还抵押金。

《劳动合同法》第九条规定："用人单位招用劳动者，不得扣押劳动者的居民身份证和其他证件，不得要求劳动者提供担保或者以其他名义向劳动者收取财物。"

《劳动合同法》第八十四条规定："用人单位违反本法规定，扣押劳动者居民身份证等证件的，由劳动行政部门责令限期退还劳动者本人，并依照有关法律规定给予处罚。

用人单位违反本法规定，以担保或者其他名义向劳动者收取财物的，由劳动行政部门责令限期退还劳动者本人，并以每人五百元以上二千元以下的标准处以罚款；给劳动者造成损害的，应当承担赔偿责任。

劳动者依法解除或者终止劳动合同，用人单位扣押劳动者档案或者其他物品的，依照前款规定处罚。"

2. 建立劳动关系应当注意哪些问题

鉴于用人单位不与劳动者签订书面劳动合同的情况较为普遍，劳动者的权益极易受到侵害，《劳动合同法》更加强调，"建立劳动关系，应当订立书面劳动合同"。因此，大学毕业生求职就业要特别注意这一环节。

与《中华人民共和国劳动法》相比，《劳动合同法》强调了用人单位在订立书面劳动合同方面的义务，并将这些义务具体化。第一，劳动合同应当在建立劳动关系的一个月内订立；第二，用人单位自用工之日起超过一个月不满一年未与劳动者订立书面劳动合同的，应当向劳动者每月支付两倍的工资；第三，用人单位自用工之日起满一年不与劳动者订立书面劳动合同的，视为用人单位与劳动者已订立无固定期限劳动合同；第四，用人单位未在用工的同时订立书面劳动合同，与劳动者约定的劳动报酬不明确的，新招用的劳动者的劳动报酬按照集体合同规定的标准执行，没有集体合同或者集体合同未规定的，实行同工同酬；第五，劳动合同由用人单位与劳动者协商一致，并经用人单位与劳动者在劳动合同文本上签字或者盖章生效。

劳动合同文本用人单位和劳动者各执一份。如果用人单位提供的劳动合同文本未载明必备条款，或者用人单位未将劳动合同文本交付劳动者，由劳动行政部门责令改正；给劳动者造成损害的，应当承担赔偿责任。

3. 求职者在试用期内享有哪些权益

试用期是一个敏感的阶段，有些毕业生虽已踏进用人单位，但在成为正式员工前总惴惴不安，生怕失去眼前的工作，所以对用人单位总是百依百顺，答应一切要求。一些用人单位也摸透了毕业生的这种心理，借机牟取非法利益。用人单位的做法主要有以下几种。

（1）试用期不签订劳动合同。试用期原本是用人单位与劳动者为相互了解对方而约定的考察期，却成了很多用人单位降低人工成本、使用廉价劳动力的一个借口。部分用人单位在试用期不与毕业生签订劳动合同，在试用期满后以各种理由辞退。这使应聘的毕业生白白付出大量时间和精力，也错过最佳就业期，对其造成很大损失。

针对此现象，《劳动合同法》规定："建立劳动关系，应当订立书面劳动合同"；"劳动合同期限三个月以上不满一年的，试用期不得超过一个月；劳动合同期限一年以上不满三年的，试用期不得超过二个月；三年以上固定期限和无固定期限的劳动合同，试用期不得超过六个月。同一用人单位与同一劳动者只能约定一次试用期"。这些规定能够有效地约束用人单位滥用试用期的行为。

（2）试用期内随意解除劳动合同。劳动者勤勤恳恳地在用人单位工作三个月，眼看试用期将满，没有收到转正通知，却得到因不符合录用条件而被辞退的消息。这种情况在毕业生就业时也比较多见，也是用人单位不合法的用工方式。

根据《劳动合同法》规定，劳动者在试用期间被证明不符合录用条件的，用人单位可以解除劳动合同，但这并不意味着用人单位可以在试用期内随意辞退劳动者。用人单位可解除劳动合同的条件是必须举证证明劳动者在试用期间不符合录用条件，如果用人单位没有证据证明劳动者在试用期间不符合录用条件，就不能解除劳动合同。否则，须承担因违法解除劳动合同所带来的一切法律后果。

（3）"试用期"等于"白用期"。有些毕业生对劳动法律法规不了解，以为试用期就应该拿低工资或者没有劳动报酬，这是一种误解。基于劳动关系的劳动应当得到相应的劳动报酬，《劳动合同法》第二十条对此明确规定："劳动者在试用期的工资不得低于本单位相同岗位最低档工资或者劳动合同约定工资的百分之八十，并不得低于用人单位所在地的最低工资标准。"这意味着，用人单位不得让毕业生做廉价劳动力，毕业生也可以依法取得自己在试用期应得的劳动报酬。

4. 用人单位在哪些情况下可以约定违约金

用人单位利用其优势地位，常常预先在劳动合同中设定高额违约金，限制劳动者在职业上的自由流动，也侵害了劳动者的择业自主权，并由此引发了大量劳动争议。《劳动合同法》明确规定，只有以下两种情况可以在劳动合同中约定违约金。

一是用人单位为劳动者提供专项培训费用，对其进行专业技术培训的，可以与该劳动者订立协议，约定服务期。劳动者违反服务期约定的，应当按照约定向用人单位支付违约金。违约金的数额不得超过用人单位提供的培训费用。用人单位要求劳动者支付的违约金不得超过服务期尚未履行部分应分摊的培训费用。

二是对负有保守商业秘密和知识产权义务的高级管理人员、高级技术人员和其他负有保密义务的人员，用人单位可以与之约定竞业限制，如劳动者违反竞业限制的约定，应当按照约定向用人单位支付违约金。

除上述两种情况外，用人单位不得与劳动者约定由劳动者承担违约金。

签订劳动合同时的注意事项

1. 劳动合同应当具备的条款

劳动合同应当具备以下条款：用人单位的名称、地址和法定代表人或者主要负责人；劳动者的姓名、住址和居民身份证或者其他有效证件号码；劳动合同期限；工作内容和工作地点；工作时间和休息休假；劳动报酬；社会保险；劳动保护、劳动条件和职业危害防护；法律、法规规定应当纳入劳动合同的其他事项。

除上述规定的必备条款外，用人单位与劳动者可以约定试用期、培训、保守秘密、补充保险和福利待遇等其他事项。

2. 试用期的相关规定

《劳动合同法》明确规定：劳动合同期限三个月以上不满一年的，试用期不得超过一个月；劳动合同期限一年以上不满三年的，试用期不得超过二个月；三年以上固定期限和无固定期限的劳动合同，试用期不得超过六个月。同一用人单位与同一劳动者只能约定一次试用期。

3. 慎签合同类型

（1）口头合同：没有签署书面合同文件。
（2）抵押合同：要求交证件或财物。
（3）简单合同：条文没有细节约束。
（4）生死合同：含有"工伤概不负责"等字眼。
（5）暗箱合同：不向求职者讲明合同内容。
（6）双面合同：一份合法的"假"合同、一份不合法的"真"合同。
（7）卖身合同：要求几年内求职者不可跳槽至同行业公司工作。

（8）霸王合同：合同只从用人单位角度出发，求职者处于被动地位。

📖 故事与分享

你是如何被职场 PUA 慢慢毁掉的

PUA 的全称是 pick-up artist，起源于美国的"搭讪艺术"，原本是用于男女两性交往的一套方法，后来被别有用心的人利用，变成了用洗脑、诱骗、威胁、心理暗示等一系列精神控制手段来欺骗异性的感情和钱财，甚至掌控对方的人生。职场 PUA 是从爱情 PUA 上延伸出来的说法，它多发生在领导和下属之间，同样是通过一系列精神控制方法，使下属丧失自我，最终对领导唯命是从。一份职场白领心理调查显示，我国有 64% 的职场人遭遇过职场 PUA。可以说，职场 PUA 已经成为一个非常普遍的现象。

那么职场 PUA 有哪些套路？大学毕业生又该如何应对？下面结合实际案例介绍一些思路和方法。

（一）职场 PUA 的通用套路

职场 PUA 的通用套路主要有以下 4 个。

1. "你太差了，什么都做不好。"

这是最普遍的职场 PUA 套路。在所有的案例里，70%以上是如此。这个套路的关键在于，不断对下属的工作能力进行否定，以此摧毁其信心，让其丧失独立思考的能力，从而任领导摆布。

例如，员工 A 的领导平时在和 A 沟通工作时，总是对他进行讽刺。在 A 请示工作的时候，领导也是极尽挖苦之能事，每周开例会的最后一项日程永远是批评 A："你一无是处，你是个笑话，你什么都做不好……"渐渐地，A 在这样的语言暴力下变得浑身紧绷，每天看到领导都战战兢兢。领导让他做什么就做什么，没有丝毫怨言。即便后来 A 把工作做好了，也得不到领导的肯定，还是继续被打压，让他觉得"这是应该的"。

这是一个很典型的案例。许多人在工作上或多或少经历过领导的批评和教育，但和职场 PUA 不同的地方在于，正常的批评教育都非常具体。什么地方没做好，什么原因导致没做好，接下来可以怎么改正，这些问题都是有答案的，并且这些答案都能在批评教育的过程中，让下属逐渐领悟到，从而采取行动。

职场 PUA 非常模糊，它的精神打压是以情绪为主导，并没有具体行动上的理性指引。"你有什么用，这都做不好。""你做的事情一点价值都没有，我当初怎么会把你招进来。""客户跟我投诉你，说你太笨了，要我把你换掉。"以上这些话都是在宣泄情绪，而非解决问题。如果下属去反问具体细节，要么是被"捣糨糊"糊弄过去，要么会遭到更为严厉的语言打击，告诉你这都想不清楚是你自己的问题。这导致的后果，是下属的人生信念被一点点摧毁，变成不能思考和判断的"工具人"。有许多人在校期间或在之前的公司里都表现不错，可到了新公司经历无情的否定和打压后，最后精神状态和个人能力都直线下滑，有的甚至发展成抑郁症。长期处于这种精神压迫下，没有人能正常工作，只能对领导唯唯诺诺，从而被操控。越是如此，越不可能做出成绩，越做不出成绩越是被继续打压，最后变成恶性循环。

2. "你还年轻，不要想那么多。"

这是职场 PUA 的常见套路，通过不断地"望梅止渴"来给下属灌输希望，最后达到操纵的目的。

例如，B 在大四期间去一家知名金融公司实习，实习期间他一直努力工作，任劳任怨。经过几个月的努力，B 终于得到毕业转正的承诺。可到了转正时间，领导却告诉他公司政策有所变动，得晚两个月给他办转正手续。于是 B 又辛苦工作了 2 个月，等到第二次提出转正申请时，领导又故技重演，告诉他要等到明年才可以转正。这时 B 留了个心眼，开始投简历。没想到领导知道了这件事，开始给 B "画大饼"，说公司很看好他的发展，等转正了给他加薪，而且会让他参与很多大项目等。漂亮话说了很多，但就是不见行动。就这样，B 拿着几百元的实习工资做了大半年的廉价劳动力。等他终于醒悟过来，领导又告诉他要认清形势，现在他还年轻，不要想那么多，能找到一个地方上班已经很不错了，甚至威胁他："你面试的那家公司我知道，我一个电话打给他们老板就能让你去不成。"身处其中的 B 于是又相信了领导的美好许诺。

这个套路并不高明，但却非常奏效。究其原因，是因为 B 被拿住了把柄。首先，B 在这家公司实习了大半年，错过了外面其他公司的招聘机会，这其实产生了沉没成本。如果现在离职，重新找工作又会花费大量时间，有可能找的工作比现在的还差。其次，这个领导不断告诉 B 以后会得到重用，但始终没有让他如愿，这就跟"驴子眼前挂萝卜"是一个道理。持续用希望吊着他，如果此刻放弃，相当于又增加了他的沉没成本。最后，这个领导还威胁 B 说一个电话就能让他上不成班，可谓恩威并施。但仔细想想，领导的威胁很不合实际。B 去面试的那家公司不属于金融行业，而现在实习的公司是金融公司，且不说这位领导能否真的决定别家公司的录用情况。"我一个电话打给他们老板就能让你去不成"，这种霸道的语气，只能用来欺骗新人。

3. "在我手下工作是你的福气。"

前面两个套路都比较常见，可段位都不高。这个套路比较少见，却是真正的降维打击。

例如，C 进入一家公司的契机源于一场行业活动，她在听到某位领导的演讲后瞬间被折服。用 C 的话说，那位领导无论是外形、举止还是谈吐都俨然一副高级精英模样，如果能在他手下工作肯定能学到不少东西。机会说来就来，C 通过身边好友打听和猎头咨询，费了好大力气，终于进入这家公司，并且被委派到那位领导手下做事。一切看上去像做梦一样不真实，她暗暗发誓一定要好好干出成绩来。然而，现实并没有那么美好。上班的第一天，C 就被领导叫去办公室，进行了长达 1 小时的洗脑教育。这位领导介绍自己毕业于常青藤名校，拥有多年硅谷工作经验，回国后担任过多家知名公司的董事，甚至连自己家住在哪个富人区、平时喜欢用什么奢侈品都告诉了 C。最后总结一下就是，这位领导有钱又有才，C 能在他手下工作是她的福气，一定要好好珍惜。C 和部门其他同事一样，都被这位领导的魅力所吸引，大家把他当神一样崇拜。在日常工作中，这位领导的话就是圣旨，就是精神纲领，不允许受到任何质疑，甚至领导说过的"金句名言"，还会被贴在会议室的墙上。有一次开会，C 提出了不同意见，这个领导马上脸色大变，痛斥 C 不懂事，并且还发动其他人攻击 C，批评她故意挑战领导，不以大局为重。在日常工作中，但凡有人敢质疑这位领导的权威，就会被疏远甚至隔离，重要工作不再交给他，同事说悄悄话也会故意躲着他，整个气氛变得极其压抑。这样的领导把正常的工作环境变成他的天下，打压异己，不允许任何辩驳，同时辅以教训和威胁，潜移默化地剥夺员工独立思考的能力，最终建立"以我为准"的唯一法则，达到精神操控的目的。

4. "这全是你的错。"

下属的功劳被领导占为己有，领导的过错却是下属的责任。在职场 PUA 案例里，有不少人给领导背锅。本不是自己的过错，却被领导强行拉来当炮灰。在这个过程中，领导会不断告诉下属就是他的责任，不允许狡辩，甚至还会当众羞辱下属。这样的领导在用得上下属的时候和颜悦色，一旦用不上或者出现危机了，随时可以牺牲下属，并且还会口口声声地说，这就是职场生存法则。职场没有这种生存法则，这就是 PUA。

采用该手段的人，往往有意忽略和掩盖理性事实，转而用情绪化的语言和动作来不断进攻受害者的心理防线。与此同时，利用自己的领导地位来强行扭曲现实，逼迫对方接受自己的观点。对于心理素质不强的人而言，这招特别有效。

以上就是职场 PUA 的 4 个常用套路。它们有一些共性和端倪，如强行灌输错误的价值观，通过精神打压来抑制受害者的独立思考能力，利用职场等级差实行高压统治等。长此以往，会对员工的正常心理造成不可挽回的精神伤害。

（二）应对职场 PUA 的方法

1. 坚定信念：领导并不是评判你能力和价值的唯一标准

记住这句话，能避开 80%的职场 PUA。领导只在你人生的某一个阶段扮演角色，他们没有权力和能力否定你的整个人生。他们否定、嘲讽、谩骂甚至羞辱下属，只能说明他们的人品不怎么样，并不代表下属一文不值。尤其要警惕那些只有坏情绪没有细节的"辱骂"。说别人做得不好，说别人不够聪明，那么最好他们自己能做得好，自己能表现得很聪明。如果他们自己都做不到，也不知道该如何做好，则至少在专业能力上你们的水平是一样的。既然大家都一样，就不要互相瞧不起。反而是那些能够给出具体建议，让人听了马上知道怎么改正的领导值得追随。

2. 果断行动：打开自己的信息通路

在许多职场 PUA 的案例里，实施 PUA 的人都有一个共性：关闭受害者的信息通路。这样的领导会有意地屏蔽掉受害者接受其他观点和信息的通道，让受害者最后只能接受自己单方面的信息，听命于自己的安排。例如，刻意让其他同事疏远你，也不让你和客户接触，你做的工作到底好不好，对不对，没有一个判断标准，最后只能听他的。再如，告诉你不要去外面听信别人的话，那都是谎言，只有他是为你好。但是不是谎言，这个并不应该由他来替你做决定，你需要根据自己掌握的信息来作出判断。兼听则明，偏听则暗。当你发现有人刻意屏蔽你的信息通路时，一定要警惕，要勇敢采取行动，打开信息通路。拓展自己的职场交际圈，和不同的朋友聊自己的经历，多看看相关的书籍甚至寻求一些专业咨询帮助，这些都能帮你认清眼前的这个人到底是为你好，还是想控制你。当观点越多，信息越全面时，你就越能辨别是非，判断出对方的话有没有道理。切莫一个人胡思乱想，要学会借助周围人的力量帮助自己走出思维的牢笼。记住，你的职场不应该只有一种声音。

3. 培养勇气：不要害怕辞职

一份工作和整个人生比起来，孰轻孰重？根据相关调查显示，一个人一生平均要经历 7 份工作。跟人生的长河比起来，眼下的工作并非不可替代，未来的道路永远都充满未知的惊喜。所以当你发现对方开始越过底线，得寸进尺的时候，切莫一再忍让。你的忍让只会继续助长对方的气焰。辞职并没有想象中那么可怕，它是你拒绝接受不公正待遇的一个选项。对于那些喜欢给自己树立神话人设的领导，我们要在心里默默地把他拉下神坛。记住他年轻时也可能和你一样什么都不懂，他能做你的领导，只是因为经验比你丰富。你能向他学习的，只有技能和经验。除了工作以外，大家都是生活中的普通人。心里的地位一旦拉平，你就不会过高地仰视他，更不会被 PUA。

不要把自己的人生，轻易交到任何人手里。

学习自测

理解的知识点	
掌握的技能点	
感受与收获	
项目成效评分	0 分---10 分

大学生创业与政策

项目目标制定

本项目的预定目标：理解创业的概念和意义；了解创业相关因素及创业的原理；了解创业的一般流程；了解创业过程中常见的问题、风险及其规避措施；了解国家支持大学生创业的相关政策；学会从身边发现问题和需求，发现商机。

我对大学生创业的了解：

我对本项目目标的看法和期待：

我学习本项目的目标：

知识点

知识点

> 创业是不拘泥于当前资源约束、寻求机会、进行价值创造的行为过程。

> 广义的创业就是"开创事业"，泛指人类一切带有开拓意义的社会变革活动，它涉及的领域非常广泛，如政治、经济、军事、文化、艺术、科技事业等。只要人们从事创造新的事业或在当前工作中进行创新和变革的过程都是创业。

> 狭义的创业就是"创办企业"，是指创建一个新企业。它专指社会上的个人或组织开展的以创造财富为目标的社会活动。

> 创业型人才是指在工作或事业中具有开创性思维与企业家精神，善于创新、创造，能更好地适应行业的需求和社会的变革，敢为人先的复合型高素质人才。

> 美国管理协会归纳的创业者的 19 种基本素质如下：工作效率高；有主动进取心；逻辑思维能力强；富有创造性；判断力强；有较强的自信心；能辅助他人，指导其工作；以身作则，遵守规章制度；善于使用个人权利；善于动员群众力量；善于利用交谈开展工作；关心下级乃至其家庭生活，建立亲密的人际关系；乐观豁达；善于同员工一起并肩苦干；自制力强；主动果断，能在思考后立即决定；客观，能听取各种意见；能进行正确的自我批评；灵活性强，勤俭艰苦。

> 创办企业的步骤：①作为创业者来评价自己；②为自己建立一个好的企业构思；③评估市场；④考虑企业的人员组织；⑤选择一种企业法律形态；⑥明确法律环境和创业者的责任；⑦预测启动资金需求；⑧制订利润计划；⑨判断企业能否生存；⑩开办企业。

> 在工作中创业，即创造性地工作。这是企业对员工的要求，更是人工智能时代对大学生的要求。企业需要有创新精神的员工，创新更是个人职业生涯发展的需要。

📖 案例导入

电商创业助力乡村振兴

小赵是某学校电子商务专业的学生。她在校期间坚定政治信念，端正思想，努力提高思想觉悟水平，充分发挥中共党员的先锋模范带头作用；积极参加学校组织的各项活动，在活动中学习理论，在活动中实践理论，做到学以致用。

小赵敢于追求理想，毕业前期参加实习，她挑战了自己一直热衷但是有些畏惧的工作，到某农产品电商公司担任主播一职。由于积极向上，不断进取，表现突出，她很快成为该公司的正式员工，推广云南高原特色农产品，助力云品出滇。后来又通过不断努力成为该公司的签约主播，参与了多场高原特色农产品大型直播活动，成为县域网红直播基地负责人，云南省乡村振兴、消费帮扶直播大使。

小赵在工作过程中偶然参加了国家乡村振兴局委派某大学负责的关于巩固脱贫攻坚的调研。为响应国家乡村振兴的号召，她决心投身"云南一县一业数字赋能"创业工作。她帮助企业搭建互联网营销体系，带领团队培养高质量电商人才队伍；专注于短视频直播电商、数字化管理人才、农业职业经理人等职业培训；专注于培育短视频直播带货实战型人才，组建云南绿色食品营销团队，助力乡村振兴，致力于让村村寨寨充满欢歌笑语；研发独家课程体系，体验式、孵化型、定制化培育，为乡村振兴做好人才服务；承接了数场关于农村电商供应链及搭建农村新型商业体系的培训，得到社会各界的广泛认可。在创业的过程中，小赵感悟至深，绝大多数商人不缺发现商机的眼光，而缺少能把事情做成的团队和不忘初心的热忱。她的团队携手专家学者、领导干部、企业家们大力推动共同富裕计划，以高质量培训服务家乡产业高质量发展。

大学生创业失败案例分析

【案例 1】大学毕业生小亮和小王合伙创业，两人考虑到之前从事过软件开发的线上教学，决定做软件开发的在线教育。基于我国近 10 亿网民的潜在市场，以及创业成本低、没有地区和时间限制等优点，他们带着满满的活力开始了创业。然而，运营不到一个月，问题接踵而来。首先，两人过度自信，对线上培训的市场调查不够，在线上培训机构已经泛滥的状况下，只考虑到该项目的模式优点，产品同质化严重，缺乏市场竞争力，没有自己独特的营销方案。其次，两人缺乏法律意识和维权意识，没有对公司的课程、视频资料等知识产权进行保护。最后，公司没有做好前期宣传工作，导致学员数量不理想。公司开始入不敷出，经营走下坡路，最终两人商量后注销了公司。

该案例中，两人创业失败的根本原因在于：创业者的个人意识与能力不足，没有详细的计划和目标，且对创业过程中的不可测因素缺少预期和预案，没有面对挫折和失败的良好心态。

【案例 2】大学毕业生小于和同寝室的两名同学觉得学校周围的环境和位置都很好，于是决定在学校附近开一家饭店。开业初期，他们推出进店即可享受八折学生价以及其他具有吸引力的优惠活动，还提供别具特色的网红小食品，饭店的顾客一天比一天多了。但由于顾客太多，初期准备的两个炉灶根本不够用，饭店因此失去了一部分顾客。为此三人发生争执，有人认为应该多加炉灶以满足顾客需要；有人认为改造费用太高，没必要扩大厨房的规模。因为意见难以统一，饭店一直没有进行改造，也由于上菜速度慢，顾客越来越少。三位合伙人因此经常发生争吵，导致不断有员工离职，饭店的服务质量和饭菜的口感也大不如前。最终由于饭店入不敷出，三人不得不转让饭店。

该案例中，三人创业失败的根本原因在于：团队经营理念不一致，导致团队合力衰减；在创业出现问题的时候，内部不团结，从而影响了创业企业员工整体的积极性。

【案例 3】大学生小刘毕业后想自己当老板，看到自家小区里的一个食品杂货店生意很好，十分心动。于是就租下了一个店面也开了一家食品杂货店，并准备了 1 万元作为创业资金。小刘为了别具一格，将米、面、油这种生活必需品换成奶酪、芝士等西餐调味食品。但是，普通社区里的居民对米、面、油的需求远大于西餐调味食品，他的店位置又偏远，而且营业时间不固定，很多居民从不光顾他的店，所以生意惨淡。三个月后，小刘的食品杂货店就关门了。

该案例中，小刘创业失败的原因在于：创业者在创业之初盲目求新求异，没有做好市场调查，项目评估不充分，定位不准；铺面的选址不合适，营业时间不固定，从而加速了创业的失败。

活动与任务

创业准备程度测评

很多人希望成为创业者、企业家，希望能够为自己工作。那么创业者、企业家究竟是什么样子？创造者、革新者、推进者、营销者、风险承担者、决策者、组织者、管理者、资源调配者、领导者，这些都可能是对一个创业者不同角色的称呼。当你思考自己的职业生涯规划时，认为自己可以开始创业了，不妨做做下面的创业者准备程度测评（表18-1），看看你是否适合做一个创业者、还有哪些方面需要重新考虑或者多做些准备。这个测评会帮助你判断你是否已经准备好开启创业者生涯。

表 18-1 创业者准备程度测评

问题	是	否
（1）如果没有固定收入，你会觉得不舒服吗？		
（2）你是否愿意接受一份充满挑战、变化、多样性甚至冒险的工作？		
（3）你是否具有足够的灵活性，能满足不断变化的市场需求？		
（4）你是否愿意将自己的钱投资到公司里并邀请你的朋友一起行动？		
（5）你能否承诺花尽可能多的时间和精力让你的事业成功？		
（6）做战略规划和管理企业的日常事务对你来说是否同样重要？		
（7）你的商业计划是否基于你的专业、兴趣和扎实的市场调查？		
（8）你是否能够在失败或暂时的挫折中快速恢复并得到经验？		
（9）你是否乐观、执着、热情地对待自己的工作？		
（10）你是否对成为一名成功的企业家充满信心？		

你回答"是"的数量为_____。

结果解读：

（1）8～10个：你已经准备好创业了。你对于认真地启动创业已经做好准备，希望能够去承担可承受的风险。创业的思考基于你过去的经验和踏实的数据。你工作起来肯定精力四射，因为你发现它新奇刺激，让你有机会去驾驭新的挑战。你是一个独立的思考者，你愿意听取别人的意见，但更倾向于自己做决定。然而，不要太快启动你的新企业。确认完成自己的商业计划书，包括一个市场计划、一个最好和最坏的财务预测。糟糕的商业计划书是创业失败的常见原因。

（2）5～7个：缓慢前进。你已经拥有了一些创业者的关键特质，但是你需要放缓进度。在所有"否"的答案中，你必须分析出自己的问题所在并加以解决。仔细评估你的优劣势，并且明确你在启动计划之前还需要加强哪些方面。你可以考虑加盟别人或购买已有的企业，而不是从头开始创业。或者你可以兼职运作你的生意，同时做一份全职或兼职的工作。稳固地慢慢发展自己的生意，等到可以独立生存的时候再停止打工。

（3）0～4个：考虑打工的生涯。为别人工作可能会使你更舒服一些。你对自己当老板和运作一个企业的信心不足。你对创业的兴趣也许仅仅因为你喜欢提供某种特定的服务或产品。如果是这样的话，你也许可以考虑加入一个看重和培养创业精神的公司或者加入大公司里一个刚刚启动的项目团队。然而，如果你真的很想经营自己的公司，你的决心可以弥补一切你缺乏的创业特质。当然，如果你有信任的商业伙伴、一个具体的商业想法、大量的资金，并仔细评估过财务前景，那你就大胆地去干吧。

课堂练习

创 业 构 思

1. 将发现的问题和需求填入表 18-2 中。

表 18-2 问题和需求

问题	需求
你在生活中遇到过的问题	
你在学习或工作中遇到过的问题	
其他人遇到过的问题	
校园内或你所在的社区缺少什么	
现有产品或服务需要如何改进	

2. 制订解决问题的方案。

通过头脑风暴，运用"发明创造十二法"（表 18-3，具体参见本项目的拓展阅读）来尝试找到制定解决问题的方案。

表 18-3 发明创造十二法

发明创造方法	具体方案
加一加	
减一减	
扩一扩	
缩一缩	
变一变	
改一改	
联一联	
学一学	
代一代	
搬一搬	
反一反	
定一定	

3. 分析解决方案是否具有可行性，相关市场有多大。

4. 考虑是否能够获得相关资源。

（1）思考自己具有哪些可利用的技能和资源。

（2）通过整理上述问题，你是否有了好的创业构思？请用简短而精确的语言，对你打算创办企业的目标顾客和基本业务进行描述。

拓展阅读

蒂蒙斯创业理论

杰弗里·A. 蒂蒙斯（Jeffry A. Timmons）于 1999 年在其所著的《新企业的创建》（*New Venture Creation*）一书中提出了一个创业过程模型（图 18-1）。他认为，商机、团队和资源为创业的核心要素，商机是创业过程的核心驱动力，团队是创业过程的主导者，资源是创业成功的保证，创业是这三个要素匹配和平衡的过程。创业处于一个动态环境中，模糊性和风险将常伴创业者左右，这需要创业者必须具备创造性思维，以带领团队适应不断变化的顾客需求，最终配置和平衡好商机与资源，完成创业的整个过程。他形象地将创业过程模型中的平衡效果比喻为"杂技表演者在平衡板上表演的同时抛出三枚小球并保持小球不落地的特技"。

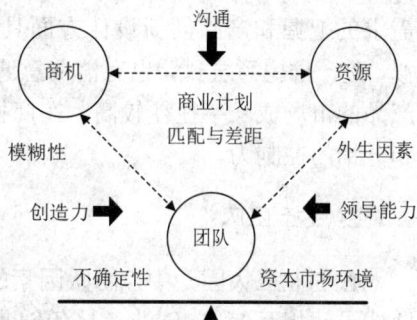

图 18-1 蒂蒙斯创业过程模型

在创业前期，机会的发掘与选择最为关键。商机是创业过程的核心要素，创业的核心是发现和开发机会，并利用机会实施创业。因此，识别与评估市场机会是创业过程的起点，也是创业过程中的一个关键阶段。

创业初期的重点在于组建创业团队。团队是实现创业这个目标的关键组织要素。创业者或创业团队必须具备善于学习、从容应对逆境的品质，具有高超的创造、领导和沟通能力，但更重要的是具有柔性和韧性，能够适应市场环境的变化。

企业创立以后，才会产生增加资源的需求。资源是创业过程不可或缺的支撑要素，为了合理利用和控制资源，创业者往往要制定设计精巧、用资谨慎的创业战略，这种战略对创业具有极其重要的意义。

蒂蒙斯认为，在创业过程中，机会模糊、市场不确定、资本市场风险以及外部环境变化等因素经常影响创业活动，致使创业过程充满了风险。因此，创业者必须依靠自己的领导能力、创造能力和沟通能力来发现问题和解决问题，掌握关键要素，及时调整商机、资源、团队三者的组合搭配，以保证新创企业顺利发展。也就是说，蒂蒙斯的创业理论模型十分强调柔性和动态平衡。随着创业活动在时空上的变迁，商机、团队和资源这三个要素会由于相对重要性发生变化而出现失衡现象。因此，良好的创业管理必须能够根据创业活动重心的变化及时作出调整，以保证创业过程重新恢复平衡。这就是新创企业的发展过程。

影响大学生创业成功率相关因素调查

根据对云南省 30 所本、专科院校创业大学生开展的调查结果及分析，商机、团队和资源这三大因素对大学生创业的影响分析如下。

1. 关于商机

对于商机相关因素，样本对其在创业初期的重要性认同率较高的依次是顾客愿意接受企业的产品和服务，产品的市场成长率高以及企业对成本、价格和分销的控制力强这三项。样本对大学生创办企业在商机方面各因素状况评分较高的也依次是上述三项。也就是说，对于创业大学生来说，上述三方面是可以去努力并会对创业成功有较大帮助的方向。当今，产品和服务方面的创新较多，而且产品迭代速度非常快。大学生群体作为网络时代的原住民，对新的需求更敏感。所以，在商机的相关因素中，大学生在对用户需求的把握和产品创新设计方面具有较大优势。他们创业项目的受众往往也和他们类似，是一群愿意尝试，也有消费意愿和能力的人，所以，只要产品能满足这些人的需求，产品的市场成长率往往较高。在商机方面，创业大学生比较需要的是增强对成本、价格和分销的控制力。

2. 关于团队

在创业三大因素中，团队因素的重要性认同度最高。其中，认同度较高的依次是团队成员间相互信任；创业者具备创业相关的知识和技能；创业者面对困境的应对能力强；创业者吸引团队成员和其一起创业的魅力；团队成员有创业的决心、恒心；创业者快速学习的能力强；创业者能建立企业文化，让团队成员有归属感；创业者较为诚实可靠；创业者在经历重大挫折之后能快速恢复；团队成员间沟通顺畅。以上认同率都在50%以上。

与目前未创业的人群相比，正在创业的人群更认同"团队成员间相互信任"，且认同率最高（为73.2%，高出未创业人群17.4%），而且对大学生创办企业团队成员间相互信任一项的评分也是较高的。这说明大学生创业团队在相互信任方面具有一定的优势，且对创业成功有重要作用。对正在创业的群体来说，团队成员间相互信任的重要性是第一位的。个人即使再优秀也会有不足，但优秀的团队可以较为接近完美，可以最大限度地满足创业对创业者能力的全面要求。

正在创业的人群认同度较高的还有创业者创业相关知识、技能及应对困境的能力，但样本对大学生创办企业在该项的评分较低（7.54），说明创业者在创业知识和技能方面有较大的提升需求和提升空间。对调查数据进行相关分析的结果显示，团队相关各因素都与创业者的能力有密切关系。

3. 关于资源

是否有稳定的客户资源会对创业初期项目能否成功起到关键性作用。另外，企业获得的流动资金较为充裕，能获得创业指导、政策等信息资源，企业最大化降低成本能力强，能获得场地、工具、设备等物质资源，这些因素也对创业有较大影响。但样本对大学生创办企业资源相关因素评价的分值为59～67，远低于团队和商机两方面，这表明大学生创业在资源方面是比较缺乏的。但调查表明，在团队、商机和资源三大因素中，正在创业的群体和目前未创业的群体对资源重要性的认同呈现显著差异，即未创业的群体认为事先掌握较多资源很重要，而正在创业的群体认为并不太重要。

综合访谈和问卷调查结果可知，资金等资源的筹备虽然是大学生创业过程中遇到的主要困难，但要成功创业并不需要事先就掌握充分的资源，不需要万事俱备。大学生创业缺乏资源是普遍现象，但可以设法去整合、积累或精细化地运用资源，创业的本质正在于创造性地突破资源等方面的限制。资金筹备的压力从一定程度上可以通过提高对资金合理、精细地规划和使用的能力来缓解。市场营销方面的困难主要源于稳定客户资源的缺乏和创业者及其团队对市场营销相关知识与技能的不足。客户资源的缺乏又与市场营销密切相关，但只要产品符合客户需求，营销策略和方法得当，客户资源是可以不断增长的。

不同企业类型的成功要素详见表18-4。

表18-4　不同企业类型的成功要素

企业类型	成功要素
贸易	地段好、销售方法好、商品范围宽、商品价格合理、库存有保障、尊重顾客
制造	组织生产有效、厂房布局合理、原料供应有效、生产效率高、产品质量有保证、浪费现象少
服务	服务及时、服务质量好、地点合适、顾客满意、对顾客诚实、服务费合理、售后服务可靠
农林牧渔	有效利用土地和水源、不过度使用地下水源、出售的产品新鲜、种养成本低、向市场运输产品、保护土地和水源

（资料来源：王彦敏，赵春，2018. 基于蒂蒙斯模型的云南省大学生创业成功率提升研究[J].昆明冶金高等专科学校学报（2）：5-11.）

发明创造十二法

发明创造十二法的具体内容如下。

第一是"加一加"。可在这件东西上添加些什么吗？需要加上更多时间或次数吗？把它加高一些、加厚一些行不行？把这样的东西跟其他东西组合在一起会有什么结果？例如，索尼公司把耳机与一架收音机组合起来，发明了随身听；尼龙与紧身短衬裤结合产生了连裤袜；沃尔特·迪士尼（Walt Disney）把米老鼠与旅游结合起来，创建了迪士尼乐园；轮椅是轮子与椅子的组合；收音机与闹钟合起来就变成了带闹钟的收音机。

第二是"减一减"。在这个事物、这件东西上还可以减去些什么吗？把它降低一些、减轻一些行不行？可省略、取消什么吗？可以降低成本吗？可以减少时间和次数吗？例如，无线电话、无线电报以及无人售货柜、无人驾驶飞机等属于"减一减"的结果。用"减一减"的办法，将眼镜架去掉，再减掉小镜片，就发明创造出了隐形眼镜。

第三是"扩一扩"。这件东西在功能、结构上还可以扩展吗？放大、扩展后会怎样？一物多用的工具和生活用品越来越多，如多用刀、多用剪等，都属于功能方面的扩展。宽银幕电影、投影电视、投影教具等都可以说是"扩一扩"的结果。

第四是"缩一缩"。这件东西在功能、结构上还可以缩减吗？压缩、缩小后会怎样？能否折叠？例如，收音机、录音机、电视机、电子计算机随着科学技术的进步，越变越小，一些小巧玲珑的产品、袖珍商品正源源不断地出现在市场上。

第五是"变一变"。这件东西在功能、结构、形态上还可以变化吗？改变一下形状、颜色、声响、味道、气味会怎么样？改变一下顺序会怎么样？例如，改变颜色。前些年男士服装的颜色大多为灰、蓝、黑等颜色，而现在却出现了很多五颜六色的男装。再如，改变功能。海尔集团由生产洗衣服的洗衣机到生产洗地瓜的洗衣机、洗龙虾的洗衣机、打酥油的洗衣机、打面筋的洗衣机、洗荞麦皮的洗衣机，都是改变传统洗衣机功能的结果。

第六是"改一改"。这个事物、这件东西还有什么缺点、不足需要改进吗？在使用它时，是否给人带来不便和麻烦？有解决这些问题的办法吗？例如，直排轮滑鞋是由具有两个前轮和两个后轮的四轮溜冰鞋改进而来的，橄榄球是由英式足球改进而来的。

第七是"联一联"。这个事物与哪些事物有联系？某个事物或某件东西的结果跟它的起因有什么联系？能从中找到解决问题的办法吗？把某些东西与事物联系起来，能帮助我们达到什么目的吗？

第八是"学一学"。有什么事物、什么东西可以让自己模仿、学习吗？模仿、学习它的形状、结构会有什么结果？学习它的原理、技术、做法又会有什么结果？

第九是"代一代"。有另一件东西代替吗？如果代之以另一种材料、零件、方法等可行吗？例如，国际互联网取代电报，超市使用自选商品和手推车取代售货员。

第十是"搬一搬"。把这件东西搬到别处还能有别的用途吗？把这个想法、道理、技术、理论搬到别的地方也能用得上吗？

第十一是"反一反"。如果把一件东西、一个事物的正反、上下、左右、前后、横竖、里外颠倒一下，会有什么结果？

第十二是"定一定"。为了解决某一个问题或改进某一件事物、某一样东西，为了提高效率和防止可能发生的事故或疏漏，需要制定一些什么标准、规章、制度、规则吗？

此外，也可以利用动词提示检核表法加以补充，如"移一移""进一进""比一比""靠一靠""带一带""动一动"等。

云南省鼓励创业"贷免扶补"实施办法（节选）

第四条　贷：指对在我省创办企业或从事个体经营的城镇登记失业人员、就业困难人员（含残疾人）、退役军人、刑满释放人员、高校毕业生（含大学生村官和留学回国学生）、化解过剩产能企业职工和失业人员、返乡创业农民工、网络商户、脱贫人口和监测对象、农村自主创业农民等已进行注册或登记的创业人员，提供 3 年期个人最高不超过 20 万元、合伙创业不超过 110 万元的创业小额贷款扶持。

对上述群体中的女性创业者，应纳入重点扶持对象范围。扶持对象范围由金融管理、财政、人力资源社会保障部门在国家政策指导下适时调整完善。

第五条　免：指对创业人员按照规定减免有关行政事业性收费，减免有关税收，申请贷款免反担保、按照国家政策规定减免个人贷款利息并享受财政贴息。

第六条　扶：指对创业人员提供创业扶持政策咨询、创业培训服务。提供"一对一"创业导师帮扶，协助解决创业过程中遇到的困难问题。对还款积极、带动就业能力强、创业项目好的借款个人和小微企业，可继续提供"贷免扶补"创业贷款并贴息，但累计次数不得超过 3 次。

第七条　补：指对享受"贷免扶补"创业小额贷款扶持且稳定经营 1 年以上的创业

人员，根据带动就业人数，给予一次性创业吸纳就业补贴。对承担创业帮扶任务的承办单位，给予扶持创业服务补贴。对经办"贷免扶补"业务的承贷金融机构、担保机构等部门按照有关规定给予奖励性补助资金。

故事与分享

石油大王洛克菲勒的人生哲学

　　美国石油大王约翰·戴维森·洛克菲勒（John Davison Rockefeller）的人生哲学是："我成功，是因为我对别人往往会忽略的平凡小事特别关注。"年轻时的洛克菲勒刚进石油公司工作时，由于学历不高，也没有掌握什么技术，因此被分派去巡视并确认石油罐盖有没有自动焊接好，这是石油公司最简单的工作。

　　每天，洛克菲勒看着焊接剂自动滴下，沿着石油罐盖转一圈，看着自动输送带把石油罐移走。这样的工作平凡又枯燥，像一般人那样，洛克菲勒干了不到几天，就开始厌倦了。他申请调换其他工作，终因没有技术而作罢。无计可施的洛克菲勒只得重新回到这个平凡的岗位，他想："既然不能换更好的工作，就把这项工作干好再说吧。"

　　于是，他更加认真地观察、检查石油罐盖的焊接质量。这时候，公司正在推行节约计划。洛克菲勒想："我这项工作是不是也可以节约某项程序？"他发现每焊好一个石油罐盖，焊接剂要滴落39滴，而经过周密的计算，实际只要37滴焊接剂就可以焊接好一个石油罐盖。但是，这个方法并不实用。

　　洛克菲勒并没有灰心，相反，这激发起他更大的兴趣。经过多次测试，他终于研制出"38滴型"焊接机。使用这种焊接机，比原来每次要节约一滴焊接剂。尽管节省的只是一滴焊接剂，可"38滴型"焊接机一年可以为公司节省5亿美元的开支。一滴焊接剂这一细节的创新改变了洛克菲勒的一生，他就此一步步走向成功。

学习自测

理解的知识点	
掌握的技能点	
感受与收获	
项目成效评分	0分---10分

参 考 文 献

保罗·D.蒂戈尔，巴巴拉·巴伦-蒂戈尔，2002．就业宝典：根据性格选择职业[M]．熊勇，译．北京：中信出版社．

布朗温·卢埃林，罗宾·霍尔特，2013．适合比成功更重要[M]．古典，译．北京：中信出版社．

程社明，2007．你的船 你的海：职业生涯规划[M]．北京：新华出版社．

董保宝，葛宝山，2008．经典创业模型回顾与比较[J]．外国经济与管理，30（3）：19-28．

宫火良，2012．情绪管理原理与方法[M]．北京：新华出版社．

古典，2011．拆掉思维里的墙：原来我还可以这样活[M]．长春：北方妇女儿童出版社．

古典，2014．你的生命有什么可能[M]．长沙：湖南文艺出版社．

黄天中，2007．生涯规划：理论与实践[M]．北京：高等教育出版社．

教育部人事司，1999．高等教育心理学[M]．修订版．北京：高等教育出版社．

金树人，2007．生涯咨询与辅导 [M]．北京：高等教育出版社．

理查德·尼尔森·鲍利斯，2002．你的降落伞是什么颜色？[M]．陈玮，等译．北京：中信出版社．

刘家兴，张勇，2020．巨额违约金所引发的高校就业纠纷案例分析：以S大学为例[J]．科教文汇（中旬刊）（2）：4-6，9．

麦可思研究院，2021．2021年中国高职生就业报告[M]．北京：社会科学文献出版社．

毛莉姝，2012．大学生平等就业权益的法律保护[J]．西南民族大学学报（人文社会科学版）（S2）：189-192．

墨陌，2018．处理情绪的速度，就是迈向成功的速度[M]．天津：天津人民出版社．

曲振国，2018．大学生职业生涯规划与就业创业指导[M]．天津：南开大学出版社．

全国高等学校学生信息咨询与就业指导中心，2009．大学生职业发展与就业指导[M]．北京：高等教育出版社．

孙淑卿，邹国文，朱丹，2018．大学生职业素养[M]．天津：天津科学技术出版社．

王彦敏，杨丽敏，杨颖，2018．大学生职业生涯发展与规划[M]．北京：高等教育出版社．

维克多·E.弗兰克尔，2003．追寻生命的意义[M]．何忠强，杨凤池，译．北京：新华出版社．

肖云龙，2003．马拉松冠军的智慧[J]．希望月报（6）：8．

袁敏，2020．大学生职业生涯规划：职业素养与能力篇[M]．北京：北京理工大学出版社．

赵颖异，石乘齐，2019．大学生创业失败因素分析[J]．教育教学论坛（27）：74-75．

钟谷兰，杨开，2016．大学生职业生涯发展与规划[M]．2版．上海：华东师范大学出版社．

霍兰德职业索引

霍兰德将人格分为现实型、研究型、艺术型、社会型、企业型和传统型六类，与各人格类型相匹配的职业如下。

R（现实型）：木匠、农民、操作 X 光的技师、工程师、飞机机械师、鱼类和野生动物专家、自动化技师、机械工（车工、钳工等）、电工、无线电报务员、火车司机、长途公共汽车司机、机械制图员、修理机器、电器师。

I（研究型）：气象学者、生物学者、天文学家、药剂师、动物学者、化学家、科学报刊编辑、地质学者、植物学者、物理学者、数学家、实验员、科研人员。

A（艺术型）：室内装饰专家、图书管理专家、摄影师、音乐教师、作家、演员、记者、诗人、作曲家、编剧、雕刻家、漫画家。

S（社会型）：社会学者、导游、福利机构工作者、咨询人员、社会工作者、社会科学教师、学校领导、精神病工作者、公共保健护士。

E（企业型）：推销员、进货员、商品批发员、旅馆经理、饭店经理、广告宣传员、调度员、律师、政治家、零售商。

C（传统型）：记账员、会计、银行出纳、法庭速记员、成本估算员、税务员、核算员、打字员、办公室职员、统计员、计算机操作员、秘书。

下面介绍与三个代码的职业兴趣类型一致的职业。对照的方法如下：首先根据你的职业兴趣代码，在下列内容中找出相应的职业。例如，你的职业兴趣代码是 RIA，那么牙科技术员、陶工等是适合你兴趣的职业。然后寻找与你职业兴趣代码相近的职业。例如，你的职业兴趣代码是 RIA，那么，其他由 R、I、A 这三个字母组合成的编号（如 IRA、IAR、ARI 等）对应的职业也较适合你。

RIA：牙科技术员、陶工、建筑设计员、模型工、细木工、制作链条人员。

RIS：厨师、林务员、跳水员、潜水员、染色员、电器修理、眼镜制作、电工、纺织机器装配工、服务员、装玻璃工人、发电厂工人、焊接工。

RIE：建筑和桥梁工程技术人员、环境工程技术人员、航空工程技术人员、公路工程技术人员、电力工程技术人员、信号工程技术人员、电话工程技术人员、一般机械工程技术人员、自动工程技术人员、矿业工程技术人员、海洋工程技术人员、交通工程技术人员、制图员、家政经济人员、计量员、农民、农场工人、农业机械操作、清洁工、无线电修理工、汽车修理工、手表修理工、管工、线路装配工、工具仓库管理员。

RIC：船上工作人员、接待员、杂志保管员、牙医助手、制帽工、磨坊工、石匠、机器制造师、机车（火车头）制造师、农业机器装配工、汽车装配工、缝纫机装配工、钟表装配和检验员、电动器具装配工、鞋匠、锁匠、货物检验员、电梯机修工、托儿所所长、钢琴调音员、装配工、印刷工、建筑钢铁工作员、卡车司机。

RAI：手工雕刻人员、玻璃雕刻人员、制作模型人员、家具木工、皮革品制作人员、手工绣花工、手工钩针纺织人员、排字工作人员、印刷工作人员、图画雕刻工、装订工。

RSE：消防员、交通巡警、警察、门卫、理发师、房间清洁工、屠夫、锻工、开凿工人、管道安装工、出租汽车驾驶员、货物搬运工、送报员、勘探员、娱乐场所服务员、起卸机操作工、灭害虫者、电梯操作工、厨房助手。

RSI：纺织工、编织工、农业学校教师、某些职业课程教师（如艺术、商业、技术、工艺课程）、雨衣上胶工。

REC：抄水表员、保姆、实验室动物饲养员、动物管理员。

REI：轮船船长、航海领航员、大副、试管实验员。

RES：旅馆服务员、家畜饲养员、渔民、渔网修补工、水手长、收割机操作工、搬运行李工人、公园服务员、救生员、登山导游、火车工程技术员、建筑工作人员、铺轨工人。

RCI：测量员、勘测员、仪表操作者、农业工程技术、化学工程技师、民用工程技师、石油工程技师、资料室管理员、探矿工、煅烧工、烧窑工、矿工、保养工、磨床工、取样工、样品检验员、纺纱工、炮手、漂洗工、电焊工、锯木工、刨床工、制帽工、手工缝纫工、油漆工、染色工、按摩工、木匠、农民建筑工作人员、电影放映员、勘测员助手。

RCS：公共汽车驾驶员、一等水手、游泳池服务员、裁缝、建筑工、石匠、烟囱修建工、混凝土工、电话修理工、爆炸手、邮递员、矿工、裱糊工人、纺纱工。

RCE：打井工、吊车驾驶员、农场工人、邮件分类员、铲车司机、拖拉机司机。

IAS：普通经济学家、农场经济学家、财政经济学家、国际贸易经济学家、实验心理学家、工程心理学家、心理学家、哲学家、内科医生、数学家。

IAR：人类学家、天文学家、化学家、物理学家、医学病理学家、动物标本剥制者、化石修复者、艺术品管理者。

ISE：营养学家、饮食顾问、火灾检查员、邮政服务检查员。

ISC：侦察员、电视播音室修理员、电视修理服务员、验尸室人员、编目录者、医学实验室技师、调查研究者。

ISR：水生生物学者、昆虫学者、微生物学家、配镜师、矫正视力者、细菌学家、牙科医生、骨科医生。

ISA：实验心理学家、普通心理学家、发展心理学家、教育心理学家、社会心理学家、临床心理学家、目标学家、皮肤病学家、精神病学家、妇产科医师、眼科医生、五官科医生、医学实验室技术专家、民航医务人员、护士。

IES：细菌学家、生理学家、化学专家、地质专家、地理物理学专家、纺织技术专家、医院药剂师、工业药剂师、药房营业员。

IEC：档案保管员、保险统计员。

ICR：质量检验技术员、地质学技师、工程师、法官、图书馆技术辅导员、计算机操作员、医院听诊员、家禽检查员。

IRA：地理学家、地质学家、声学物理学家、矿物学家、古生物学家、石油学家、地震学家、声学物理学家、原子和分子物理学家、电学和磁学物理学家、气象学家、设计审核员、人口统计学家、数学统计学家、外科医生、城市规划家、气象员。

IRS：流体物理学家、物理海洋学家、等离子体物理学家、农业科学家、动物学家、食品科学家、园艺学家、植物学家、细菌学家、解剖学家、动物病理学家、作物病理学家、药物学家、生物化学家、生物物理学家、细胞生物学家、临床化学家、遗传学家、分子生物学家、质量控制工程师、地理学家、兽医、放射性治疗技师。

IRE：化验员、化学工程师、纺织工程师、食品技师、渔业技术专家、材料和测试工程师、电气工程师、土木工程师、航空工程师、行政官员、冶金专家、原子核工程师、陶瓷工程师、地质工程师、电力工程师、口腔科医生、牙科医生。

IRC：飞机领航员、飞行员、物理实验室技师、文献检查员、农业技术专家、动植物技术专家、生物技师、油管检查员、工商业规划者、矿藏安全检查员、纺织品检验员、照相机修理者、工程技术员、编计算程序者、工具设计者、仪器维修工。

CRI：簿记员、会计、计时员、铸造机操作工、打字员、按键操作工、复印机操作工。

CRS：仓库保管员、档案管理员、缝纫工、讲述员、收银员。

CRE：标价员、实验室工作者、广告管理员、自动打字机操作员、电动机装配工、缝纫机操作工。

CIS：记账员、顾客服务员、报刊发行员、土地测量员、保险公司职员、会计师、估价员、邮政检查员、外贸检查员。

CIE：打字员、统计员、支票记录员、订货员、校对员、办公室工作人员。

CIR：校对员、工程职员、海底电报员、检修计划员、发报员。

CSE：接待员、通讯员、电话接线员、售票员、旅馆服务员、私人职员、商学教师、旅游办事员。

CSR：运货代理商、铁路职员、交通检查员、办公室通信员、簿记员、出纳员、银行财务职员。

CSA：秘书、图书管理员、办公室办事员。

CER：邮递员、数据处理员、办公室办事员。

CEI：推销员、经济分析家。

CES：银行会计、记账员、法人秘书、速记员、法院报告人。

ECI：银行行长、审计员、信用管理员、地产管理员、商业管理员。

ECS：信用办事员、保险人员、各类进货员、海关服务经理、售货员、购买员、会计。

ERI：建筑物管理员、工业工程师、农场管理员、护士长、农业经营管理人员。

ERS：仓库管理员、房屋管理员、货栈监督管理员。

ERC：邮政局局长、渔船船长、机械操作领班、木工领班、瓦工领班、驾驶员领班。

EIR：科学、技术和有关周期出版物的管理员。

EIC：专利代理人、鉴定人、运输服务检查员、安全检查员、废品收购人员。

EIS：警官、侦察员、交通检验员、安全咨询员、合同管理者、商人。

EAS：法官、律师、公证人。

EAR：展览室管理员、舞台管理员、播音员、驯兽员。

ESC：理发师、裁判员、政府行政管理员、财政管理员、工程管理员、职业病防治员、售货员、商业经理、办公室主任、人事负责人、调度员。

ESR：家具售货员、书店售货员、公共汽车驾驶员、日用品售货员、护士长、自然科学和工程的行政领导。

ESI：博物馆管理员、图书馆管理员、古迹管理员、饮食业经理、地区安全服务管理员、技术服务咨询者、超级市场管理员、零售商品店店员、批发商、出租汽车服务站调度。

ESA：博物馆馆长、报刊管理员、音乐器材售货员、广告商、售画营业员、导游、（轮船或班机上的）事务长、飞机上的服务员、船员、法官、律师。

ASE：戏剧导演、舞蹈教师、广告撰稿人、报刊编辑、专栏作者、记者、演员、英语翻译官。

ASI：音乐教师、乐器教师、美术教师、管弦乐指挥、合唱队指挥、歌星、演奏家、哲学家、作家、广告经理、时装模特。

AER：新闻摄影师、电视摄影师、艺术指导、录音指导、丑角演员、魔术师、木偶戏演员、骑士、跳水员。

AEI：音乐指挥、舞台指导、电影导演。

AES：流行歌手、舞蹈演员、电影导演、广播节目主持人、舞蹈教师、口技表演者、喜剧演员、模特。

AIS：画家、剧作家、编辑、评论家、时装艺术大师、新闻摄影师、男演员、文学作者。

AIE：花匠、皮衣设计师、工业产品设计师、剪影艺术家、复制雕刻品大师。

AIR：建筑师、画家、摄影师、绘图员、环境美化工、雕刻家、包装设计师、陶器设计师、绣花工、漫画工。

SEC：社会活动家、退伍军人服务官员、工商会事务代表、教育咨询者、寝室管理员、旅馆经理、饮食服务管理员。

SER：体育教练、游泳指导。

SEI：大学校长、学院院长、医院行政管理员、历史学家、家政经济学家、职业学校教师、资料员。

SEA：娱乐活动管理员、国外服务办事员、社会服务助理、一般咨询者、宗教教育工作者。

SCE：部长助理、福利机构职员、生产协调人、环境卫生管理人员、戏院经理、餐馆经理、售票员。

SRI：外科医师助手、医院服务员。

SRE：体育教师、职业病治疗者、体育教练、专业运动员、房管员、儿童家庭教师、警察、引座员、传达员、保姆。

SRC：护理员、护理助理、医院勤杂工、理发师、学校儿童服务人员。

SIA：社会学家、心理咨询者、学校心理学家、政治科学家、大学或学院的系主任、大学或学院的教育学教师、大学农业教师、大学工程和建筑课程的教师、大学法律教师、大学数学教师、医学教师、物理教师、社会科学和生命科学的教师、研究生助教、成人教育教师。

SIE：营养学家、饮食学家、海关检查员、安全检查员、税务稽查员、校长。

SIC：描图员、兽医助手、诊所助理、体检检查员、监督缓刑犯的工作者、娱乐指导者、咨询人员、社会科学教师。

SIR：理疗员、救护队工作人员、手足病医生、职业病治疗助手。

各岗位大类云南省毕业生求职要点

1. 保险类

求职主要途径：通过校园招聘、学校就业指导中心及各类网络招聘平台获取就业岗位信息，从合作办学的企业获得实习及就业机会，也可由专业老师推荐。

求职面试要点：了解企业的背景及主要竞争对手的优劣势；了解企业的价值观并结合自身价值观进行匹配性表述；突出自己的相关实习经历；如果面试外联业务员，则要着重突出自己的沟通交际能力。

职业适应难点：业务能力及绩效是重要的考核标准，对于刚入职的大学毕业生来说，进行业务谈判、经受住销售失败的挫败感是职业适应的难点。

2. 财务/行政类

求职主要途径：通过校园招聘、学校就业指导中心及各类网络招聘平台获取就业岗位信息，从合作办学的企业获得实习及就业机会，也可由专业老师推荐。

求职面试要点：相关资格证书可以助力获得岗位任职资格；能力的展示要突出岗位的匹配性；相关的实习经历、业务技能大赛的获奖经历是很好的敲门砖。

职业适应难点：财务类专业的大学毕业生在入职初期基本负责一些初级的财会业务，这些业务单调、枯燥、机械、重复度高，会带来一定的期望落差。大学毕业生要能在最基础的业务中做实做稳，在完成自身职责的同时多向业务能手请教并主动要求分担力所能及的工作。

3. 传媒文化类

求职主要途径：通过已毕业校友引荐或毕业实习来获得优质就业岗位。实习机会可通过学校派遣、指导老师推荐或自己联系获得，也可通过智联、BOSS 直聘等招聘软件获得优质就业岗位信息。学校举办的展览、演出、新闻发布等也是获得就业信息的好途径。

求职面试要点：在撰写简历时，要根据招聘要求和应聘企业的文化进行适当调整，突出相关能力和实践经历。将自己的作品装订成册，将视频资料做成电子文档，它们是在投简历和面试时自己能力的强有力证明。

职业适应难点：传媒文化类专业的初级岗位一般是助理型岗位，如摄影助理、导演助理、灯光助理、文案助理、剪辑员等。刚开始工作的大学毕业生应该调整心态，尽快转换角色。工作中的难点主要是掌握各环节工作流程，与其他部门的同事默契配合，了解客户需求和方案设计的合理性，掌握客户谈判、路演与资金预算报价技巧，积极主动地向同事学习。

4. 法律类

求职主要途径：传统法律行业准入门槛高。高职法律类毕业生要想进入传统的法律行业，只能是参加专升本考试考取全日制本科，或通过自学考试取得自考本科毕业证并进一步考取研究生后，以达到行业准入的基本条件。非诉讼类的法律服务（如商标和专利申请、法律尽职调查等）就业市场需求较大且准入门槛相对较低，可以作为毕业生就业的主要方向。

求职面试要点：在撰写简历时，要突出专业理论和实训课程成绩，以突出自己的法律基础知识扎实、实务操作能力强。此外，突出到广场、社区等地进行法律宣传、法律咨询等类似的实践经历。在面试过程中则主要突出自己在人际沟通与交流、社交礼仪等方面的综合素质，特别是语言表达能力。

职业适应难点：法律类专业大学毕业生刚开始工作时一般从事司法助理、基层法律服务、小微企业法律顾问，以及法官、检察官、律师等职业范畴以外的事务性工作、辅助性工作，如档案整理、文案写作、咨询及纠纷调解、信息收集整理、民意调研等。这类工作较烦琐，有时候还很枯燥，大学毕业生应该调整心态，尽快转换角色。

5. 工程技术类

求职主要途径：通过顶岗实习来了解和获得优质就业岗位，实习机会也可以通过学校组织的校园双选会、网络招聘平台、微信公众号或学生自主联系等方式来获得。另外，班主任、实习指导老师、辅导员和专业任课老师都会推荐就业岗位。

求职面试要点：在撰写简历时，求职意向需明确，重点关注人职匹配，突出意向岗位所要求的能力、技能证书和相关实践经历。二级建造师考试成绩、BIM证书、工程识图证书是获得求职岗位成功的重要因素。

职业适应难点：建筑工程专业的初级岗位一般是技术员、资料员和材料管理员，刚开始的工作主要是配合项目经理或工程师做好工程开工准备、现场管理、资料整理、物资采购和管理等，大学毕业生应该调整心态，尽快转换角色。要能虚心学习、手脚勤劳、遵守劳动纪律；转正后，工作要积极主动，从项目经理的角度考虑问题，有"主人翁"责任感；能持续学习、热情助人、不怕吃苦。

6. 公务员类

求职主要途径：公务员招考一般需要具有大学本科及以上文化程度，公安、司法系统、基层、人民警察和乡镇公务员等部分职位可放宽至大专学历。主要通过学校就业指导中心发布的就业信息及人力资源和社会保障部特别是地方政府部门发布的招考信息获得招聘信息，有志报考公务员的毕业生还可以通过参加"西部计划"、"三支一扶"和"特岗计划"等国家和地方专项来获得优待资格，提升参加招考时的竞争力。

求职面试要点：公务员考录面试形式以结构化面试为主，少数岗位考录面试采取无领导小组讨论和以文字资料为背景的情景性面试。主要考查考生的综合分析能力、人际协调能力、计划组织能力、反应应变能力以及服务意识和技巧等；也会从中观察考生的逻辑思维能力、语言表达能力以及个人影响力，了解、把握考生的综合实力、发展潜力以及个性特点，对考生的职业胜任特征和岗位胜任能力作出评价。

职业适应难点：大多数公务员为首次进入公共组织，因此面临着从"校门"到"部门"的空间转变，从"自由学习者"到"指令服从者"以及从"被服务者"到"服务者"的角色转变。进入各类行政组织后，公务员需要通过学习和培训，了解组织规则，熟悉组织环境，尽快提高适应能力。适应行政组织的价值体系、目标和行为规范，以更好地适应和融入组织。应正确认知自身角色，及时调整工作预期。工作中要踏踏实实，多多尊重和请教前辈。不断加强学习和实践，提升自身的职业能力。学会控制和调整自己，建立成熟的职业情感。

7. 化工环保类

求职主要途径：通过顶岗实习的机会了解就业工作环境和获得就业工作岗位，顶岗实习机会多数来自学校校园招聘会、专场宣讲会、校企合作单位和各类网络招聘平台。就业指导老师、班主任、辅导员也会推荐就业岗位，毕业生的家庭资源也是获得就业岗位信息的来源。

求职面试要点：①简历准备。制作成电子版和纸质版，内容上突出自己的专业知识能力、已获得的职业资格证书、技能大赛获奖证书和实践经历等。②面试准备。注意个人形象，体现干练、简洁、精神、职业化，言语要清晰，不要拘谨也不要太严肃，专业基本功要扎实。

职业适应难点：环境资源类岗位相对较艰苦，大学毕业生应该调整心态，以入职前期扎实基础、锻炼综合能力的心态，虚心向同事学习，度过职业关键期。环保类专业的初级岗位一般是技术员，刚开始的工作主要是配合工程师进行现场调查采样、实验室的前期准备工作等，大学毕业生应该调整心态，尽快进入角色。工作中的难点主要是标准（或规范）、现场采样方式方法的熟悉与应用、办公软件的熟练运用等。

8. 计算机类

求职主要途径：主要通过校园招聘、学校就业指导中心及各类网络招聘平台获取就业岗位信息，从合作办学的企业获得实习及就业机会，也可由专业老师推荐。

求职面试要点：除了相关证书，自己的作品可以更好地证明自己的业务能力；关注科技发展的趋势，展现自己的前瞻性、敏锐性可以获得面试官的青睐。

职业适应难点：本专业的毕业生大多从最简单的业务开始上手，对于部分大学毕业生来说，每天面对基础业务会觉得乏味和失落，特别是程序员岗位，工作时间段及工作时长往往不能固定，因此要保持良好心态，做好心理准备。

9. 教育类

求职主要途径： 主要通过校园招聘、学校就业指导中心发布的就业信息及人力资源和社会保障部等政府部门发布的招考信息中获得就业岗位信息，也可以通过到意向单位实习进行就业，还可以通过参加"西部计划"、"三支一扶"和"特岗计划"等国家和地方专项实现就业。现在国内小学对教师的学历要求逐渐提高，毕业生也可以先提升学历进而实现就业。

求职面试要点： 撰写简历时应突出教师资格证、普通话二级乙等以上证书等必备资质。此外，还应突出体现自己吃苦耐劳等品质的相关经历。在小学教师招聘考试中一般面试考试都是以试讲、说课的方式展开，还会有结构化问答，考察的都是作为教师的专业素养。若以试讲方式进行，则应从选题到制定目标以及活动过程都要适合儿童的发展特点。

职业适应难点： ①实习阶段。观察老教师的教育智慧风格，初步接触课堂，学习经验。②初步阶段，小教一级。需要根据学校需求选择自己能胜任的岗位并找到自己的生长点，发现不足与兴趣所在。③发展阶段，小教二级。随着教育教学实践增多，逐渐形成教学思想风格。④小教三级。在有了相对稳定的学科教学背景后尝试挑战新的角色，如管理人员、教学主任等。

10. 金融类

求职主要途径： 主要通过校园招聘、学校就业指导中心及各类网络招聘平台获取就业岗位信息，从合作办学的企业获得实习及就业机会，也可由专业老师推荐。

求职面试要点： 金融企业除了学历、能力外，价值观最为重要。除了忠诚、勤快等共性外，企业更喜欢成熟稳重、心思缜密的人；关注经济动态，了解国内外经济形势及政策；数字的敏感度和良好的沟通表达能力都可以获得面试官的好感和青睐。

职业适应难点： 除了做好本岗位的基础工作外，还要了解企业的横向及纵向晋升路径，做好职业生涯规划，多向前辈请教，提升自己的业务能力。如果分配的是外联业务，则要做好心理准备去面对销售遭拒的挫败感。

11. 酒店旅游类

求职主要途径： 主要通过顶岗实习来了解和获得优质就业岗位信息。实习机会主要通过学校组织的校园双选会、网络招聘平台、微信公众号或学生自主联系等方式获得，也可以由实习指导老师、辅导员、校内专业课教师或企业外聘教师推荐。

求职面试要点： 撰写简历时应明确求职意向，重点突出意向岗位所要求的知识、能力、技能证书和相关实践经历，并根据招聘要求和应聘企业的文化进行适当调整，突出相关能力和实践经历。将自己的作品装订成册或做成电子文档，作为自己专业能力和实践经验的强有力证明。

职业适应难点： 酒店旅游类专业的工作主要是在酒店、旅行社、高尔夫球场、高铁车站及列车上为客人提供相应服务。工作中的难点主要是尽快完成角色转变，调整心态，提升客户服务意识和沟通协调能力，培养应变能力和处理突发状况的能力，为客人提供优质、满意的服务。

12. 贸易和物流类

求职主要途径：主要通过顶岗实习来了解和获得优质就业岗位信息，实习机会可以通过学校组织的校园双选会、网络招聘平台、微信公众号等来获得。实习指导老师、辅导员也会推荐就业岗位。

求职面试要点：撰写简历时应该根据企业要求和企业文化进行适当调整。突出自己的实践和专业能力及对职业的热情，对所取得的专业技能证书应该有所描述。面试时应注意形象管理，注意自己的语言表达能力。要掌握求职的方法，善于自我推销，向用人单位宣传和展示自己，让用人单位了解、认识和选择自己。此外，还应讲究求职技巧，平时有意识地进行培养和训练，这样才能在面试中胸有成竹、稳操胜券，获得求职的成功。

职业适应难点：由于社会对贸易、物流人才的需求旺盛，大学生对自己的职业生涯抱有极高的期望，自认为将来会有份高薪而轻松的工作。但在现实的求职择业过程中，岗位不理想、专业不对口、薪水不够高，这种职业目标上理想和现实的反差，再加上自我认知上自傲与自卑并存、职业选择上独立性和依赖感错位，使得原本优越感十足的大学毕业生在择业中感到十分迷惘和困惑。大学毕业生要认清就业形势，脚踏实地，切忌眼高手低、好高骛远，不要一心盯在高管职位，而要从企业的基层岗位一步步做起。

13. 农林类

求职主要途径：通过顶岗实习的机会了解就业工作环境和获得就业工作岗位，顶岗实习机会多数来自学校组织的校园招聘会、专场宣讲会和校企合作单位等。也可通过就业指导老师推荐、网络招聘平台以及毕业生家庭资源联系等途径获得就业岗位信息。

求职面试要点：①简历准备。制作成电子版和纸质版，内容上突出自己已获得的职业资格证书、技能大赛获奖证书和实践经历等。②面试准备。注意个人形象，体现干练、简洁、精神、职业化；言谈中使用礼貌用语，同时流露出吃苦耐劳精神等。

职业适应难点：农林类的就业机会大多是面向生产一线的艰苦岗位，大学毕业生应该调整心态，带着"行行可建功、处处可立业"的想法去工作。遵纪守时、勤奋好学应该是每一位大学毕业生初入职场的态度，虚心向同事求教，就能度过就业艰难时期。

14. 生产制造类

求职主要途径：主要通过教学实习、顶岗实习、社会实践来了解和获得优质就业岗位信息，实习机会以学校推荐为主。另外，也可通过学校校园招聘、网络招聘平台等途径获得就业岗位信息。

求职面试要点：在撰写简历时要根据所学专业知识归纳总结出自己的专业特长，突出专业技能、实训项目和技能大赛。将自己的专业技能证书、大赛获奖证书、实训项目整理成册或者电子文档，作为投递简历和面试时自己能力的强有力证明。

职业适应难点：生产制造类专业的初级岗位一般是初级生产技术员，刚开始的工作主要是生产操作和维修。工作中的难点主要是了解生产线的工艺流程、设备的维修和改造，大学毕业生应该积极主动地研究生产线的工作原理、设备的内部结构及维修，还应积极向同事学习请教。另外一个难点是从学生角色向生产技术员角色转变，对工作纪律、工艺纪律要求特别高。

15. 生物制药类

求职主要途径：主要通过校园招聘、学校就业指导中心及各类网络招聘平台获取就业岗位信息，也可从合作办学的企业获得实习及就业机会。

求职面试要点：在撰写简历时要根据所学专业知识归纳总结出自己的专业特长，突出专业技能和实训项目。将自己的专业技能证书和实训项目整理成册或者电子文档，作为投递简历和面试时自己能力的强有力证明。

职业适应难点：生物制药类专业的初级岗位一般是车间技术员，职责是保障药品的安全生产，监控检查生产设备，检测产品等。刚入职的大学毕业生需要在工作中不断地学习新技术和新工艺，不断地充实自己，不断地提高自己的技术水平，努力做到认识上有提高、运用上有收获。职业适应要点是要有耐心和责任心，遇到不懂的问题要及时请教，不能胡乱蒙混过去。

16. 体育类

求职主要途径：主要通过预征兵入伍（身体条件比较出众）、云南各大高校举办的校园招聘会、各种网络平台等获得就业岗位信息。

求职面试要点：在应聘相关体育机构的工作岗位时，应该更多地突出运动能力、各级各类的比赛成绩、各项目的裁判等级证书。另外，还可以准备一些体育表演类方面的才艺展示，如篮球的投篮、武术的套路表演等。

职业适应难点：职业适应的难点在于将运动能力转化为教学能力需要一定的时间，需要有有经验的老师引导。另外，刚入职的大学毕业生对于行业的工作条件及福利、待遇方面还认识不足，不了解同行业的整体情况，因此存在一定的心理落差，需要主动适应。

17. 通信类

求职主要途径：主要通过教学实习和顶岗实习来了解和获得优质就业岗位，实习机会以学校推荐为主。还可以通过学校校园招聘、网络招聘平台等途径获得就业岗位信息。

求职面试要点：在撰写简历时要根据所学专业知识归纳总结出自己的专业特长，突出专业技能和实训项目。将自己的专业技能证书和实训项目整理成册或者电子文档，作为投递简历和面试时自己能力的强有力证明。

职业适应难点：通信类专业的初级岗位一般是技术员，刚开始主要是协助工程师工作。大学毕业生应该调整心态，尽快转换角色。工作中的难点主要是了解产品的工作原理、内部结构和技术参数。大学毕业生应该积极主动地研究产品原理图和内部结构，还应积极向同事学习请教。

18. 销售/市场类

求职主要途径：主要通过顶岗实习来了解和获得优质就业岗位，实习机会可以通过学校组织的校园双选会、网络招聘平台、微信公众号或学生自主联系等方式来获得。实习指导老师、辅导员也会推荐就业岗位。

求职面试要点：撰写简历时应该根据企业要求和企业文化进行适当调整，突出自己的实践能力和专业能力及对职业的热情，对所取得的专业技能证书应该有所描述。面试时应注意形象管理，注意自己的语言表达。

职业适应难点：销售岗位需要从业人员具备良好的心理素质及较强的抗压能力；该职业具备很大的发展空间，行业薪酬待遇及办公环境相对较好，通过努力可以较快实现个人能力的提升、财富的积累及更高的个人职业发展平台。职业适应中应坚信"坚持到底就是胜利"。要学会聆听，把握时机，对工作保持长久的热情和积极性，保持良好的心态。

19. 医疗类

求职主要途径：主要通过校园招聘、学校就业指导中心发布的就业信息及人力资源和社会保障部等政府部门发布的招考信息中获得就业岗位信息，也可以通过到意向单位实习进行就业，还可以通过参加"西部计划"、"三支一扶"和"特岗计划"等国家和地方专项实现就业。

求职面试要点：在求职面试过程中着重从专业知识、职业规范和职业道德、人文社会科学知识等方面做好充分准备。注重展现积极的工作态度、言语表达能力、沟通协作能力、仪表仪态、言谈举止。

职业适应难点：医护类职业院校学生毕业后需要继续加强基础知识、临床思维应用、临床实践能力的提升。另外，由于直接服务于医院的第一线，因此与人沟通交流的能力最为重要。此外，医疗工作以团队为基础，与人合作配合能力也很重要，不能以自我为中心。目前各级医院对信息化的要求很高，都使用电子病历系统，因此需要提升信息化能力。

20. 艺术设计类

求职主要途径：主要通过毕业实习来了解和获得优质就业岗位，可以通过指导老师推荐或自己主动联系获得实习机会，也可以通过毕业设计作品展、学校校园招聘、网络招聘平台等途径获得。

求职面试要点：在撰写简历时要根据招聘要求和应聘企业的文化进行适当调整，突出相关能力和实践经历。将自己的作品装订成册或做成电子文档，作为投递简历和面试时自己能力的强有力证明。

职业适应难点：设计类专业的初级岗位一般是设计师助理，刚开始的工作主要是协助设计师，大学毕业生应该调整心态，尽快转换角色。工作中的难点主要是了解客户需求和方案实施的材料工艺及技术。大学毕业生应该积极主动地与客户交流并虚心向同事学习请教。

21. 证券类

求职主要途径：可以通过招聘网站、校园招聘、亲朋推荐获取招聘信息。如果想进入证券分析师、理财规划师等专业性岗位则需要先通过一般从业资格考试，再参加专项业务类资格考试。也可以先升本提升学历。

求职面试要点：在简历中突出金融、数学等相关课程的成绩，以及熟练操作各种交易软件的技能，强调能体现性格沉稳、抗压、果断、冷静、自律和有风险意识等品质的成就故事。企业注重实践经历，可以尝试进行股票交易、购买理财产品等相关实践，如果有与岗位相关的实践经历也应进行整理与呈现。在面试时主要突出表达能力、沟通能力和抗压能力等，可以着重准备压力面试的应对。

职业适应难点：大学毕业生在证券类岗位就业，主要负责客户开发，客户关系维护，指导客户办理开户、证券投资等有关手续，向客户推荐适当的产品，做好金融产品销售工作。这需要大学毕业生有较强的沟通能力和良好的敬业精神、职业道德和个人信誉，同时还要有较强的抗压能力。另外，还需要具备证券从业资格。职业适应期主要应做好心理准备面对销售遭拒的挫败感。